KB075335

부모와
자식 —
어른과
아이 —

길동무로
살아가기

A Treatise on Parents and Children
by George Bernard Shaw
1910

부모와 자식 — 어른과 아이 — 길동무로 살아가기

버나드 쇼의 인생 교육론

A Treatise on Parents and Children

조지 버나드 쇼 지음
서상복 옮김

연암서가

옮긴이 서상복

서강대학교 철학과에서 학사, 석사, 박사학위를 받았다. 현재 동 대학교에서 논리와 비판적 사고, 인식론, 윤리학, 분석 철학을 가르치고 있다. 논문으로 「칸트와 셀라스: 현상주의를 넘어 과학적 실재주의로」, 「W. Sellars의 지각 이론: 과학적 설명과 일상적 이해를 조화시키는 길」 등이 있으며, 옮긴 책으로 『합리주의, 경험주의, 실용주의』, 『러셀 서양철학사』, 『내가 나를 치유한다』, 『예일대 지성사 강의』 등이 있다.

부모와 자식
어른과 아이
길동무로 살아가기

2018년 6월 15일 초판 1쇄 인쇄
2018년 6월 20일 초판 1쇄 발행

지은이 조지 버나드 쇼
옮긴이 서상복
펴낸이 권오상
펴낸곳 연암서가

등록 2007년 10월 8일(제396-2007-00107호)
주소 경기도 고양시 일산서구 호수로 896, 402-1101
전화 031-907-3010
팩스 031-912-3012
이메일 yeonamseoga@naver.com
ISBN 979-11-6087-036-7 03330

값 15,000원

| 옮긴이 서문 |

이 책은 사상가이자 비평가로 활동한 작가 조지 버나드 쇼가 부모와 자식, 어른과 아이에 대해 사색한 결과물이다. 아주 먼 나라의 작가가 한 세기 전에 쓴 글을 왜 번역했을까? 독자들은 이런 의문을 품을 수도 있다. 부모와 자식, 어른과 아이의 문제는 사회마다 독특한 문화에 따라 생겨나고, 해결 방안 역시 사회마다 다를 테니 말이다. 그런데 모든 생명체에 생명력이 깃들어 있듯 사회를 이루며 사는 모든 인간에게도 비슷한 점이 있기 마련이다. 쇼는 부모와 자식, 어른과 아이의 문제를 모든 인간 사회에 공통된 문제로 해석하여 다루고, 해결책도 명쾌하게 제시하고 있다. 따라서 이 책은 21세기를 살아가는 우리에게도 읽을 만한 가치가 충분하다.

독자들이 부담 없이 책을 읽으려면, 쇼의 단정적 어투와 신랄한 평가, 풍자와 해학을 이해할 필요가 있다. 쇼는 어떤 주제든 핵심을 찔러 단정적으로 주장하기 때문에 거만하다는 인상을 풍기는데, 거만한 태도 속에는 당대 사회의 불합리한 구조를 파헤치고, 잘못된 전통과 편견을 신랄하게 비판함으로써 사회와 의식을 개혁하려는 열의가 숨어 있다. 부모와 자식, 어른과 아이의 문제를 다룰 때도 단정적 어투와 신랄한 평가는 여전하다. 쇼의 단정적 어투와 신랄한 평가에 익숙하지 않은 독자들은 이따금 의아스럽거나 기분이 상할 수도 있다. 그러나 책을 읽어 가노라면 생명력에 대한 외경심, 인간을 더 나은 존재로 거듭나도록 만들겠다는 강한 의지, 현실을 직시하는 혜안과 삶의 지혜도 찾아낼 수 있을 것이다.

우리는 모두 아기로 태어나서 사랑스러운 유아기와 천진난만한 아동기를 지나, 개성을 찾으려 분투하는 사춘기를 겪고, 합법적 권리를 누리고 의무를 이행하는 성년으로 성장한다. 성년기는 다시 청년기, 중년기, 노년기로 흘러간다. 이 책에서 쇼는 인생의 자연스러운 흐름에 따라 너그럽고 슬기롭게 살아갈 방법을 모색한다. 또 누구나 타고난 생명력에 충실하게 살라고 충고한다. 생명력Life Force은 우주를 살아 움직이게 만드는 근원적 힘이고, 우주 안에 존재하는 모든 것에 깃들어 있다. 거대한 우주를 꿰뚫어 흐르는 생명력 덕분에 우리는 태어나고 자라고 성숙하며 늙고 병들어 죽음으로써 흩어진다. 생명을 가진 어떤 존재도 불멸할 수 없다. 이것은 자연의 순리고 생명과 삶의 법칙이다.

요즘 의료 기술과 의약품의 발전으로 인간의 평균 수명이 길어졌고, 따라서 사람들이 기대하는 수명도 늘어났다. 수많은 사람들이 장수를 꿈꾸며 마치 죽지 않을 것처럼 살면서 죽음을 한없이 미루어, 현대 사회는 고령화로 치닫고 있다. 고령 사회 문제가 현대 사회의 화두로 등장할 정도다. 쇼의 해결책은 과격하지만 간단하고 명쾌하다. 젊은이들의 살 권리를 위해 늙은이들은 순리에 따라 죽으라는 것이다. 그러면서 죽음의 의미를 신랄하게 풍자한다. “죽음은 어쩌면 대부분의 인간에게 지옥의 관문일지도 모른다. 그러나 우리는 지옥의 입구 밖에 있지 않고 출구 안에 있다.”

세상에 태어나 살면서 죄를 짓지 않는 사람은 하나도 없을 텐데, 먹고 살기 위해 다른 생명체를 희생시킬 수밖에 없는 탓이다. 그런데 먹고 살아야 할 필요를 넘어서, 온갖 인위적 욕망에 휘둘려 숱하게 죄를 지은 사람들이 오히려 죄를 거의 짓지 않은 사람들을 위협하고 악용하고 박해하는 경우를 자주 목격하곤 한다. 이렇게 뒤틀린 현실은 공포이자 지옥이다. 그래서 죽음은 어쩌면 지옥 같은 현실에서 벗어나 영원한 안식처로 돌아가는 출구일지도 모른다. 특정 종교인들이 회개하고 신의 은총을 받으면 갈 수 있다고 믿는 천국이 아니라, 생명력으로 충만한 우주의 핵심이 바로 우리가 돌아갈 영원한 안식처다.

쇼는 이 책에서 부모와 자식, 어른과 아이의 문제를 현실 속 가족 제도, 학교 제도, 경제 체제, 정치 체제와 연결하여 성찰하고, 무엇이 문제인지 진단했다. 쇼의 진단에 따르면 부모와 자식, 어른과 아이는 비참한 상황에 놓여 힘들게 살아가는 경우가 많다. 이런 비참한 상황을 극복하고 부모와 자식, 어른과 아이가 같이 자유롭고 행복하게 살기 위한 포괄적 해결책도 제시했다. 우리는 관용의 신조를 정치 원리로 수용하고 민주적 사회주의를 선택해야 한다는 것이다. 이제 쇼의 견해를 분야별로 정리해 본다.

첫째, 쇼에 따르면 가족 제도는 부모와 자식 모두에게 이로울 수도 해로울 수도 있다. 운이 좋으면 부모와 자식이 다 자유와 행복을 누리겠지만, 일반적으로 부모는 자식에 대한 부담으로 괴로운 처지에 놓이고, 자식들은 부모의 기대에 부응하느라 타고난 자유를 한껏 누리지 못한다. 특히 20세기 초반까지 아이들은 대부분 어른들이 스스로 인정한 정치적으로 가장 비참하고 위험한 조건 아래서 노예처럼 살았다. 오늘날 아이들의 권리가 많이 신장되었지만, 여전히 자식을 부모의 소유물로 여기는 사람들이 많고, 부모는 자식을 지배하고 자식의 권리는 묵살되기 일쑤다.

자식이 부모보다 강해져야 비로소 어른이 되지만 쉬운 일이 아니다. 무지하고 어리석은 부모, 부모답지 않은 부모, 어른답지 않은 어른 탓에 아이들은 암담한 상황에 놓여 방황한다. 쇼는 아이의 권리와 어른의 권리 사이에 원칙의 차이는 없고, 상황의 차이가 있을 따름이라고 단언한다. 아이는 자기 취향대로 살 권리가 있으며, 자격이 없는 어른들을 싫어할 권리가 있고, 스스로 길을 찾고 다른 사람에게 현명해 보이든 어리석어 보이든 자기 길을 걸어갈 권리가 있다. 자식은 부모와 똑같이 자신의 행동과 자신에게 중요한 일에 대해 간섭받지 않고 사생활을 지킬 권리가 있다. 물론 제멋대로 행동하며 남에게 해를 끼칠 권리는 아무에게도 없다. 쇼는 어른의 권리와 마찬가지로 아이의 권리를 법적으로 보장하고 사회의 모든 어른이 아이들을 공동으로 양육하는 새로운 관행을 승인하고 실천하라고 권고한다.

오늘날 아이들은 법적으로 가족과 사회의 보호를 받도록 규정되어 있지만, 늘 그렇듯 규정은 제대로 지켜지지 않는다. 특히 도덕 불감증에 걸린 부모와 어른들이 순진무구한 아이들을 도덕적 괴물로 만들고 있다. 지금 아이들이 부끄러워하지 않으면서 저지르는 나쁜 짓은 모두 어른들이 아이들을 무시하거나 감상에 젖은 거짓말과 가식적 행동으로 숨 막히게 만들어서 생긴 결과다. 모든 악의 근원은 아이가 아니라 어른이다. 따라서 부모는 자식을 기를 때 가식과 핑계 같은 거짓으로 속이지 말고, 아이가 타고난 생명력을 발휘해 스스로 길을 찾도록 도와야 한다. 아이는 인정머리가 없거나 배려가 없는 상태가 아니면, 거짓과 숨김 없이 바르고 곧게 배우며 자란다는 점을 명심하라.

둘째, 쇼에 따르면 대부분의 학교는 감옥과 다름없는 상황에 놓여 있으므로, 학교 제도는 개혁되어야 한다. 쇼는 19세기에 극에 달했던 체벌 관습이 학교로 침투해 공포 분위기를 조성했으며, 체벌의 야만성과 부조리한 상황에서 아이들을 해방시켜야 한다고 주장했다. 아무도 채찍 아래서는 제대로 살아내지 못할 테니 말이다. 또한 재능이 서로 다른 모든 아이에게 똑같은 교육 과정을 강요하는 의무 교육이 아이들의 어린 시절을 피폐하게 만들 수 있다고 주장했다. 교사의 강요에는 억압과 금지, 처벌이 뒤따르기 마련이고, 아이들은 처벌을 피하려고 복종심과 거짓말, 속임수만 배우게 되는 탓이다. 더욱이 학교에서 아이들에게 가르쳐야 할 경제, 정치, 종교, 성은 오히려 금기로 여기며 가르치기를 꺼린다고 지적했다. 쇼는 당시에 학교에서 금기로 여기던 네 영역에 대해 각각 고찰하고 해결책도 제시했다.

학교의 교사들이 공적으로 활동할 시민을 길러내지 않고 오히려 사회 체제를 전복시킬 만한 지식을 숨기려고 애쓴 결과로, 우리는 좋은 직업을 찾아 헤매는 구직자가 되거나, 제도나 체제를 아예 부정하는 무정부주의자가 되거나, 늑대 같은 권력자가 이끄는 대로 따르는 순한 양떼가 된다. 학교에서는 정상적인 경우 실제로 생산에 참여하지 않고 소비만 하는 사람은 공동체에 해를 끼치는 도둑이나 다름이 없다는 기본 상식조차 가르치지 않는다. 19세기나 지금이나 학교 제도는 속물근성과 계급 차별을 어쩔 수 없이 받아들여야 할 사실로 가정하여, 아이들이 정치적으로 해결할 문제로 생각하지 못하게 만들었다. 종교 단체가 운영하는 학교에서는 신의 뜻을 빙자하여 아이들의 행동을 규제하고 아이들의 자연스러운 양심을 무용지물로 만들어 버린다. 20세기 초반까지 성에 관한 문제는 공식적으로 말할 수 없는 금기였으며, 성교육은 아예 없었다고 해도 틀린 말이 아니다.

방금 말한 학교 교육의 문제를 해결하고, 최악의 상태에 있는 학교를 최선의 상태로 개혁하기 위해, 쇼는 논쟁 중심의 교수법과 예술 교육을 대안으로 제시했다. 논쟁 중심의 교수법은 아이들이 자신들의 눈높이에 맞춰 경제, 정치, 종교, 성에 관해 자유롭게 토론하며 자신의 관점을 형성하는 동시에 다른 사람의 관점도 이해하도록 돕는 방법이다. 아이들은 논쟁을 통해 자신의 믿음을 표현하고 반대되는 믿음도 이해할 수 있을 것이다. 쇼에 따르면 학교에서 교사들이 논쟁 중심의 교수법으로 아이들을 가르칠 때 사회가 요구하는 성숙한 시민을 길러낼 수 있다.

예술 교육은 아이들을 괴롭히지 않고 자유롭게 좋아하는 과목을 즐겁게 공부하게 하는 유일한 방책이다. 기존 교과서는 전부 예술성이 부족하여, 우리는 지루함을 참아내는 참으로 놀라운 능력을 기른다. 지루한 교과서를 억지로 공부하지 않고, 좋아하는 문학 작품을 읽고 음악을 연주하거나 듣고 회화를 감상하거나 직접 그림으로써 예술 감각을 키우고, 신체와 영혼을 우아하게 가꾸고 조잡한 욕망을 섬세한 감성과 고상한 정신으로 달랠 수 있다. 예술은 우리에게 영감을 주는 수단이자 성자들과 교감할 수 있는 매개체다. 우리는 예술을 통해 생명력에서 분출하는 신성한 느낌도 확인할 수 있다. 나아가 예술은 압제와 폭정에 맞서 저항하고 자유를 확대하는 역할도 한다. 이로써 우리의 삶은 예술이 되고, 예술은 삶을 더욱 풍요롭게 할 것이다.

오늘날 학교는 쇼가 살았던 시대와 마찬가지로, 인성을 키우고 공동체 생활과 사회 생활에 필요한 예의와 도덕을 배우고 익히는 목표와는 동떨어져 있다. 그래서 제일 많이 배운 사람들이 가장 조금 안다는 쇼의 평가는 지금도 유효하다. 쇼는 아이들이 학교에서 저마다 타고난 생명력을 발휘하여 실험으로 길을 찾도록 돕는 교육을 제안했다. 학교의 진정한 역할은 바로 아이들이 스스로 자신의 길을 찾도록 돕는 것, 공동체와 사회의 일원으로서 사는 데 필요한 기초 소양을 길러주는 것이다. 더불어 아이들이 각자 재능에 따라 좋아하는 과목을 선택하여 공부할 수 있으면 충분하다.

쇼가 학교 제도를 개혁하기 위해 제시한 지침은 다음과 같이 요약할 수 있다. 학교에서 규칙을 지키고 권위에 복종하는 것뿐 아니라 권위에 도전하고 저항하고 비판하는 것도 가르쳐라. 각자 타고난 생명력을 발휘하여 자유롭게 실험으로 길을 찾고 자신이 좋아하는 일을 하며 뚜벅뚜벅 걸어가라고 용기를 북돋워 주라. 진리를 보고 진실을 말하는 사람을 박해하지 말고 존경하도록 가르쳐라. 경험보다 더 든든한 스승은 없다. 그러므로 경험과 실험으로 자기 길을 찾도록 아이들에게 자유를 허락하라.

셋째, 쇼에 따르면 우리는 자본주의 체제의 노예가 될 수 있다. 왜냐하면 아무도 자본주의 체제가 어떻게 돌아가는지 전부 이해할 수 없기 때문이다. 자본주의 체제가 야비하고 부조리한 결과를 만들어낸 까닭은 자동 기계처럼 작동하는 탓이다. 착취하는 자본가들도 착취당하는 노동자들도 자본주의라는 기계 장치가 어떻게 작동하는지 자세히 모르기는 매한가지다. 그러나 자본주의 체제는 우리에게 아직 필요하다. 우리는 산업용 기계들이 없으면 현대 사회의 구성원들에게 식량과 옷, 주거 공간을 충분히 제공하지 못한다. 따라서 자본주의라는 기계 장치가 우리 모두에게 유익한 방향으로 작동하도록 개선할 필요가 있다. 무엇보다 자본주의 체제에서 생산된 재화를 공익에 따라 고르게 분배하는 사회주의 방식을 도입할 때, 자본주의에서 비롯한 소득 양극화 현상과 소득에 따른 계급 차별을 없앨 수 있을 것이다.

사회주의로 경제적 평등을 이루어야 비로소 공동체 전체의 이익이라는 관점에서 문제를 철저히 다룰 수 있다. 집과 학교에서 아이들이 독립된 인간이자 어른과 똑같은 권리를 가진다고 가르치면, 아이들은 집과 학교로 돌아올 것이다. 건강한 사회의 최우선 조건은 제대로 된 공동체의 아이들이 조국의 어느 지역에 있든 먹을 것, 입을 것, 잠잘 곳을 찾고 교육을 받으며, 부탁만 하면 친절하게 들어줄 부모 같은 사람을 만날 수 있어야 한다는 것이다. 아이든 어른이든 의식주와 교육받을 기회가 적당히 제공되어야 좋은 사회다. 어른들의 경우는 스스로 노력해서 상품과 용역을 얻어야 하지만, 아이들의 필요와 욕구는 마법처럼 주어져야 한다. 그러나 아이들도 상품과 용역이 하늘에서 저절로 떨어지는 것이 아니라는 사실을 알고 노동의 가치를 깨우치도록 교육할 필요는 있다.

넷째, 쇼에 따르면 민주주의는 전제 군주제를 축출했다는 점에서 가치가 있지만, 개인들이 저마다 의지를 남용할 때 무정부 상태 같은 혼란에 빠질 수 있다. 민주주의는 양심을 가진 시민들이 어리석은 군중을 압도하지 못할 때 언제나 사악한 선동가에게 농락당한다. 그러면 사익만 추구하는 정치적 무능력자나 잔인한 독재자에게 권력이 넘어간다. 이때 국민들은 사적으로 권력을 남용하는 무능한 정권 아래서 무질서와 부정부패에 시달리거나, 전제 정치의 압제와 폭정에 시달리게 된다. 이를 막으려면 우리는 부정부패, 압제와 폭정에 맞설 도덕적 용기를 갖추어야 하고 아이들에게도 도덕적 용기를 심어 주어야 한다.

모든 갈등은 의지의 충돌로 생긴다. 부모가 자식을 죽이고 자식이 부모를 죽이며, 교사가 학생을 때리고 학생이 교사를 때리는 비극적 사건이 벌어진다. 자본가들이 노동자들을, 재벌기업들이 중소기업들을 착취한다. 부자들이 빈자들을, 권력자들이 약자들을 신체적으로나 인격적으로 모욕한다. 이런 불합리한 일들은 의지를 양심보다 위에 두기 때문에 발생한다. 양심은 가장 비참한 상황에서도 우리가 절대적으로 따라야 할 중요하고 소중한 능력이다. 양심은 의지를 제어하는 거의 유일한 수단이다. 가족 제도와 학교 제도가 개혁되어야 아이들은 소중한 양심을 키울 수 있고, 정치적 무능력자와 독재자의 등장도 막을 수 있다. 민주주의의 성패는 바로 아이들이 양심을 가진 어른들로 성숙하느냐에 달렸다.

민주주의를 제대로 돌아가게 하려면, 우리는 자신의 의지만 내세우지 말고 타인의 의지도 고려하는 훈련을 받아야 한다. 나의 의지로 타인의 의지를 지배하고 노예로 삼으려는 행동은 양심으로 제어되어야 마땅하다. 시민들이 양심에 따라 지도자를 선택할 수 있을 때 민주주의도 정상적으로 작동한다. 그래야 아이든 어른이든 자유를 보장받고 사회주의적 분배로 정의로운 사회를 만들어 모두 행복하게 살 수 있다. 그래서 쇼는 우리 자신을 개혁하기 전에 사회를 개혁하라고 촉구한다. 우리는 양심에 따라 가족 제도와 학교 제도, 경제 체제와 정치 체제를 인식하고 불합리한 점을 고칠 수 있다.

쇼는 양심에 따른 사회 개혁을 위해 관용의 신조를 정치 원리로 수용하라고 촉구한다. 관용은 누구든 견해의 차이 때문에 박해받을 위험을 줄이는 현실적 안전 장치다. 관용에 찬성하는 근거는 진화를 거쳐 계속 일어나는 창조의 본성과도 관련이 있다. 모든 생명체는 실험으로 길을 찾는다. 초인, 곧 완벽하게 의로운 인간이자 최고 인류에게 어울리는 정확한 공식을 아직 발견하지 못했지만, 그날이 올 때까지 모든 탄생은 위대한 탐구의 여정에 참여하는 실험이다. 인류는 계속 실험함으로써 초인이 되어갈 것이다. 이때 생명력, 곧 살아내는 힘이 실험을 이끈다. 우리는 어떤 견해가 옳기 때문에 관용하는 것이 아니라 의견들이 갈등을 빚을 때 지식과 지혜를 얻기 때문에 관용한다. 의견이 갈등을 빚으며 입은 상처는 죽음 같은 황량한 평화보다 훨씬 낫다. 관용의 신조는 민주주의를 성숙시키는 필요조건이다.

우리는 대부분 부모가 될 준비를 제대로 하지 않은 채, 사랑이나 조건에 끌려 결혼하고 엉겁결에 아기를 낳고 강제로 부모가 된다. 우리는 인간으로 태어난다기보다 태어난 다음에 인간이 되어가듯, 낳은 아기든 입양한 아기든 아기를 품에 안은 다음에 부모가 되어가는 것이다. 작고 여린 아이가 커서 어른이 될 때, 우리도 마침내 진짜 부모가 되고 진짜 어른이 될 터다. 우리는 때때로 지옥 같은 현실에 부딪쳐 좋은 부모는 고사하고 나쁜 부모가 되지 않기도 버겁다. 모든 생명체는 실험으로 길을 찾는다는 진실을 잊지 않으면, 적어도 나쁜 부모가 되지는 않으리라 믿는다. 이 책이 버거운 현실 속에서도 좋은 부모가 되려고 분투하는 모든 사람에게 조금이라도 도움이 되었으면 좋겠다.

끝으로 옮긴이는 이 책을 읽는 사람들이 다른 책이나 사전을 참고하지 않아도 책장을 술술 넘기기를 바랐다. 그래서 인물과 지명, 사건, 주요 용어에 대해 상세하게 주를 달았다. 옮긴이 주를 함께 읽는 독자들은 19세기부터 20세기 초반까지 영국을 비롯한 서양 세계에 어떤 일이 벌어지고 그때 사람들이 어떻게 생각하며 살았는지도 폭넓게 경험할 수 있을 것이다.

2018년 5월

서상복

| 차례 |

| 일러두기 |

각 장의 뒤에 붙인 주는 모두 옮긴이의 것이다.

서문 영광의 구름 자락 이끌며[1]

어린 시절은 인류가 영속하기 위해 생명의 재료를 끊임없이 재생하는 과정에서 자연스럽게 밟는 단계다. 아주 낮은 수준의 유기체를 제외하면, 생명력Life Force은 불멸성을 의지will할 수도 없고 성취할 수도 없으리라. 정말 아메바조차 불멸한다는 사실은 확인되지 않았다. 인간은 길들여 친구로 삼은 개보다 오래 살지만 눈에 띄게 늙고 지쳐 허약해진다. 거북이와 앵무새, 코끼리는 인간 최고령자보다 기억력을 더 오래 유지할 수 있다고 한다. 그런데 인간이 불멸하지 않음을 입증하는 결정적 사실은 바로 새로운 아기들이 태어난다는 데서 드러난다. 죽음을 없애보라. 그러면 탄생의 필요도 사라진다. 사실은 아무도 죽지 않는데 그대들이 계속 아이를 낳으면, 끝장에 이르러 젊은이들은 자신들의 자리를 마련하기 위해 늙은이들을 죽여야 할 것이다.

생명력, 곧 살아내는 힘이 드러나는 모습을 살펴볼 때 죽음은 필연적으로 물리력과 기운의 쇠퇴를 초래하는 것이 아니다. 상상력이 부족한 사람들은 영원히 지속할 것들을 만들려 애쓰고, 심지어 영원히 살고 싶어 한다. 하지만 지적으로 상상력이 풍부한 사람은 십 년 넘게 사용할 기계를 만드는 일이 노동의 낭비라는 사실을 아주 잘 안다. 십 년의 절반도 되기 전, 같은 목적을 수행하는 개선된 기계가 나올 개연성이 높은 까닭이다. 인격의 불멸에 대한 꿈이 그저 꿈이 아니라 확고한 사실이라고 믿도록 악마가 우리를 속일지라도, 지적 상상력이 풍부한 사람은 다른 어떤 공포도 범접할 수 없는 절망적 외침이 인류에게서 솟구칠 것임을 안다. 수십 수백 년을 넘어 그 후로도 영원히 산다는 탐험가 존 스미스[2]에 대한 괴팍하기 짝이 없는 헛소리를 들어도, 우리는 워즈워스가 예언했듯 밝게 빛나는 영광의 구름 자락을 이끌며 돌아오기 위해, 버려지고 새로 만들어지며 돌고 도는 과정의 일부로 흡수되어야 할 시간을 알아채고, 의지에 따라 기꺼이 죽는다. 우리는 모두 다시 태어나야 하고, 여전히 다시 또 다시 태어날 수밖에 없다.

사람들은 50파운드 지폐를 갖고 싶어 하듯, 조금 더 살고 싶어 한다. 우리는 공짜라면 뭐든 갖고 싶어 한다. 그러나 나태한 자들이 갖고 싶어 하는 것은 의지와 아무 상관도 없다. 우리가 볼 때, 어떤 사람이 50파운드를 벌기 위해 의지를 그토록 조금 발휘한다는 사실은 놀랍기 그지없다. 내가 아는 50

파운드 지폐는 전부 노동으로 애써 얻은 6펜스 동전보다 훨씬 쉽게 벌었다. 어떤 사람에게 50파운드를 진지하게 노력해서 벌라고 설득할 때 맞닥뜨리는 곤경은, 그에게 계속 살기 위해 진지하게 노력하라고 설득할 때 맞닥뜨리는 곤경에 비하면 아무것도 아니다. 그 사람은 죽음이 임박한 순간 침상에 누워 의사를 부르라고 한다. 그는 자신의 양심을 쫓아서 스스로 초라하고 빈약해졌으니 재생되는 편이 낫다는 사실을 아주 잘 안다. 자신의 죽음이 탄생을 위한 자리를 만들리라는 것도 안다. 스스로 열망했으나 미치지 못했던 대단한 일의 탄생으로 이어지기를 희망하고, 죽음과 재생을 통해 세상의 부패하기 쉬운 것들이 부패하지 않게 되고, 죽어 없어질 것들이 불멸하게 된다는 사실도 알아챘다.

그대가 원하면 그 사람의 무지와 두려움, 상상을 천국이라는 미끼와 지옥이라는 위협으로 속여 보라. 죽음의 쓰라림과 죽음의 승리로 생긴 무덤을 죽음에서 억지로 떼어낼 수 있다는 믿음 하나만 남을 것이다. 그것은 아주 잠시 동안 개체성을 지닌 비참한 우리가, 개선될 리 만무하고 그저 존재할 뿐인 진화의 목표를 향해 올라가는 각 단계에서 영원히 져야 할 부담을 지지 않아도 된다는 믿음이다. 끝내 사람이 영원히 사는 자신을 스스로 견딜 수 있다고 믿을 정도로 미친 자기기만에 빠질 수 있을까? 그렇게 믿는 사람들은 우선 완벽해질 것이라고 가정한다. 그러나 그대가 나를 완벽해지게 만들면, 나는 더는 나 자신이 아닐 테고, 내가 현재 지닌 어떤 특징들이 불완전한지 개념적으로 생각하는 것도 가능하지 않을 것이다. 내가 개념적으로 생각할 수 없는 것은 기억할 수도 없다. 그대는 새 이름을 지어서 나를 부르는 편이 낫고, 그러면 나는 새 사람이며 늙은 버나드 쇼는 양고기처럼 죽었다는 사실과 마주할 수도 있다.

따라서 아주 이상하게도 문제의 관습적 믿음은 다음과 같은 결론에 이른다. 그대가 개체성을 지닌 사람으로서 영원히 살기를 소망하면, 그대는 돌이킬 수 없는 저주를 받아 마땅할 정도로 사악해져야 할 것이다. 구원받아 천국에 간 사람들은 더는 이전의 그들이 아니고, 지옥에 있는 사람들만 죄로 가득한 본성, 다시 말해 개체성을 지닌 까닭이다. 또 지옥은 실제로 명예도 양심도 없는 사람들을 겁주는 수단으로 쓰기는 편해도 사실로 존재하지 않는다. 죽음은 어쩌면 대부분의 인간에게 지옥의 관문일지도 모른다. 그러나 우리는 지옥의 입구 밖에 있지 않고 출구 안에 있다. 그러니 나태한 자들의 헛소리에 신경 쓰지 말고, 탄생을 기뻐하듯 죽음을 기뻐하기로 하자. 우리는 죽지 않으면 다시 태어날 수 없는 까닭이다. 그리고 다시 태어나거나 더 나은 모습으로 태어나기를 소망하지 않는 사람은 런던[3] 시 의회에 들어가 권력 놀이를 하거나 어쩌면 옥스퍼드 대학교[4]에서 교수 노릇을 하며 진리를 탐구할지도 모르겠다.

---

1 워즈워스William Wordsworth(1770-1850)의 「송시: 어린 시절의 추억에 암시된 불멸성Ode: Intimations of Immortality from Recollections of Early Childhood」에 나오는 구절이다. 11절로 구성된 송시는 영국 시의 역사에서 낭만주의를 대표한다. 전문은 워즈워스의 시집을 참고하고, 버나드 쇼가 인용한 구절이 담긴 5절만 소개한다.

5
우리의 탄생은 잠이요 망각일 뿐
우리와 함께 떠오르는 영혼, 우리 생명의 별은
다른 어디에서 져서
아주 먼 곳으로부터 온다.
완전히 잊은 것도 아니고
벌거벗은 몸도 아닌 채,
영광의 구름 자락 이끌며
우리의 고향, 신으로부터 온다.
어렸을 적에 낙원이 우리 주변에 있었으나
자라는 소년에게 감옥의 그림자가
드리우기 시작한다.
그러나 그는 빛을 바라보고
빛이 흘러나오는 근원을
기쁨에 차서 쳐다본다.
매일 동쪽에서 시작해 멀리 여행해야 하는 청년은
아직도 자연의 사제이며
가는 길에 찬연한 환영이 따른다.

마침내 어른이 되면 환영은 사라지고
평범한 일상의 빛으로
시듦을 깨닫는다.

워즈워스는 영국 낭만주의를 대표하는 시인이다. 낭만주의에 따르면 자연은 살아있는 신이고, 모든 생명은 자연의 조화로 나고 자라고 사라지기를 반복한다.

2 존 스미스John Smith(1580~1631)는 근대 영국의 탐험가로 군인이자 선원, 작가로 알려진 인물이다. 그는 북미 원주민 포우하탄 추장과 만났고, 추장의 딸 포카혼타스와 짧게 교류했다고 전한다. 디즈니사가 1995년 제작한 만화 영화 포카혼타스에도 등장하는 인물이다. 존 스미스는 1607년부터 1609년까지, 북미 제임스타운을 본거지로 삼은 버지니아 식민지의 지도자였으며, 그의 책을 읽은 수많은 영국인들이 미국으로 건너가 식민지 건설에 동참했다. 자신이 탐험한 미국 북동부 지역에 뉴잉글랜드라는 이름을 붙인 것으로 알려졌다. 쇼가 넌지시 말하듯 영국에서는 20세기에도 존 스미스에 대한 여러 가지 이상한 풍문이 떠돌았던 모양이다.

3 런던London은 잉글랜드 남동부에 템스 강을 끼고 발전한 영국의 수도다. 18세기와 19세기에 걸쳐 세계 곳곳에 식민지를 건설하고 대영제국으로 자처한 영국의 산업과 상업, 정치, 문화를 주도한 중심지였다. 20세기에 들어서 예전의 화려한 빛은 잃었으나 정치와 경제, 학문, 예술과 문화, 종교 측면에서 전통을 자랑하고 있다.

4 옥스퍼드 대학교Oxford University는 영국 잉글랜드 옥스퍼드셔 주 옥스퍼드에 자리한 공립 연구 중심 대학교다. 1096년부터 교육을 시작한 역사와 전통을 자랑하며, 수많은 인재들을 배출했다. 옥스퍼드 대학교는 독립적으로 운영되고 있는 38개 단과 대학college과 6개 영구 전용 학회실permanent private hall로 구성되고, 각 단과 대학은 독립성을 인정받고, 대학 본부는 단과 대학의 모든 업무를 총괄하고 보조하는데 실험실, 도서관, 강당 등의 공동 시설을 관리하고 교육 과정의 여러 요건을 조율한다. 최초의 단과 대학 유니버시티 대학은 1249년에 세워졌으며, 1263년경 베일리얼 대학, 1264년에 머튼 대학이 세워졌다. 이러한 옥스퍼드 대학교의 운영 제도는 세계 각지 유명 대학의 설립과 운영에 영향을 미쳤다.

아이는 어른의 아버지[1]

아이는 어른의 아버지인가? 그러면 우리는 왜 상식의 이름으로 언제나 아이보다 어른을 앞세워 어른이 아이의 아버지라는 가정 아래서 아이들을 다루는가? 오, 수많은 아버지들이여! 그리고 우리는 아버지들로 만족하지 않는다. 우리는 대부[2]가 있어야 하고, 아이가 어른의 대부라는 사실을 까맣게 잊는다. 어느 아이나 다 우리가 '하늘에 계신 우리 아버지'라고 부르는 대부로 태어난다고 말하는 나라에서, 지극히 유한해서 죽을 수밖에 없는 두 개체가 세례식에 나와야 하고, 그 두 사람이 대부모로서 아이가 자라 어른이 될 때까지 아이의 구원을 바라며 돌볼 것이라고 설명하는 것은 얼마나 기이한가!

나에게도 나의 구원을 책임져야 했던 대모가 있었다. 그녀는 걸쇠와 테두리에 금박을 입힌 성경[3]을 나에게 선물했는데, 나의 누이들이 받은 성경보다 조금 더 컸다. 내가 남자여서 더 무거운 것을 받을 자격이 있었기 때문이다. 나는 스무 해가 넘도록 대모를 겨우 네 번 만났다. 어쨌든 그녀는 나에게 결코 구원을 언급하거나 암시한 적이 없었다. 사람들은 기회가 닿을 때마다 내게 아이들의 대부가 되어 달라고 경솔하게 요청한다. 그들은 힘없는 아이 조지 버나드가 활기차게 자신의 막연한 생각들을 혐오하면서 성장할 가능성은 아랑곳하지 않고, 그저 힘없는 아이를 불러내는 것에 지나지 않음을 전혀 이해하지 못했다고 나는 확신한다.

논리학으로 무장한 사람은 다음과 같은 논증을 펼칠지도 모른다. 만일 신이 모든 어른의 아버지라면, 그리고 아이가 어른의 아버지라면, 세례성사에서 신의 진정한 대리자는 아이 자신이라는 결론이 도출된다고 말이다. 그런데 이처럼 거만하게 주장하는 사람들은 아무도 좋아하지 않는다. 그들은 우리의 하찮은 관습, 혹은 우리의 종교가 무엇을 의미하는지, 애초에 무엇을 의미했어야 하는지 따져 보았어야 한다고, 더불어 종교의 의미를 명확하게 이해한 다음 믿어야 한다고 넌지시 내비치는 까닭이다.

나의 관심사는 혼란을 가중시키지 않고 깨끗이 없애는 것이다. 아이들을 주제로 다룰 때 우리가 혼란에 깊이 빠졌음을 보여 주려면 현재 유행하는 사상과 관행의 표본을 찾는 데서 시작하는 것도 괜찮다. 전반적으로 이론이 무엇이든 이론이 아예 없더라도, 우리의 관행[4]에 따르면 자식은 바로 신체를 낳아준 부모의 소유물로 취급되고, 부모는 자식이 성가시고 귀찮지 않을 때만 좋아하는 일을 함께 하도록 허락한다. 아이들은 아무 권리도 보장받지 못하며 자유를 누리지도 못한다. 간단히 말해 아이들은 어른들이 스스로 인정한 정치적으로 가장 비참하고 위험한 조건 아래서 노예처럼 산다.

우리는 아이들이 겪는 고통을 덜어주기 위해 정당들의 자연 발생적 애정과 여론을 믿고 의지할 수밖에 없다. 아버지는 자신의 신용 거래를 위해 아들이 누더기 옷을 입고 다니게 두지 않는다. 또한 대규모 집단 속에서 부모들은 늙고 쇠약해지면 성장한 자식들에게 의존해 살아갈 수밖에 없다. 따라서 육체 노동이나 산업 노동과 관련된 아동 노예 사례는 존재하지 않거나 미약하지만, 아이들이 노예 상태에 있지 않은지 점검할 필요가 있다. 세상을 떠들썩하게 만든 나쁜 사례는 두 부류로 나뉘지만 현실에서는 같은 부류다. 한 부류는 자식을 애완동물처럼 꾸미는 감각적 호사에 중독된 부모를 둔 아이들이고, 다른 부류는 자식에게 신체적 고통을 주는 감각적 호사에 중독된 부모를 둔 아이들이다.

아동 학대 방지 협회는 친어머니가 의붓어머니보다 더 신뢰할 수 있다거나 친아버지가 노예 감시자보다 더 신뢰할 수 있다는 우리의 통념을 사실상 깨뜨렸다. 부모들이 집안 살림을 위해 자식들을 인정사정 없이 돈벌이에 이용하지 못하도록 계획된 법률 제정 운동도 활발해졌다. 이러한 법률 제정은 언제나 부모들의 격렬한 저항에 부닥친다. 심지어 공장 노예생활의 공포가 최악의 상태였을 때조차 저항했다. 법률 제정에 영향을 받은 부모들이 의회에서 다수표를 통제할 수 없다면, 현재 아이들을 돈벌이에 이용하지 못하게 만드는 법률 제정의 확대는 불가능할 듯하다. 아이들은 집안 살림을 아주 많이 돕는다. 여자 아이는 보모와 허드렛일을 하는 하녀처럼 행동하고, 남자 아이는 심부름꾼처럼 행동한다. 이런 나라에서 남자 아이와 여자 아이는 둘 다 농장 노동을 실질적으로 분담한다. 이것이 가난한 부모가 아이를 학교에 보내도록 국가가 강제할 필요가 있는 이유다. 하지만 하인을 많이 부리는, 상대적으로 소수를 차지한 계층의 부모가 아이에게서 손을 떼려고 교사에게 비용을 지불하는 대신, 아이를 집에서 키우라고 설득하는 것도 불가능하다.

그렇다면 부모와 자식의 애정에 따른 유대감은, 어른의 정치적 관계와 권리의 부정이 얽힌 노예 상태에서 아이를 구해내지 못할 것으로 보인다. 부모와 자식의 결속을 다지는 애정이 때로는 아이들의 노예 상태를 강화하고, 때로는 완화한다.

전반적으로 볼 때 자식과 부모는 두 계층이 갈등하듯 대치하고 대결한다. 두 계층이 있다고 가정할 때 정치적 힘은 한 쪽으로 기울기 마련이다. 자식과 부모의 관계는, 가까운 친척 관계로 얽히지 않은 두 계층 사이에서 나타날 법한 권력 관계와 결코 다르지 않다. 한 쪽은 백인이고 다른 쪽은 흑인이며, 한 쪽은 선거권을 얻고 다른 쪽은 선거권을 빼앗기며, 한 쪽은 점잖다고 평가되고 다른 쪽은 단순하다고 평가된다.

여기서 자연적으로 타고난 본성이 아무 쓸모가 없다고 말하는 것도 아니고, 자연이 만물에 정치적 권리를 부여한다고 말하는 것도 아니라는 점에 유의하자. 요점은 정치적 권리를 부정함으로써 한 계층이 다른 계층을 장악하도록 방치하면, 두 계층의 관계에 넓고 깊숙이 영향을 미친다는 것이다. 그래서 정치적 관계가 철폐되지 않는 한, 현실에 존재하는 자연스러운 관계를 식별조차 할 수 없는 지경에 이르고 만다.

---

1 워즈워스가 1802년에 쓴 시 「내 가슴은 뛰노나니」의 한 구절이다. 이 시는 「무지개」라는 제목으로 불린다. 다음은 시 전문이다.

하늘의 무지개를 바라보면
내 가슴은 뛰노나니
어렸을 적에도 그러했고

어른이 된 지금도 그러하네.
나이를 더 먹어도 그러하기를
아니면 죽는 것이 나으리라
아이는 어른의 아버지
바라노니 나의 일생이 하루하루
자연을 경외하는 마음으로 이어지기를

'아이는 어른의 아버지'라는 시구는 역설처럼 보이며, 중요한 의미를 함축한다. 아이는 생명력으로 충만한 어린 시절을 체험하며, 어른이 된 다음에도 찬란한 어린 시절을 잊지 말라는 뜻이 담겨 있다.

2 대부모godparent는 가톨릭교회에서 세례성사와 견진성사를 받은 사람의 신앙 생활을 이끌어 줄 영적 아버지와 어머니로 지정된 사람들이다. 대부는 영적 아버지를, 대모는 영적 어머니를 가리킨다. 쇼에 따르면 아이는 자신의 생명력을 지니고 태어나므로, 교회가 지정해 준 대부나 대모는 필요치 않다.

3 성경聖經 Bible은 유대교와 그리스도교의 경전이고, 이슬람교에서도 경전으로 인정한다. 유대교는 야훼를 섬기고, 그리스도교는 예수 그리스도를 섬긴다. 그리스도교에는 우리나라에서 천주교로 불리는 가톨릭교와 개신교가 포함되며, 개신교는 크게 장로교파와 감리교파로 나뉜다. 영국 국교회에서 유래한 성공회 교파도 그리스도교에 속한 종파다. 유대교도와 그리스도교도는 성경을 신이 인간에게 계시한 경전, 신과 인간의 관계를 기록한 거룩한 문서로 받아들인다. 유대교는 그리스도교에서 구약 성서로 분류한 부분의 히브리어 본을 사용하고, 그리스도교는 구약 성서Old Testament와 신약 성서New Testament를 모두 받아들이고 가르친다. 그리스도교는 'Christianity'의 번역어다. 그리스도를 섬기는 종교이니 그리스도교라고 하는 것이 적절하다. 기독교는 그리스도를 중국어로 음역 표기한 '기독'에서 유래한 말이다.

4 관행慣行은 'practice'의 번역어다. 실천, 실행, 실습, 관례, 업무, 소송 절차, 예배 의식으로도 번역되는데, 맥락에 따라 알맞은 번역어를 선택해야 한다. 이 책에서는 대개 '관행'으로 번역했다.

아이들이 놓인 상황

실험! 완벽하게 바른 인간을 만들어 내려는, 다시 말해 인간성을 신성하게 만들려는 참신한 시도를 생각해 보자. 그대는 완벽하게 바른 인간을 좋은 남자나 여자다운 여자처럼 막연하게 상상한 인물로 조금 바꾸어 실험을 망치려고 할 것이다. 그대는 완벽하게 바른 인간을 길들여진 작은 짐승으로 여기거나, 같이 놀아줄 애완 동물로 생각하거나, 심지어 그대의 수고를 덜어주고 돈을 벌어줄 수단으로 취급할 수 있다. 후자는 우리가 제일 흔하게 생각하는 방식이다. 하지만 완벽하게 바른 인간은 그대에게 얽매이지 않고 스스로 싸우며 고난을 헤쳐나가 자신의 영혼을 구할 것이다. 완벽하게 바른 인간의 모든 본능이 그대에게 저항할 테고, 본능은 아마도 저항하면서 더욱 강해질 테니 말이다. 만약 그대가 완벽하게 바른 인간의 지극히 성스러운 포부와 열망에서 출발하여 자신의 목적을 이루기 위해 성스러운 포부와 열망을 나쁘게 이용하면, 그대는 끊임없이 못된 짓을 저지를 것이다. 아이에게 맹세하고,

신발을 던지고, 아이를 손으로 때리거나 발로 차서 곧바로 방에서 내쫓는다. 이러한 경험은 성마른 개나 황소가 겪는 곤경처럼 아이에게도 교훈을 줄 터다.

프랜시스 플레이스[1]는 아버지가 손이 닿는 곳에 있는 자식들을 늘 때렸다고 말한다. 어린 플레이스 형제들이 할 수 있는 일이라고는, 아버지가 다니는 길을 피하는 것뿐이었던 듯하다. 프랜시스 플레이스의 아버지가 무엇이든 바라는 바가 있었다면, 의심할 여지없이 자식들이 눈에 띄지 않는 것이었을 터다. 프랜시스는 아버지를 피하던 습관을 비통해하지 않고 담담하게 기록하는데, 자기 아버지가 겉으로는 자식을 때렸지만 내면을 존중해준 것은 행운이라 여기며 감사한다. 이로써 프랜시스는 감탄과 존경을 한 몸에 받는 보기 드문 자유사상가로서 나라에 크게 공헌할 수 있었다. 그는 사상뿐 아니라 사상에서 비롯한 종교적 확신까지 존경받아 마땅한 유일한 사상가일지도 모른다.

이제 늙은 플레이스 선생은 여러 사람들에게 나쁜 아버지로 묘사될 터다. 나도 그가 특별히 눈에 띄는 좋은 아버지였다고 주장하지 않는다. 그러나 지금까지 내려온 관습만 고집하는 좋은 아버지와 비교하면 정말 좋은 아버지다. 관습을 따르는 좋은 아버지는 신중하게 의도적으로 마치 신이라도 된

양 자기 아들의 일에 주제넘게 나서고, 유치한 경신과 부모 숭배를 이용해 자신이 승인한 것은 옳고 자신이 거부한 것은 그르다고 설득한다. 또 금지와 처벌, 보상과 찬사로 짜인 체계system에 상응하는 행동을 하라고 자식을 다그치며, 신성한 제재divine sanction라고 주장한다. 이렇게 발육이 중단된 아버지나 괴물을 만드는 아버지와 비교하면, 플레이스는 아주 훌륭한 아버지다.

성인들처럼 아이들에게도 행동 규칙을 부과하지 않고 함께 살 수 있다고 말하는 것은 아니다. 신경이 예민한 사람은 누구나 아이에게 "떠들지 마."라고 말해야 하는 때가 있다. 그러나 아이가 왜 그래야 하느냐고 묻는다고 가정해 보라. 이런저런 대답을 할 수 있다. "짜증나니까."라는 간단한 대답은 일을 그르칠지도 모른다. 아이가 오히려 재미로 짜증나게 만든다는 인상을 주는 까닭이다. 상대적으로 신경이 예민하지 않은 아이는 어른이 하는 말의 의미를 생생하게 파악하지 못할 수도 있다. 어쨌든 아이는 어른의 감정을 상하지 않게 조심하는 것보다 소란을 피우고 싶어 할지도 모른다. 그러므로 어른은 계속 소란을 피우면 불쾌한 일이 벌어질 것이라고 설명해야 할 수도 있다. 불쾌한 일은 그저 찡그린 표정을 지어 보임으로써, 아이의 애정 어린 공감을 불러일으키는 데서 끝날 수도 있다. 혹은 불필요한 폭력의 여지를 남기면서 감정의 폭발로 치닫기도 한다.

여기서도 지켜야 할 원칙은 똑같다. 가식과 구실, 핑계 같은 거짓이 얽혀서는 안 된다. 아이는 인정머리 없거나 배려 없는 상태가 아니면, 거짓이나 숨김 없이 바르고 곧게 배운다. 끝으로 아이에게 산상 설교[2]를 가르치는 엄마는 진실한 그리스도교도가 아닐 것이다.

---

1 프랜시스 플레이스Francis Place(1771~1854)는 영국의 급진주의 개혁가다. 그는 1794년부터 1797년까지 최초로 결성된 노동 운동 단체 가운데 하나인 런던 통신 협회London Corresponding Society의 회원으로 활동했다. 노동자 계급의 노동 조합 결성을 금지한 결사 금지법 폐지를 1814년부터 주장했고, 1824년 의원이던 조지프 흄Joseph Hume(1777~1855)과 힘을 모아 결사 금지법 폐지를 위해 활동할 의회 위원회를 만들어 냈다. 플레이스는 노동 조합과 고용주의 지위가 동등해지기를 바랐다. 1824년 의회에서 결사 금지법 폐지 법안이 마침내 통과되었다.

2 산상 설교Sermon on the Mount는 신약 성서 마태오 복음서 5장부터 7장에 기록된 예수의 가르침을 가리키며, '산상 수훈'이라고도 부른다. 여기서 예수는 종래의 관습적 보복을 비판하고 원수까지 사랑하라는 새로운 율법을 제시한다. 산상 설교에는 로마 가톨릭교회의 용어로 진복팔단이라 불리는 여덟 가지 복과 주기도문을 비롯해 유명한 그리스도교의 가르침과 격언이 담겨 있다.

나답과
아비후의 죄[1]

솔직하지도 않고 교육 효과도 없으며 분명히 해로운데도, 어른들이 아이들에게 자주 쓰는 말이 있다. "떠들지 마" 또는 "버릇없이 굴지 마"를 대체하는 아주 단순한 말인데, 완벽하게 건강하고 자연스러운 유아기 단계에 대해 성가시게 고민하지 않고 아이가 신을 화나게 만든다고 하는 것이다. 이 말은 신성을 모독하는 거짓말이며, 보모마다 입에 올린다는 사실도 결코 변명이 되지 않는다. 디킨스[2]는 신을 들먹이는 말을 정교하게 다듬은 보모에 대한 이야기를 들려준다. 보모는 "그런 짓 하면 천사들이 너를 사랑하지 않을걸."이라고 말했다. 어렸을 적 내가 착하게 굴지 않으면, 굴뚝에서 수탉이 내려올 것이라고 말하던 하인이 기억난다. 내가 착하게 굴지 않는다는 말은 내가 그 하인의 개인적 편의에 맞춰 행동하지 않음을 뜻했다. 상상력이 부족하지만 똑같이 부정직한 사람들은, 내가 그들의 비위에 맞춰 행동하지 않거나 순순히 복종하지 않으면 지옥에 갈 것이라고 말했다.

신체 폭행은 사악한 잔혹성의 표현이 아니라 정상적으로 일어난 분개를 성급하게 드러낼 경우라면, 종교를 빙자한 속임수만큼 아이를 해칠 리 없다. 신체 학대는 법률이 정한 한도를 넘어서 허용되지 않을뿐더러 인간적 한도를 넘어서도 안 된다. 능동적 사회는 아이들을 굶기고 고문하듯 괴롭히고 혹사하는 수많은 부모들에게 책임을 묻고, 더 많은 부모들에게 합법적으로 겁을 주며 교화시킨다. 아이를 학대한 부모는 범죄자로 취급해야 한다. 종종 경찰은 폭행당한 아이들을 구할 때 곤란한 상황에 놓인다. 아이들이 무방비 상태로 노출되어 있는 가해자들은, 바로 자식이 가야 할 길을 정해 놓고 양육할 뿐더러 자식을 못되고 잔혹하게 대하는 부모들인 탓이다.

이제 아무도 아이들이 가야 할 길을 알지 못한다. 지금까지 발견한 길은 모두 우리의 문명을 공포로 이끌었다. 러스킨[3]은 문명 생활의 공포를 먹다 남은 음식 찌꺼기를 서로 먹으려고 고통스럽게 꿈틀대는 인간 구더기들의 무리로 올바르게 묘사했다. 종교를 빙자한 속임수는 소중하고 신성한 것을 곡해하고 악용함으로써 아이의 양심을 우리 자신의 편의를 위한 도구로 삼고, 우리 자신의 도끼를 갈기 위해 놀랍고도 무서운 힘이 숨은 수치심을 이용하려는 시도다. 이는 나답과 아비후처럼 야훼의 제단에서 불을 훔친 죄를 짓는 것이다. 교황들과 부모들, 교육자들은 뻔뻔하게 신성을 모독하는 죄를 짓고 있어서, 보모들이 불안에 떨며 재를 조금 훔친 짓이 해가 되리라고 생각할 수 없을 정도다.

우리는 아이들의 영혼에 휘두른 폭력의 어두운 면을 차마 들여다볼 수조차 없다. 종교를 빙자한 속임수에 어이없게도 잔혹한 신체 폭행이 숨어 있다는 것도 알게 되는 까닭이다. 고문하듯 고통을 주는 데서 은밀하고 추악한 기쁨을 찾는 부모나 교사는, 희생자가 될 아이가 빠질 수밖에 없는 함정을 파서 아이를 매정하게 실컷 때린다. 언젠가 내게 편지를 썼던 신사는 자신이 사리분별을 아주 잘 하며 고상하다고 확신하면서, 아이들을 위해 때리는 유일한 이유는 완벽한 순종과 완벽한 진실성 규칙을 어겼을 때뿐이라고 말했다. 신사는 분명히 아이들이 완벽한 순종과 완벽한 진실성이라는 속성을 지녀야 한다고 우긴다. 두 속성 가운데 하나는 덕이 아니고, 다른 하나는 신의 속성이므로, 우리는 신사가 바보스러울 만큼 엄청난 가식으로 위장하고 살았더라도 아이들의 삶이 얼마나 처참했을지 상상할 수 있다. 그런데도 신사는 부모의 의무에 대해 인습과 일치하는 아주 적절한 견해를 가졌기 때문에 망명을 하거나 평판을 잃을 염려 없이 자신의 편지를 『타임스』[4]에 기고했을지도 모른다. 어쨌든 그는 편지를 거의 기고할 뻔했다.

방금 말한 신사의 견해는 적어도 하찮은 것이 아니고 나쁜 의미가 담겨 있지도 않았다. 선생님이 질문할 때 아이가 대답하지 않거나 오메가를 '오메에가'로 발음하는 소리를 우연히 들으면, 아이를 지독하게 때려도 된다는 일반적 견해보다는 훨씬 더 존중할 만했다. 잔혹한 매질은 도덕적 핑계로 가려지고, 싫지만 아이를 위해 어쩔 수 없이 하는 것처럼 가식으로 포장할 뿐이다. 아이가 잘 되게 하려면 때릴 수밖에 없다는 것이다. 때리는 부모는 틀림없이 "맞는 너보다 때리는 내가 더 아프다."라고 말한다. 잔혹할뿐더러 위선이다. 차라리 쾌락에 탐닉하는 부모가 솔직하게 "나는 너를 때리고 싶어서 때려. 내가 구실을 만들 수 있으면 언제든 너를 때릴 거다."라고 말하면, 아이가 받는 상처는 훨씬 줄어들 법하다. 그런데 아이들을 해치는 가증스러운 욕망을 신의 분노로 묘사하고, 학대를 신이 베푸는 자선이라도 되는 양 말한다. 매질하는 어른들은 모두 그렇게 표현한다. 어른이 약간은 쾌락을 느끼며 매질하는 바람에, 아이는 신체적 고통에 더하여 영혼까지 상처를 입어서 마음의 눈이 멀고 만다. 누구에게나 공포를 불러일으키는 안타까운 현실이다.

1 구약 성서 레위기 10절의 내용과 관련이 있다. 모세와 아론이 야훼에게 희생 제물을 바칠 때, 아론의 두 아들 나답과 아비후가 각각 향로를 제단으로 가져와 향을 피웠다. 그때 야훼가 불을 일으켜 타 죽었다고 한다. 나답과 아비후의 죄는, 야훼가 제단의 희생 제물을 태우려고 내린 불을 훔친 것이다.

2 디킨스Charles Dickens(1812~1870)는 빅토리아 시대에 활동한 영국 소설가다. 특히 가난한 사람들에게 깊은 동정심을 가졌고 사회의 악습에 맞서, 현실을 있는 그대로 세밀하고 재치 있게 풍자적으로 묘사했다. 주요 작품으로 자전적 요소가 짙은 『데이비드 코퍼필드』와 『위대한 유산』이 있고, 『올리버 트위스트』, 『크리스마스 캐럴』, 『두 도시 이야기』는 세계적 명작으로 꼽힌다.

3 러스킨John Ruskin(1819~1900)은 영국의 비평가이자 지식인으로 빅토리아 시대 대중의 예술 기호에 영향을 크게 미쳤다. 자연을 사랑한 점에서 시인 윌리엄 워즈워스의 추종자였으며, 풍경화 속에서 발견한 자연의 진실성을 토대로 미학 원리를 세웠다. 훌륭한 예술은 자연의 진실을 찾아서 담아내야 하며, 이상적 장인은 자연의 진실성에 충실하게 작업함으로써 성취감을 느끼는 헌신적 인간이라는 견해에 도달했다. 버나드 쇼는 러스킨을 '당대 최고의 사회 개혁가'라고 평하기도 했다. 주요 저서로 『근대 화가론』, 『베네치아의 돌』 같은 예술 비평서와 『참깨와 백합』, 『티끌의 윤리학』 같은 대중 강연집이 있다.

4 『타임스*The Times*』는 1785년에 영국에서 창간된 신문의 이름으로 '시대'라는 뜻을 담고 있다. 우리나라에서 타임스, 또는 더 타임스라고 부른다. 세계에서 가장 오래된 일간 신문으로 지금도 영국 내부의 여론 형성에 영향을 상당히 미치며, 세계적으로도 알려진 신문이다.

괴물 만들기

괴물 만들기는 중국에만 국한된 일이 아니다. 중국인들은 신체를 가진 괴물들을 만드는데, 자신들도 그 점을 인정한다.[1] 우리는 중국인들이 괴물을 만든다고 악담을 늘어놓지만, 우리의 아이들을 도덕적 괴물[2]로 만든다. 핑곗거리와 구실을 아주 잘 찾는 부모는 자신의 잘못을 자식을 통해 고치려고 애쓴다. 자식에게 "나는 전능한 신의 성공작이니까 매사에 나를 본받아라. 아니면 네 등가죽을 벗겨낼 테다."라고 말하는 부모는, 담뱃대를 물고 아들이 담배를 피웠다고 매질하는 아버지보다 훨씬 어처구니없고 부조리한 상황에 놓여 있다. 그대가 자식에게 자신을 좋은 본보기로 내세워야 한다면, 본보기가 아니라 경고로서 내세워라. 아이들에게 좋은 본보기는 전혀 필요치 않은 까닭이다.

그대가 부모라면 자식의 성격을 그대로 두는 편이 훨씬 낫다. 자식을 그대의 공상에 맞는 모습대로 만들기 위한 재료로 여기면, 그대는 생명력the Life Force의 실험을 좌절시키고 있는 셈이다. 그대는 자식이 자기 일을 모르고 그대가 자식의 일을 더 잘 안다고 가정한다. 이 점에서 그대는 확실히 틀렸다. 아이는 흔히 신의 의지the Will of God, 혹은 하늘의 뜻이라고 부르는 생명력의 충동을 느끼지만, 그대는 자식을 대신하여 생명력을 느낄 수 없는 까닭이다. 헨델[3]의 부모는, 음악가가 되겠다는 아들의 꿈을 말리려고 애쓸 때, 아들을 더 잘 안다고 생각했다. 대단한 악당이 되어 천재성을 발휘하겠다는 자식의 꿈을 부모가 말리려고 애쓰는 일도 마찬가지로 틀렸고 똑같이 말리지 못할 터다. 헨델은 헨델이 되었을 테고, 나폴레옹[4]과 러시아의 표트르 대제[5]도 자신들을 낳은 부모가 있지만 자신들이 바라는 어른이 되었을 것이다. 흔히 그렇듯 나폴레옹과 표트르 대제는 각각 자신의 부모보다 더 강했던 까닭이다.

그런데 자식이 부모보다 강해지는 일은 언제나 우연히 벌어지지 않는다. 인간다운 존재가 어떠해야 하는지 안다고 장담하고, 자식을 강제로 자기가 만든 틀에 끼워 맞춰 키우려고 무슨 일이든 서슴지 않을 만큼 무지하고 어리석은 부모 탓에, 아이들은 아무 희망 없이 비뚤어져 시간을 낭비할 수 있다. 사실은 수많은 아이들이 암담한 상황에 놓여 있다. 아이들은 저마다 자신의 취향대로 살 권리가 있다. 부모가 확고한 무신론자라도 자식은 플리머스 형제단[6]의 일원이 될 권리가 있다. 아이는 자신에게 반감을 드러내는 어머니나 아버지, 자매나 형제, 삼촌이나 이모, 고모를 싫어할 권리가 있다. 아이는 자신의 길을 찾고 자신이 찾은 길을 걸어갈 권리도 있다. 찾은 길이 다른 사람에게 현명해 보이든 어리석어 보이든, 아이는 어른과 같은 권리를 가진다. 자식은 부모와 똑같이 자신의 행동과 자신에게 중요한 일에 대해 간섭받지 않고 사생활을 지킬 권리가 있다.

---

1 중국의 고대 설화에는 수많은 괴물이 등장한다. 예컨대 용을 비롯해 신으로 불리는 기괴한 신체를 가진 괴물들이 등장한다. 『서유기』의 손오공, 저팔계, 사오정은 중국 괴기 소설에 등장하는 대표 괴물들이다. 오늘날 컴퓨터 공학의 발달로 인터넷 게임이 성행하는데, 게임에 등장하는 인물들도 대부분 형체를 가진 물리적 괴물들로 그려진다.

2 도덕적 괴물moral monsters은 인격적 관계를 맺지 못해 도덕 불감증에 걸린 현대인들을 가리킨다. 도덕 불감증에 걸린 어른들이 순진무구한 아이들을 도덕적 괴물로 만든다. 학교 폭력 가해자들의 부모들, 학교 폭력이 일어나도록 조장한 교장들과 교사들은 도덕적 괴물의 전형을 보여준다. 도덕적 괴물이라는 말은 이 책에서 자주 나온다. 오늘날 도덕적 괴물들의 수는 쇼가 살았던 시대보다 훨씬 더 많아진 것 같다. 어른들은 각자 자신이 도덕적 괴물이 아닌지 반성하면서 아이들을 만날 필요가 있다. 모든 악의 근원은 아이가 아니라 어른이라는 점을 기억하라.

3 헨델Georg Friedrich Händel(1685~1759)은 독일 출신 바로크 음악가로 영국에서 주로 활동했다. 오페라 46곡과 뛰어난 오라토리오를 비롯해 수많은 기악곡을 남겼다.

4 나폴레옹Napoléon Bonaparte(1769~1821)은 프랑스 대혁명 이후 프랑스 제1

공화국의 유능한 군인으로 군사 정변을 일으켜 황제 자리까지 올랐다. 당시 유럽 대륙을 대부분 정복함으로써 프랑스 혁명 정신을 전파했다고 평가받는다. 그러나 다른 나라를 침략하는 행위가 자유, 평등, 박애라는 프랑스 혁명 정신을 제대로 전파했는지에 대해 의문을 품지 않을 수 없다.

5 표트르 대제Pyotr Alekseyevich(1672~1725)는 표트르 1세를 가리키며, 영어권에서는 피터 대제라고 부른다. 러시아 역사상 가장 뛰어난 통치자이자 개혁가였다. 절대 왕정을 수립하고 행정과 산업, 상업, 기술, 예술과 문화에 걸친 개혁으로 러시아의 발전을 이룩했다.

6 플리머스 형제단Plymouth Brother은 1820년대 아일랜드의 더블린에서 그리스도교 근본주의를 내세운 복음주의 운동과 더불어 등장한 개신교 교파다.

핵가족과 대가족

이제 아이의 권리는 이전보다 더 중요해졌다. 가족을 제한하는 근대의 관행practice이 아이의 권리를 더욱 효과적으로 침해할 수 있는 까닭이다. 아이가 열, 여덟, 여섯인 가족, 넷인 가족 속에서도 동생들의 권리는 아이들끼리 맺는 친밀한 관계 덕분에 저절로 아주 많이 보장되며, 형이나 누나, 언니나 오빠의 권리도 마찬가지다. 그런데 두 어른은 부모로서 가정을 지키고 생활비를 벌려고 일하지만, 여전히 아이의 권리와 자유를 심각하게 침해할 수 있다. 넷째 아이가 태어났을 즈음, 부모는 지쳐서, 당위로 여기던 육아법에 따라 아이들을 기르는 일이 힘들기만 하고 보상은 받지 못할뿐더러 골치 아프다고 여긴다.

대가족 속에서 자라는 아이들은 교사들이 말하는 '개별적 주목individual attention'을 받을 수 없기 때문에, 처세에 밝아 출세하는 경우가 많다고 예전부터 말해 왔다. 그런데 아이들은 거침없이 창피를 주거나, 인정사정 없이 비웃거나, 공격적 시도에 맞서 폭력적으로 저항하면서 다른 아이들의 개별적 주목을 많이 받을 수도 있다. 부모로 자처하는 폭군들은 여러 아이들의 눈치를 보아야 하기 때문에 마지못해 개인적 규칙이 아니라 정치적 규칙에 의지한다. 그러다 보니 많은 아이들을 도덕적 괴물로 만들게 된다. 대가족 속에서 자란 아이들은 저마다 나이를 더 먹은 형제들을 뒤에서 비웃으며, 충분한 자유를 누리고 장난도 충분히 칠 수 있어서 외동아이들보다 상처를 훨씬 덜 받아 무사할 수 있다.

큰 학교가 세워 놓은 체계에 문제가 많더라도 교사의 개인적 영향력은 발휘되어야 한다. 교사가 개인적 영향력을 발휘할 때는 공적으로 개별 학생들을 고르게 살피지 않으면 안 된다. 교사는 어머니처럼 친밀하게 개별 학생에게 공들여 애정을 쏟을 때, 수상이나 대통령이 개별 투표자에게 공들여 애정을 쏟을 때보다 조금 더 많은 권한을 가지는 까닭이다.

골칫거리 아이들

경험이 많은 부모들은, 아이의 권리에 대해 말할 때 아이들이 하고 싶은 일을 하려면 허락을 받아야 하냐고 아주 자연스럽게 질문한다. 최선의 답변은 어른들이 하고 싶은 일을 할 때 허락을 구하냐고 되묻는 것이다. 어른의 경우와 아이의 경우는 둘 다 똑같다. 우리는 고약한 어른의 경우 마음대로 해도 좋다고 허용하지 않는다. 심술궂은 아이에게도 마음대로 해도 좋다고 허용할 수 없다. 아이의 권리와 어른의 권리 사이에 원칙의 차이는 없고, 상황의 차이가 있을 따름이다.

성인은 법 절차에 따를 경우가 아니면 처벌받지 않는다. 법 절차에 따라 처벌받는 성인은 자신 때문에 상해를 입은 사람이 판사나 배심원, 법 집행자처럼 행동하도록 허용하지 않는다. 사실 고용주들은 날마다 노동자들을 대할 때 판사나 배심원, 법 집행자처럼 행동한다. 하지만 이것은 노동 상황에 비추어 정당화되지 않으며, 자본주의[1]가 의도한 결과가 아니라 남용된 사례다. 원칙에 따를 경우 아무도 자본주의가 남용되어 발생한 악행과 악습을 대놓고 옹호하지 못한다.

자식과 부모나 아동과 양육자 사이에 그렇듯, 부모나 양육자가 자식이나 아동에게 판사나 배심원, 법 집행자처럼 행동하는 악습이 불가피한지에 대해 우리는 논쟁하지 않는다. 그대는 아이의 못된 짓, 잘못된 행동을 매번 불편부당하게 판정할 수 없다. 하지만 아이가 못된 짓을 할 때 곧바로 불쾌한 일로 의식하도록 일러주지 않으면, 아이는 응석받이로 자랄 터다. 그러므로 어른들이 부정의와 불친절에 맞서 아이들의 방패가 되어 주려면, 오로지 양심에 따라 행동해야 한다. 양심에 따른 행위는 빗발치는 꾸짖음으로 시작해 몹시 화가 나서 찰싹 때리는 데까지 이르러 두려움과 고통을 야기할 수도 있다. 아니면 아이가 뉘우치도록 자책감을 불러일으키는 충고나, 수치심과 굴욕감을 주려는 의도가 담긴 빈정대는 말로 표현될 수도 있다. 혹은 아이가 못된 짓을 하면 타락해서 지옥으로 간다는 믿음을 심어주는 설교가 될지도 모른다. 어쨌든 아이는 어른이 친절과 양심으로 배려하지 않으면, 스스로 방어하지 못한다. 또 어른은 친절과 양심을 잊는 편이 나을 수도 있다. 양심에 따른 행동에는 무거운 책임이 따르는 까닭이다.

우리는 이제 곤란한 문제와 맞닥뜨린다. 성격이 약하거나 지능이 낮은 부모들은 양심에 따라야 하는 무거운 책임을 질

수 없다. 그런데 성격이 고상하고 지능이 높은 부모들도 자식들을 돌보는 일로 시달리며 괴로워한다. 아이는 쉬지 않고 소란을 피우는 작은 동물이고, 알려는 욕구가 끝이 없어서 계속 미친 듯이 묻고 또 묻는다. 아이가 지능이 아주 높고 예민한 부모와 방 안에 같이 있을 경우, 아이는 가만히 앉아서 입 다물라는 소리를 듣게 되고, 필요할 경우에는 강제로 가만히 앉아 말을 하지도 못한다. 이것은 아이의 건강을 해치고, 부자연스럽고 부당할뿐더러 잔인하고 이기적인 처사이므로 결코 관용해서는 안 된다. 따라서 지능이 높고 예민한 부모는 자식을 유모나 보모에게 맡긴다. 유모나 보모는 신경이 예민하지 않아서 소란을 피워도 참아낼 수 있지만, 양심의 가책이나 거리끼는 것이 없어서 아이에게 아주 나쁜 동반자일 수도 있다.

여기서 우리는 가장 중요하지만 아무도 공언하지 않는 문제와 마주한다. 아이를 감금하고 아이에게 고통을 주는 괴물 같은 학교 제도가 왜 유지되는지 알게 되지만, 우리는 교육과 훈육, 성격 형성 같은 위선들로 위장한다. 사실은 그저 아이가 어른에게 골칫거리라는 것이다. 더욱이 어른이 세련되고 예민하며 성인에게 적합한 최고 수준의 일을 열심히 할수록, 골칫거리 아이를 참아내기는 힘들어진다.

노는 아이는 소란을 피우고, 또 소란을 피워야 하지만, 일하는 뉴턴[2]은 조용하고, 또 조용해야 한다. 아이는 시간을 대부분 놀이에 써야 마땅하지만, 어른은 시간을 대부분 일하는 데 써야 마땅하다. 우스꽝스러운 신경 쇠약 상태로 자신을 너무 아끼고 소중히 여기다, 끝내 건강한 사람들에게는 생기를 불어넣고 자극을 주는 북적거리는 곳에서 일할 수 없다고 상상하는 사람들을 편드는 것이 아니다. 소란피우는 아이들의 소리가 멈추지 않는 곳과 아무 소리도 들리지 않는 곳 가운데 어디에서 살지 선택해야 한다면, 온화하고 건전한 사람들은 끝없이 이어지는 침묵보다 아이들이 쉬지 않고 내는 소음을 선호하리라고 확신한다.

여기서 사람들의 선택은 본성에 따라 강요되지 않는다. 아동과 성인이 많든 적든 서로에게 좋은 점을 많이 찾아내지 말아야 할 이유는 어디에도 없다. 심지어 현재 그대는 다소 위선적으로 가장하면서 아이를 기숙 학교에 보내는 것과 집에 계속 두는 것 사이에서 선택을 강요받지 않는다. 오늘날 일하는 부모들은 대부분 자식들을 주간 학교에 보내고 문 밖에서 발길을 돌린다. 이것은 부모들에게 유리한 해결이지 자식들에게 유리한 해결이 아니다. 들판의 염소를 묶어 두거나 길거리에 버려져 떠도는 개를 추적하는 것이 염소와 개에게 유리한 문제 해결이 아닌 것과 마찬가지다. 그러나 어떤 계층에서나 아이들로 구성된 사회를 기꺼이 참아내려 하지 않는다. 따라서 가족이 아이들의 의식을 고양하고 교화함으로써 성인 사회와 같은 역할을 한다거나, 가족이 사회를 구성하는 단위라고 믿는 것은 오류다. 다른 여러 가지 점에서 그렇듯 가족은 사기이자 협잡일 수도 있다.

늙은이들과 젊은이들은 한 쪽이 다른 쪽에 고통을 주지 않고서, 또 늙은이가 무리하지 않고서는 같은 속도로 오래 걸을 수 없다. 늙은이와 젊은이가 방 안에 함께 있을 때, 그들은 같은 온도와 같은 양의 맑은 공기를 견뎌낼 수 없다. 소란, 들썩임, 꼬치꼬치 캐물음 같은 주요인은 무시하더라도, 아이들은 쉰 살이 넘은 중늙은이라면 틀림없이 고통스러워할 만한 광경, 소리, 냄새, 무질서를 아무렇지 않게 견딜 수 있다. 다른 한편 늙은이들은 아이들이 보기에 말로 표현할 수 없이 따분하고 지루한 상태에서 고요한 행복을 찾는다.

우리의 사회 체제는 늙은이들과 젊은이들을 모두 같은 집에 몰아넣고 양쪽이 행복하다고, 이런 특별한 행복이 덕의 토대인 척 가장한다. 그런데 우리는 가족 생활에 관해 토론할 때 실제 어른들과 실제 아이들은 말할 것도 없고, 어떤 종류의 현실 상황들도 화제로 삼지 않는다. 우리는 언제나 돌아가서 쉴 편안한 집, 어머니의 영향력, 아버지의 보살핌, 효심, 의무, 애정, 단란한 가족 같은 이상에 대해서만 이야기한다. 이러한 이상들은 분명히 위안을 주는 말이다. 하지만 가정과 어머니의 영향력, 아버지의 보살핌 같은 개념이 현실에서 실제로 어떻게 적용되느냐고 물을 필요가 있다.

생활비를 버는 평범한 아버지가 일주일에 몇 시간씩 자식들과 놀거나 집에 머물러야 하는가? 가정은 도둑의 소굴일 수도 있으며, 어머니는 뚜쟁이고 아버지는 난폭한 주정뱅이일 수도 있다. 혹은 어머니와 아버지가 한 해에 서너 번 공휴일에 자식들을 만나는 상류 계층에 속한 사람일 경우, 드물게 아이들은 어쩔 수 없이 낮 시간 동안 하인이나 하녀와 친밀하게 접촉하며 생활한다. 그러한 가정에서는 하인과 하녀의 영향력과 보살핌이 종종 부모의 영향력과 보살핌을 앞지른다.

단순한 친절과 구별되는 애정은 실제로 있지만, 없을 수도 있다. 애정은 서로 친척 관계로 얽히지 않으면 동등하게 주고받는 당사자들이 갖춘 자질에 의존하거나, 품고 보살피려는 열정이 다소 병적으로 살아남은 것이다. 몸만 자란 어른이 아니라 현실적으로 마음도 성숙한 진짜 어른과, 그럴 수밖에 없는 아이들과 달리 상대적으로 이기적이고 잔인하며 마음이 성숙하지 않은 가짜 어른이 나누는 애정은 자연스럽다고 말할 수 없다. 이것은 여섯 살부터 통제 가능한 성숙한 나이로 접어들기 전의 평범한 아이보다 개와 함께 있는 것을 좋아하기가 더 쉽다는 사실을 보여주는 증거다. 애완견과 떨어져 지내는 상황을 견딜 수 없는 어머니들이 아주 흔쾌히 자식들을 기숙 학교로 보내곤 하니 말이다.

부모는 자식을 집에서 떠나보낼 때 자식이 잘되게 하려고 희생한다고 말하고, 심지어 그렇다고 믿는다. 그러나 여주인의 무릎 위에 앉거나 응접실 난로 앞 깔개 위에서 몸을 데우지 않고, 다른 곳에서 한 달이나 두 달 동안 지내는 것을 좋아할 애완견은 거의 없다. 게다가 아이들이 계속 집을 떠나서 지내기를 좋아한다는 주장은 대중적으로 인기를 얻은 감정에 근거한 가족 이론 전체를 포기하는 발언이다. 아직도 개들은 집에서 키우고, 아이들은 집에서 쫓겨난다.[3]

---

1 자본주의資本主義 capitalism는 생활에 필요한 상품과 용역을 생산하고 소비하는 과정이 자본에 크게 의존하는 경제 체제다. 산업 혁명을 거쳐 근대 산업 사회에 특이한 경제 구조로 자리 잡았다. 우선 자본주의 체제에서는 기업이 이윤 추구를 목적으로 자본을 투자하고 사회 전반의 경제 활동을 주도한다. 이 점에서 15, 16세기에 나타난 중상주의 시대를 자본주의 사회라고 보기도 한다. 이 시기 자본주의를 상업 자본주의라고 부른다. 둘째로 자본주의 체제는 자본 중심의 생산 양식이 지배한다. 자본가들이 소유한 기업이 상품의 유통이나 고리대금업에 의존하여 이윤을 창출하지 않고, 생산 과정에서 부가 가치의 형태로 이윤을 창출함으로써 사회적 생산의 주류를 이룬다. 자본가들이 경영하는 기업이 주축을 이룬 사회는 16세기부터 움텄

으나, 산업 혁명 이후 지배적 생산 양식으로 확립되었다. 이렇게 형성된 기업이 경제 생활을 지배하는 산업 자본주의는, 산업 혁명을 주도한 영국의 경우 1770년대 이후, 유럽 대륙의 경우 1830년과 1840년대에 들어서 확고해졌다. 오늘날 산업 자본주의 체제는 세계 전체로 퍼져 인류의 경제 생활을 대부분 지배하고 있다.

2 뉴턴Sir Isaac Newton(1642~1727)은 17세기 과학 혁명을 상징하는 과학자로 광학과 역학, 수학 분야에서 뛰어난 업적을 남겼다. 1687년에 출판된 『자연철학의 수학적 원리*Philosophiae Naturalis Principia Mathematica*』는 근대 과학을 대표하는 가장 중요한 책으로 꼽힌다. 그는 태양계의 모든 천체 운동을 지배하는 단일한 힘을 중력 또는 만유 인력이라고 불렀다. 중력 법칙 또는 만유 인력 법칙은 혜성의 운동이나 조석 현상의 설명에도 성공적으로 적용되었고, 우주의 모든 입자들 사이에 보편적으로 존재한다고 믿었다. 뉴턴의 물리학은 300년 동안 자연 세계를 설명하는 이론으로 널리 수용되었다.

3 영국의 상류 계층은 자식들을 기숙 학교에 보내는 경우가 많다. 공립 학교든 사립 학교든 기숙 학교가 많기로 유명하다. 동서고금을 막론하고 부모는 자식을 위해 희생하고, 자식은 부모의 기대를 충족하기 위해 애쓰는 안타까운 상황은 계속된다. 아이들은 어른들에게 골칫거리로 취급된다. 그러나 어른들은 아이들에게 더욱 심각한 골칫거리일지도 모른다.

어린이 애호가

겉으로만 그럴싸한 가짜 가족애가 아주 많다. 서로 심하게 다투는 여남은 형제와 자매를 일렬로 세우고, 친가와 외가 친척에 맞서 공통 목적을 세우도록 조장하며, 자기들끼리 똘똘 뭉치는 배타적 가족 사랑이 있다. 흔히 어머니들과 아버지들은 자신들이 아주 못되게 대하는 자식들의 일에 간섭하는 사람이라면 누구든 시샘하고 못마땅하게 여기는데, 자식에 대한 소유 의식이 강한 탓이다. 어린이들에게 병적으로 집착하는 지극히 위험한 증세를 보이는 사람들도 일부 있다. 이들은 별나게 교양 넘치는 늙은 숙녀들과 신사들이 집을 고양이들로 채우듯, 고아원이나 탁아소, 또는 학교를 세워 집을 아이들로 채우려 어떤 구실이든 찾아낸다. 지극히 위험한 사람들의 손아귀에 걸려든 어린이들은 맹목적 애착이 초래한 변덕스러운 행위와 음란하고 잔인하며 무절제한 행위에 희생된다.

그런데 어린이에게 열중하는 병든 경향성을 가진 사람들은 어렵지 않게 희생자를 찾아낸다. 부모와 보호자는 아이 때문에 걱정하고, 아이를 납치하는 범죄자가 환영받고 눈속임할까 봐 초조해 한다. 그러면서도 디킨스의 소설 속 스퀴어즈[1]와 크리클[2]에 관한 글을 분개하며 읽은 사람들이 바로 자식들을 스퀴어즈와 크리클 같은 사악한 자들에게 넘겨주기를 마다하지 않으며, 두 악당이 과거의 괴물인 양 지나친다. 여행자 스탠리[3]의 자서전을 읽어보라. 혹은 학창 시절을 둘러싸고 이야기꽃을 피우는 남자들의 무리 속에 앉아보라. 그대는 곧 디킨스의 소설이, 팔리고 읽히도록 하려면 분명히 역겨움을 주는 장면 바로 앞에서 멈출 수밖에 없었고, 교육이라는 구실로 아이들을 넘겨받은 사악한 자들에 관한 진실을 전부 다 말하지 못했다는 사실을 발견하게 되리라. 오래되지 않은 옛날 아일랜드의 어떤 교사가 남학생들에게 살해된 사건이 일어났을 때, 대중에게는 결코 공개되지 않은 이유로 교사를 죽인 학생들을 애초에 기소하지 않기로 결정했다.

앞서 말한 모든 것이 사실이라도 매질하는 교사들과 고아원의 악마 같은 자들, 뻔뻔한 보육 교사들은 '어린이 애호가들'이다. 이들은 실제로 조류 애호가가 조류를 편애하고 개 애호가가 개를 편애하듯 아이를 편애할 수밖에 없는 자연적 경향을 드러낸다. 그래서 주변에 희생자들이 없으면 결코 행복할 수 없고, 아무리 많은 직업을 대안으로 선택할 수 있어도 언제나 어린이에 대한 양육권을 받아냄으로써만 생계를 유지할 수 있다고 확신한다. 분명히 부자연스러워 보이는 그들은 자연스러운 애정을 극단적으로 드러낸 사례들일 뿐임을 명심하라.

현실에서 어른들은 순간순간 애정 충동을 경험하는 사이 지루한 시간 동안, 아이들을 돌보며 늘 함께 있는 부담이 참기 어려워서 피하려고 한다. 또 아이들을 맡긴 곳이 잘 운영되고 유익하며 나중에 성공하려면 아이들에게 꼭 필요한 것처럼 짐짓 가장한다. 이것이 바로 어른들의 자연스러운 감정이다. 친절한 어머니는 묵주에 입맞춤을 한 다음 진심으로 "저리 가렴, 얘야."라고 말한다. "떠들지 마, 악동 같으니." 혹은 "너 때문에 기분이 엉망이 되었구나."라고 말하는 것보다는 낫다. 저리 가라는 말은 어른과 아이가 억지로 함께 살면 어른이나 아이가 모두 비참해질 것이라는 뜻이다. 여기에 부자연스럽거나 잘못된 충격적 사실은 전혀 없다. 분별력을 가지고 직면하고 대비하면 해로운 점도 없다. 현재 아이가 저지른 나쁜 짓은 우리가 아이를 무시하거나 감상에 젖은 거짓말과 가식적 행동으로 숨 막히게 만든 탓이다.

1 스퀴어즈Squeers는 디킨스의 소설 『니컬러스 니클비*Nicholas Nickleby*』에 등장하는 교장으로 악당의 전형으로 그려진다.

2 크리클Creakle은 디킨스의 소설 『데이비드 코퍼필드*David Copperfield*』에 등장하는 학교 운영자로 아동 학대를 즐기는 사악한 인물이다.

3 스탠리Stanley John Weyman(1855~1928)는 19세기 말 영국의 소설가이자 역사가로 자처한 인물이다. 16세기 말부터 17세기 초 프랑스를 무대로 글을 썼다.

죄짓는 어린 시절

죄짓는 어린 시절이라는 의미도 없고 가치도 없는 모든 헛소리는 우리가 많이 공감하고 동조할 때 늘어나는 경향이 있다. 솔직히 말하면 많은 가정에서 아직도 어린 시절을 죄짓는 상태로 다루는 인습에 따라, 어린이들을 보살펴야 하고 요구를 들어주어서는 안 된다는 기괴한 원칙을 경솔하게 내세우곤 한다. 아이들의 이익은 조금도 고려하지 않고, 오로지 어른들의 편의에 따라 아이들과 동거하는 데 필요한 빡빡한 규칙들을 만들어 강제한다.

어린 시절을 죄짓는 상태로 다루는 인습은, 즐기는 모든 행동이 '들키지 않고 죄짓기'라는 고정 관념을 퍼뜨리고, 거칠고 야만스러우며 어리석고 양심 없이 행동하는 파렴치한 계급을 만들어 내기 쉽다. 특정 문명 단계에서는 양심 없이 행동하는 파렴치한 사람들이 상냥하고 양심에 따라 행동하는 인종과 계급보다 높은 자리를 차지한다. 사슬에 묶인 개처럼 사나운 그들은 자신들의 처지를 자랑스러워한다. 결국 군대나 정치 무대에서 성공하여 최고위직에 오르더라도 그들은 언제나 사슬에 묶여 있다. 바로 즐기는 것을 두려워하는 만성 질환에 시달리며 모든 것을 얻은 탓이다. 그들은 문명 생활을 하기 위해 위협이 너무도 필요한 나머지, 으르고 겁줄 만큼 용감한 사람이 주위에 없을 때는 스스로 닦달하며 도덕적, 정치적 공황 상태에 빠져 살아갈 정도다. 결국 그들은 위협에 의존한다는 사실이 탄로 나서 괴로운 처지에 놓인다.

여기서 우리가 관심을 가져야 할 요점은, 인습을 따르는 부모들이 어떤 점에서 감상에 젖은 부모들보다 자식들을 더 잘 키운다는 것이 아니다. 감상에 젖은 부모들은 언제나 자식들에 대한 의무가 부담스러워 불안에 시달리고 고통스러워하며, 자식들을 행복하게 해주지도 못하고 자신들에게 괜찮은 생활을 스스로 하지도 못한다. 그대는 이기심 가득한 폭군 아이가 어떤 상황에서 애정을 품는지 알고 있다. 남자 아이나 여자 아이는 적어도 그대의 애정을 혼동하지 않는다. 그러나 양심적이고 친절하고 오지랖 넓은 사람은 그야말로 분별 없이 그대를 걱정할지도 모른다. 극소수 부모들만 자신들이 의무라고 생각한 것을, 지속적으로 조금이라도 이행할 수 있다. 집에서 자식들을 함부로 다룰 만큼 거친 부모들의 수가 여전히 극소수라는 사실은 그나마 다행이다.

학교

부디 '집에서' 한계를 지켜 주어야 한다. 부모 역할을 대신하는 사업은 비전문적으로 운영하는 사설 기관이 아니라 조직적으로 설립한 대규모 전문 기관에 맡기는 것이 효과가 높을 수도 있다. 또 부모들은 형편이 될 때 아이들을 전문 기관에 맡기려고 학교에 보낸다. 하지만 전반적으로 세상에서 학교만큼 순진무구한 아이들에게 공포를 불러일으키는 곳도 없다.

우선 학교는 감옥이다. 어떤 점에서 학교는 감옥보다 더 잔혹하다. 예컨대 감옥에서 교도관들과 교도소장은, 당연히 읽고 쓸 수 없다면 교도관도 소장도 되지 못했을 테지만, 재소자들에게 읽고 쓰기를 강요하지 않는다. 그저 무엇을 기억해 내지 못한다는 이유로 때리거나 달리 벌을 주지도 않는다. 감옥에서는 적어도 간수들이 이해하지도 못하고 관심도 없어 재소자들에게 이해시킬 수 없는, 끌리지도 흥미롭지도 않은 주제로 강연하면서 들으라고 강요하는 일은 없다. 그대가 감옥에 있다고 가정하자. 간수들이 그대의 신체에 고통을 줄 수 있을지 몰라도, 그대의 두뇌에서 일어나는 생각까지 어쩌지는 못한다. 게다가 간수들은 다른 재소자들에게 얻어맞거나 잔혹한 짓거리의 희생자가 되지 않도록 그대를 보호한다. 하지만 학교에서 아이들은 어떤 보호도 받지 못한다.

세계 곳곳 수많은 책꽂이에 환상과 영감으로 가득한 책들, 우리의 영혼을 살찌우려고 천상에서 내려준 양식이 나란히 꽂혀 있지만, 그대는 쓸 줄 모르는 사람이 야바위로 쓴 교과서를 읽을 수밖에 없다. 인간다운 존재가 되고 싶다면 교과서에서 아무것도 배울 수 없다. 그대가 교과서를 해독할 수 있더라도 열매를 풍성하게 맺는다는 의미의 독서는 할 수 없으며, 억지로 교과서를 읽더라도 남은 일생 동안 교과서에 나온 내용을 혐오할 것이다.

숲과 계곡, 언덕이 드넓게 펼쳐지고 바람이 불고 공기가 이동하며 새들이 지저귀고 냇물이 흐르고 물고기들이 헤엄친다. 이렇게 유익하고 건강한 온갖 것들과 쉽게 만날 수 있다. 거리마다 상점 진열장들이 늘어서 있고, 사람들과 자동차들이 몰려들고, 입구마다 도시의 전등 불빛이 형형색색으로 반짝인다. 그런데도 그대는 인간에게 어울리는 우아하고 편안하며 가구와 비품을 갖추어 아름답게 꾸민 방이 아니라, 옴짝

달싹하지 못하는 수용소 같은 교실에 갇혀 지냈다. 그대는 옆 친구와 이야기해도 매를 맞았고, 움직여도 매를 맞았고, 바보 같은 질문에 대답을 하지 못해도 매를 맞았다. 학교라는 수용소에서 탈출하여 감시하는 선생들의 시야에서 벗어났을 때조차 그대는 여전히 과감하게 살지 못하고 가증스러운 엉터리 교과서 때문에 고통을 겪었을 것이다.

그대를 감시하고 매질한 선생에 대해 그대가 아이로서 가진 증오심은, 감시하고 매질한 교사가 그대에 대해 어른으로서 가진 증오심에 비하면 아무것도 아니다. 그대를 감시하고 매질한 교사는 자신의 일용할 양식을 위해 사회 생활을 억지로 견디는 노예에 지나지 않은 탓이다. 심지어 그대는 그대가 수준 낮은 교사를 어떻게 괴롭히고, 교사가 그대를 얼마나 미워하는지 아는 것으로 만족하지 않는다. 그대는 은근슬쩍 속이고 앙심을 품은 채 금지된 일을 해서 교사를 약 올리려고 자신에게 불필요한 고통을 준다. 수준 낮은 교사가 때때로 악마처럼 폭발하듯 분노를 표출하는 것은 조금도 이상하지 않다. 존슨 박사[1]처럼 더할 수 없는 감각을 지닌 사람들이, 학교에서 아이들은 매질을 피하려고 낱말과 어구를 필사적으로 외우도록 잔혹하게 매질 당하면서 배운다고 말한 것도 전혀 이상하지 않다. 말로 다 표현할 수 없을 만큼 섬뜩하지만, 이것

이 바로 학교 교육의 현실이다.[2]

이제 사방에서 저항의 외침 소리가 들린다. 첫째로 내가 만났던 교사들, 허깨비 교사들에게 내가 학교에서 잔혹하게 매를 맞아야 했느냐고 묻고 싶다. 나는 매 맞을 짓을 하지 않았다. 더구나 나는 학교에서 아무것도 배우지 못했다. 추측컨대 존슨 박사가 만났던 교사는 어린 새뮤얼이 정신을 불구로 만들 만큼 야만적으로 매질당하는 가운데 학과 공부를 함으로써 무엇을 배웠는지 충분히 관심을 기울이고 염려했으리라. 존슨 박사의 위대한 정신은 불구가 되지 않았으니 말이다. 내가 겪은 교사들 가운데 아무도 내가 학과 공부를 했든 하지 않았든 상관하지 않았으며, 내 아버지가 수업료를 지불하면 구타에 대해 염려하지도 않았다. 학교를 운영하는 현실적 목적은 바로 돈벌이였다. 어쩌면 교사들을 고용한 학교 운영자들이 구타에 대해 염려하지 않아서, 교사들에게 필요한 권한을 주지 않았다고 말하는 것이 공정할 터다.

그 결과 나는 학과 공부에서 아무것도 배울 수 없었으나 훨씬 더 중요한 교훈을 얻었다. 덕분에 나는 존슨이 우레 같은 정신으로 영국을 뒤흔들 때 그랬듯이, 술집에 앉아 문학에 종사하는 바보들을 화젯거리로 삼아 떠벌리느라 인생을 허비하지 않았다. 내가 받은 학교 교육은 해를 많이 끼쳤을 뿐만 아니라 좋은 점이라고는 하나도 없었다. 학교 교육은 아이의 순수한 영혼에 때를 묻혔을 따름이다. 나는 존슨과 칼라일의 영향을 모면했듯, 스퀴어즈와 크리클 같은 선생의 매질도 모면했다. 이것이 학교에 다닌 사람들이 대부분 겪은 현실이다.

우리는 강요당할 때 효과적으로 배우지 못한다. 강요당할 때 우리는 거짓말하고 속이고, 미루어 헤아리고 재치를 동원해 어떻게든 처벌을 피한다. 처벌을 피하는 행동이 충분히 먹혀들지 않을 때 우리는 벌로 받은 과제를 휘갈겨 쓰거나 추가로 감금 처벌을 받는다. 내가 어린 시절에는 '가둬두기'라고 했다. 혹은 폭력 교사가 회초리로 우리를 때리도록 두고, 우리의 자존심을 내세워 불명예를 견디느니 차라리 죽는 것이 낫다고 외치며 대담하게 폭력 교사를 힘으로 물리친다. 폭력 교사는 우리를 심하게 때릴 권한이 없는 까닭이다.

학교에서는 한편으로 게으르고 무가치하며, 다른 한편으로 강압을 과시하는 비열하고 가증스러운 일과가 되풀이된다. 내가 만났던 교사들이 나를 괴롭힌 상급생들을 처리하며 밥벌이에만 신경 쓰지 않고 진실로 나의 교육에 관여했다면, 교사들은 나를 학교 밖으로 쫓아냈어야 하리라. 그들은 내가 처음부터 끝까지 학교에 충실하지 않고, 배울 생각이 전혀 없으며, 오히려 배우려는 동급생들을 비웃고 집중하지 못하게 만든다고 말하며 쫓아냈어야 한다. 내가 거짓말을 밥 먹듯 하고 농땡이에다 불온한 작은 골칫덩이라고, 아무것도 나에게 상처를 주지도 화나게 할 수도 없는 상태로 학교 안에 두지 말고 그들이 목숨 걸고 지키는 직업의 품위를 더 떨어뜨릴 수는 없다고 말했어야 하리라.

하지만 퇴학이 가능하려면, 다른 학생들의 부모들이 비행 학생과 동창생이 되게 하느니 차라리 자식들을 먼저 제적시키라고 위협할 만큼 끔찍한 짓을 저질러야 했다. 이렇게 위협하는 데까지 이르렀던 사건은 하나밖에 기억나지 않는다. 문제를 일으킨 장본인은 기숙사에 사는 학생으로 하녀에게 입맞춤을 했는데, 아마도 하녀가 잘생긴 젊은이에게 입을 맞추었을지도 모를 일이다. 하녀가 나에게 입을 맞추지 않았으니, 나를 학교에서 쫓아낼 생각은 아무도 한 적이 없었다. 사실 그 학생은 학교에 한 해 더 머물렀다. 그가 자신의 의지[3]와 반대로 학교에 남았던 이유가 바로 그것이었다. 퇴학시키는 것이 학생 자신뿐 아니라 교사들에게도 말할 수 없이 안심이 되고 이익이 되었을 텐데도, 그는 학교에 더 머물러야 했다.

비상업적 태도로 학교를 운영할 뿐 아니라 불성실하고 게으른 학생들이 학교를 떠나게 했더라면, 학교는 비어 있지 않고 꽉 차 있었을 것이라고 주장할지도 모른다. 그처럼 성실한 태도로 학교를 운영하는 것은 불가능했다. 교사들도 학생들 만큼 학교를 싫어할 수밖에 없었다. 탈출하지 못하도록 감시할 교도관을 고용하지 않고서 아무도 감금할 수 없고, 죄수가 빗장과 쇠창살 안에 갇혀 있듯 교도관은 실직과 굶주림이 두려워서 감옥에서 근무한다. 마찬가지로 적은 급료와 많은 수업에 시달리는 가난한 교사들은 우리 못지않게 죄수들이며, 책임져야 할 일과 염려할 일이 훨씬 많았다. 그들은 자신들을 고용한 학교 운영자들에게 영웅적 태도로 맞설 수도 없었다. 그들이 영웅적으로 행동하는 습관을 보였다면, 교사 자리를 보전할 수도 없었을 터다. 교사들에게 최선으로 보이는 고용도 임시직이었다. 그들이 학교를 떠나 종교계로 가기를 간절히 바랐던 탓이다. 가장 유능하고 인내심이 강한 교사들조차 굼뜨고 품행이 단정치 않은 겁쟁이 학생들 때문에 짜증내는 일이 잦았다. 교사들은 특별히 배려하고 인내심으로 대우할 필요가 있는 학생들에게 인정머리 없이 짜증을 냈다. 딱하고 불쌍한 학생을 처벌할 구실을 찾아 옭아매거나 당황하도록 만드는 것보다 더 쉬운 일은 없다.

1 새뮤얼 존슨Samuel Johnson(1709~84)은 영국의 시인이자 수필가, 평론가로 옥스퍼드 영어 사전을 편찬했다. 풍자시 「런던」과 「덧없는 소망」을 발표했고, 영국 시인 52사람의 전기와 작품론을 정리한 『영국 시인전』 10권을 펴냈다. 교회의 권위를 중시하는 고교회파 영국국교회 신자였다.

2 현재 민주주의 헌법에 따라 정치가 이루어지는 나라에서 학교 교육은 100년 전보다 훨씬 민주적으로 운영되고 있다고 말할지도 모른다. 가혹한 체벌은 눈에 띄게 줄었고, 학생의 인권과 교사의 권한을 조율하는 규칙도 제정되었다. 하지만 아이들은 정해진 교과 과정을 밟아야 하고, 학교 제도에 적응하지 못하면, 번듯한 직장을 얻을 수도 없고 마음껏 꿈을 펼칠 수도 없다. 오늘날 학교는 직업 선택을 위해 경쟁하며 견뎌내야 하는 또 다른 의미의 감옥이다.

3 버나드 쇼는 생명력이 우주를 움직인다고 믿는다. 의지는 생명력의 본질 같은 것이고, 살아 있는 모든 것은 의지를 드러낸다. 인간은 모든 생명체 가운데 의지를 가장 두드러지게 드러내는 존재다. 아이든 어른이든, 여자든 남자든, 가난하든 부유하든, 무식하든 유식하든 인간은 저마다 자신의 의지를 드러내고 자신의 의지에 따라 살기를 희망하고, 그럴 수 있을 때 자유를 느낀다. 전통적으로 인간을 인간답게 만드는 능력은 지성知性 intellect과 의지意志 will와 감정感情 feeling이다. 쇼는 우리의 삶에서 의지가 제일 중요하다고 생각한다.

나의 학업 성취

내가 겪은 학교 공부의 결과는 기대했던 그대로였다. 학교에서는 라틴어와 그리스어를 빼고는 얄팍하게 가르치는 척만 했다. 꼬맹이 학창 시절 나는 라틴어 문법을 아주 많이 알았는데, 겨우 몇 주 삼촌에게 개인 교습을 받은 덕택이었다. 몇 년 학교를 다닌 다음, 삼촌은 내가 학교에서 라틴어를 얼마나 배웠는지 시험을 보았는데, 삼촌이 가르친 내용조차 까먹을 만큼 학교에서 아무것도 배우지 못했다는 최종 결론을 내렸다. 지금도 라틴어 명사 하나 정도는 기억해 내고, 구식 어형 변화표의 몇몇 어형을 무의미하게 암송할 수 있는데, 어형의 규칙 변화가 뇌리에 박힌 탓이다. 하지만 묘석의 라틴어 비문은 완전히 번역할 수 없다. 그리스 문자는 대부분 해독할 수 있다. 간단히 말해 고전 교육에 관한 한, 나는 또 한 사람의 셰익스피어[1]였다. 나는 영어만큼 프랑스어도 쉽게 읽을 줄 안다. 필요에 쫓겨 독일어와 오페라에서 쓰는 이탈리아어를 조금 배웠다.

그런데 나는 프랑스어도 독일어도 이탈리어도 학교에서 배운 적이 없었다. 학교에서는 거짓말하기, 폭군 교사에게 복종하는 불명예스러운 태도, 더러운 이야기, 사랑과 모성애를 외설적 농담으로 취급하는 신성모독에 가까운 습관, 절망, 얼버무리기, 조롱, 비겁한 행동을 배웠다. 모두 겁쟁이가 다른 겁쟁이들을 위협하는 불한당의 잔꾀들이다. 게다가 아일랜드 학교에 통학하지 않고 영국의 공립 학교 기숙사에 머물렀더라면, 수많은 잔꾀에 더하여 끔찍하게 부끄러운 행동을 많이 배웠으리라.

---

1 셰익스피어William Shakespeare(1564~1616)는 영국의 극작가이자 시인이다. 영어로 쓴 문학 작품 가운데 최고라는 찬사를 받으며, 세계적으로 알려진 대문호다. 희곡 36편과 소네트라고 불리는 14행시 154편을 남겼다. 『햄릿』, 『오셀로』, 『리어왕』, 『맥베스』, 『로미오와 줄리엣』을 모르는 사람은 거의 없을 듯하다. 셰익스피어는 대학교에서 정규 교육을 받지 않았고, 그리스어와 라틴어에 능통하지 않았다. 그래서 라틴어와 그리스어를 중요하게 여기지 않은 쇼가 자신을 또 한 사람의 셰익스피어라고 평한 것이다.

천재 교사들

내가 만난 허깨비 교사들이, 학교에 다녔으면 누구나 인정할 만한 모든 사실을 우울하게 묵인했다고 주장하면, 아동 보육에 특별한 재능을 발휘한 몇몇 천재 교사들도 있었다고 반발하는 사람이 있을 것이다. 프뢰벨[1]과 페스탈로치[2]에 대해 들어본 적 있느냐, 메이슨[3]과 몬테소리[4], 드레스덴 근처 헬레라우에 율동 체조 학교를 세운 자크 달크로즈[5]가 무슨 일을 하는지 아느냐고 정중하게 경멸조로 묻는 사람들과 만나게 된다. 천재 교사들 가운데 제일 눈에 띄는 사람은 자크 달크로즈다.

자크 달크로즈는 플라톤[6]처럼 자신의 학생들이 음악으로 충만해져야 한다고 믿는다. 학생들은 음악에 맞춰 걷고, 음악을 연주하고, 음악에 맞춰 춤을 추고, 반복적으로 음악에 맞추라는 명령에 복종하고, 음악을 들으며 생각하고, 음악과 함께 산다. 그들은 엇갈린 율동을 장착한 살아 있는 탄창이 될 때까지 팔다리를 자유자재로 움직일 수 있을 만큼 음악에 관한 두

뇌가 명석해진다. 더욱이 배우고 익힌 모든 율동을 음악에 맞춰 관객에게 보여준다.

모든 위대한 교사들이 그렇듯 자크 달크로즈는 무엇이 옳은지 알고, 수업을 어떻게 해야 올바른지 알뿐더러 어떻게 진행할지도 알았는데, 그대로 진행되지 않을 때 완벽을 추구하는 폭군 교사가 된다는 사실은 낯설고 괴이하기 짝이 없다. 하지만 그가 설립한 학교는 수많은 사람들의 마음을 사로잡았다. 학교를 방문한 여학생들마다 "오, 이처럼 좋은 학교에서 왜 배우지 못했을까!"라고 감탄하면, 나이 지긋한 신사 달크로즈는 신이 나서 그들의 입학을 허가한 다음, 한 번에 두 번 뛰기 또는 세 번 뛰기를 필사적으로 시도하도록 유아반 아이들을 괴롭히고, 방 안을 돌아 걷기 시작하다가 달크로즈가 "뛰어!"라고 외칠 때마다 뒤로 두 발짝 이동해 뛰어오른다.

나도 그대가 아이들뿐 아니라 어른들도 들어가고 싶어 할 멋진 학교들, 또 아무도 강요하지 않지만 학생들이 자발적으로 복종할뿐더러 심지어 숭배하는 위대한 교사들에 관해 전부 안다. 만약 그대가 내게 유럽에서 얼마나 많은 메이슨, 몬테소리, 달크로즈 같은 교사들이 고작 주당 30실링에서 5파운드를 급료로 받으며 일하는지 아느냐고 거칠게 말하면, 나는 그대에게 헤아릴 수 없이 많은 지옥 같은 학교 시설들을 천국

같은 학교로 바꿀 가망이 있는지 평가해 보라고 말할 것이다.

그대가 배울 만큼 배웠으나 생활고에 시달리는 여성이라고 가정하자. 그대는 놀이방이나 어린이집 같은 작은 학교를 열고 페스탈로치 학교라고 새긴 중고 놋쇠 현판을 사서 문에 걸 수 있다. 하지만 온천장으로 시작해 발전한 대규모 숙박 시설의 관리자가 온천 치료에 대해 아무 지식도 갖고 있지 않듯, 그대는 페스탈로치가 누구인지, 어떤 교육 철학을 내세웠는지, 어떻게 실천했는지 아무것도 모를 수 있다. 혹은 유치원이라고 새긴 훨씬 값싼 현판을 살 수 있고, 프뢰벨이 그대가 운영하는 작은 놀이방을 이끄는 천재 교사라고 상상하거나, 다른 사람들이 그렇게 상상하게 둘 수 있다. 이제 새 현판들은 몬테소리 학교라고 새겨지고, 달크로즈가 인기가 없어지면 수많은 핍친 부인들Mrs Pipchins과 윌퍼 부인들Mrs Wilfers은 불행한 나라 여기저기에서 몬테소리라고 새겨진 현판을 문에 걸게 될 터다.[7]

이야기를 더 하기 전에 위대한 교사의 이름을 새긴 현판들이 전부 사기는 아니라고 인정한다. 나의 친구들 가운데 몇 사람의 이야기를 해보자. 한 친구는 아일랜드 학교의 어떤 교사 덕분에 고전 문학을 진정으로 사랑하게 되면서 지식도 꽤 많이 습득했다. 그대는 내 친구의 선생님을 울타리 같은 선생님이라고 부를 테지만, 그는 이제 아무것도 가르칠 수 없게 되었을 터다. 나의 친구는 해로 학교[8]에서 4년 동안 공부하면서 고전 문학 지식을 깡그리 잊었고, 고전에 대한 사랑은 증오로 바뀌었다. 교외에 위치한 학교를 운영하던 다른 친구는 내가 가진 '교사에 대한 편견'을 개탄하며 유감스럽게 생각했다. 그는 나의 도전을 받아들이고 자기 학교에 다니는 학생들에게, 그들의 부모님이 내가 쓴 희곡을 극장에서 공연하는 동안 일어나 밖으로 나갈 수 있듯, 언제든 학교 밖으로 나갈 수 있다고 말했다.

흥미롭게 수업을 진행한 몇몇 교사들도 기억난다. 내가 그 선생님들과 인간적 관계를 맺었더라면, 그리고 축구장에서 사고를 가장해 자신들을 다치게 하거나 벽 뒤에서 흙덩이를 모자에 던지려는 엉큼한 학생들의 시도를 싫어하듯 모험에 맞서려 방어적 입장으로 내몰리지 않았더라면, 나도 확실히 선생님들에게 정보와 가르침을 달라고 마땅히 요청했을 것이다. 하지만 몇몇 드문 사례들도 실제로는 결과가 좋지 않고 오히려 더 해롭다. 그들이 모든 교사가 좋은 선생님들인 양 가장하며 우리를 격려한 탓이다.

특별한 재능을 갖춘 몇몇 교사들이 언제나 둘이나 셋 정도 학교마다 있어, 폭군 교사들이 대부분을 차지한 우리의 교육 제도에서 빛나는 승리를 거두고, 나쁜 체계 안에서도 기회를 찾아 아이들을 정성껏 가르친다고 한들 우리에게 무슨 소용이 있는가? 이 문제에 대해서는 천재 교사들처럼 충분히 학교가 돌아가도록 만들기 어렵더라도, 법률에 관해 조금이라도 아는 사무 변호사나 판사, 과학을 어렴풋이 아는 의사, 의무와 규율을 아는 장교, 종교적 느낌을 주는 성직자를 찾는 일은 가능하다. 하지만 입센의 솔네스 부인[9]처럼 작은 아이들을 돌보는 특별한 재능을 타고한 몇 안되는 교사들도 천사들처럼 천국 같은 학교가 아니라 감옥 같은 학교에서 일하도록 강요당한다. 그들은 대부분 감옥 같은 학교에서 심지어 보수도 제대로 받지 못한 채 멸시당하며 일한다.

앞에서 소개한 울타리 같은 선생님 곁을 떠나 해로 학교에서 공부한 내 친구는 어느 날 어떤 초등 학교에서 어떤 교사가 소년을 쫓아가 때리는 장면을 목격했다. 내 친구는 운이 나쁜 그 교사가 학생에게 들볶였을 개연성은 고려치 않고, 세게 때려서 교사의 눈두덩이 시퍼렇게 멍들었다. 피해를 입은 교사는 고소를 했고, 내 친구는 해머스미스 경찰 즉결 심판 법정에서 치안 방해죄로 답변하려고 초조하게 대기해야 했다. 그는 불안에 떨면서, 무슨 일이 벌어졌느냐는 경찰관의 질문을 받았다. "무슨 짓을 한 거죠?"라고 경찰관이 물었다. "내가 한 남자를 때려서 눈두덩을 멍들게 했습니다."라고 내 친구는 대답했다. "피해자가 신사분이면 6파운드 벌금을 물어야 하고, 신사분이 아니라면 2파운드 벌금을 내야 합니다."라고 순경이 말했다. "그는 교사입니다."라고 내 친구가 답하자 경찰관은 "2파운드"라고 응답했다. 교사의 경우 벌금이 2파운드였던 것이다. 보상금은 기분 좋게 지불되었다.

이후 줄곧 나는 초등 학교 교사들에게, 영국의 헌법에 따라 평범한 직업을 가진 사람의 눈 하나와 같은 가격에 그들의 눈셋을 멍들게 해도 좋다고 국가가 허용할 때 자기 방어 기술을 스스로 갖추라고 충고했다. 프뢰벨, 페스탈로치, 메이슨, 몬테소리 같은 교사들이 실제보다 자주 등장하더라도, 그들이 교사의 자기 방어 기술을 성공적으로 개발할 가능성이 있는가? 그럴 가능성은 없다. 천사 같은 교사들이 일하면 우리의 교육 체계가 완벽해질 것이라는 소식 때문에 유야무야로 처리해서는 안 된다. 나는 하늘이 무너져도 솟아날 구멍이 있다는 말을 인정하지 않듯, 우리의 교육 제도가 완벽해질 것이라는 소식에도 기대를 걸지 않는다. 그래서 나는 학교 현장에서 실제로 일하지 않는 특별한 재능을 갖춘 교사들에 대해 신경 쓰지 말자고 제안한다. 특별한 재능을 갖춘 교사들이 학교 현장에 있더라도, 지체 없이 아이의 권리를 인정하고 확립해야 비로소 특별한 재능도 제대로 발휘할 수 있는 까닭이다.

---

1 프뢰벨Friedrich Froebel(1782~1852)은 유치원Kindergarten의 창시자로 교육 제도를 근본적으로 바꾸어 독일을 재건하려는 뜻을 품었다. 그가 시작한 유치원 교육은 유럽뿐 아니라 전 세계로 퍼져나갔다.

2 페스탈로치Johann Heinrich Pestalozzi(1746~1827)는 스위스의 교육학자로 빈민 교육을 주창했고, 그림 그리기와 글쓰기, 노래하기, 체육, 모형 만들기, 수집, 지도 만들기, 현장 학습 같은 참여 활동은 현대 초등 학교 교육 과정에 편입되었다.

3 메이슨Charlotte Mason(1842~1923)은 영국의 교육자로 교양 교육 과정에 기초한 아동 교육을 주창했다.

4 몬테소리Maria Montessori(1870~1952)는 이탈리아의 교육학자이자 의사로 몬테소리 교육법을 개발하여 전 세계에 보급했다. 아이들의 자발성에 기초한 교육 방식을 강조했다. 로마 대학교 의학부를 최초로 졸업한 여성 의사로 로마 대학 병원 정신과에서 정신 지체아의 교육 문제를 연구했다. 1907년 로마의 슬럼가 산로렌츠에서 아이들을 위한 학교 '어린이집'을 열어 자신의 교육 철학을 실천했다.

5 자크 달크로즈Émile Jaques Dalcroze(1865~1950)는 스위스의 음악가이자 음악 교육자다. 몸의 율동으로 음악을 경험하고 학습하는 방법으로 율동 체조Eurythmics를 창안했다. 율동 체조는 음악 교육뿐 아니라 근대 체조를 만든 계기가 되었다. 1892년 제네바 음악원 교수가 되고, 1911년 드레스덴에서는 율동 음악 체육 학교를 창립하여 근대 무용과 음악 교육의 새로운 장을 열었다.

6 플라톤Platon(기원전 428/427~348/347)은 고대 그리스의 철학자로 소크라테스의 제자이자 아리스토텔레스의 스승이다. 불완전한 현실 세계를 완전한 이상 세계에 비추어 개혁하고자 이상론을 펼쳤다. 이상주의 철학은 『국가』에 아름다운 문체로 서술되어 후대에 길이 영향을 미쳤다. 이 책 10권에서

덕을 쌓고 지혜로워지는 데 도움이 되는 음악 교육의 필요성도 강조했다.

7 핍친 부인은 디킨스의 소설 『돔비와 아들*Dombey and Son*』(1848)에서 돔비 씨의 두 자식이 다녔던 기숙 학교의 운영자로 못생기고 심술궂은 늙은 여자로 그려진다. 윌퍼 부인은 『우리 모두의 친구*Our Mutual Friends*』에 나오는 여주인공 벨라 윌퍼의 어머니로 자신이 가진 것에 결코 만족할 줄 모르는 거만한 여자로 그려진다. 여기서 핍친 부인들과 윌퍼 부인들은 아이들을 돈벌이 수단으로 삼는 여교사들을 풍자한다. 현재 우리나라에도 수많은 명패를 내건 각양각색의 교육 시설들이 즐비하다. 놀이방, 어린이집, 초등학교, 각종 학원 시설은 아이들을 돌보고 교육한다는 명목으로 경제적 이득을 얻는다. 우리는 아동 학대가 일어나는 교육 시설은 극소수라고 믿지만, 사실인지 검토할 필요가 있는데, 이때 아이들의 목소리에 귀를 기울여야 한다.

8 해로 학교Harrow School는 영국의 런던에 있는데 소년들이 거주하는 독립된 기숙사를 갖춘 공립 학교로, 존 리온John Lyon이 엘리자베스 1세의 칙령에 따라 인가를 받아 설립했다. 스쿼시, 크리켓, 축구 같은 운동 경기의 발전에 중요한 역할을 했다. 상대적으로 고전 문학 교육에는 많은 노력을 기울이지 않았을 듯하다.

9 입센Henrik Ibsen(1828~1906)은 노르웨이 출신의 극작가로 현대 사실주의 희곡의 창시자로 평가받는다. 주요 작품으로는 『페르귄트*Peer Gynt*』(1867), 『인형의 집*Et dukkehjem*』(1879), 『유령*Gengangere*』(1881), 『헤다 가블러*Hedda Gabler*』(1890) 등이 있다. 솔네스 부인은 말년에 쓴 희곡 『건축가 솔네스*Bygmester Solness*』에 등장하는 건축가 솔네스의 아내로, 자식들을 사랑하고 잘 돌보는 어머니였으나, 아이들을 화재로 잃었다.

가르치지 않는 것, 왜?

요즘 학교에서 가르치는 주제를 훑어보라. 합리적으로 생각하는 사람은 수업 목표가 아이들을 자유 국가의 책임 있는 시민들로 길러내는 것이 아니라 아이들이 장난을 치지 못하게 하는 데 집중되어 있음을 확실히 알 수 있다. 최초 헌법을 아무리 완벽하게 만들어도, 공적으로 활동하는 시민들이 국가의 경제 기반, 헌법의 역사, 법률, 정치에 대해 충분히 알지 못하면, 어떤 국가도 자유를 보장하지 못한다. 만약 우리가 모두 교리 문답을 학습하는 것 못지않게 리카도의 지대 법칙[1]을 이해하려고 애썼더라면, 세계의 형세는 더 나은 쪽으로 바뀌었을 터다. 바로 사회 체제를 위협하는 지식을 숨기려고 엄청나게 노력한 결과, 우리는 공공 생활에서 관직을 얻으려 애쓰는 구직자가 되거나, 무정부주의자가 되거나, 늑대 같은 권력자가 이끄는 대로 따르는 순한 양떼가 된다.

방금 말한 주제들은 논란의 여지가 대단히 많은데, 논란의 여지가 있을수록 독단적으로 가르치거나 배워서는 안 된다.

일반적으로 논쟁할 때 공식적으로 드러난 면만 아는 사람은 논쟁의 본질을 전혀 모르는 것이나 마찬가지다. 교사가 점점 유능해질수록, 똑같이 유능한 다른 사람의 주장을 경청할 기회도 충분히 주어 교사의 권위를 흔들고 틀리다고 말하도록 배려하지 않을 경우 학생들이 권위에 복종할 위험성은 점점 커진다.

현재 논쟁 중심의 교수법은 인기를 많이 끌지 못하고 있다. 학교에서는 논쟁 중심의 수업을 거의 하지 않는다. 그러나 신문에서 공공 업무나 사회 문제에 대한 지식을 얻는 어른들은 각자 비용을 조금만 추가하면 정치 성향이 다른 두 신문을 읽고 비교해볼 수 있다. 그럴 수 있어도 사람들은 일반적으로 마음이 불안정해지는 것을 싫어해서 자신의 견해와 반대되는 정치 성향의 신문을 집 안에 들이는 것을 노발대발하며 거절한다. 심지어 동호회에서 자신의 정치 성향을 고집하고, 모든 회원의 견해와 어긋나더라도 반대되는 정치 성향의 견해를 배제한다. 결론적으로 그런 사람의 견해는 고려할 만한 가치가 없다.

자유사상가의 책을 읽지 않는 성직자는 곧 『처치 타임스*The Church Times*』[2]를 읽지 않는 무신론자와 마찬가지로 진실한 종교심을 잃어버린다. 두 경우의 태도는 똑같다. 양측은 논쟁의

적수가 가진 좋은 점을 전혀 듣고 싶어 하지 않는다. 따라서 그들은 일평생 적이 되어 악감정에 시달리며 고통스러워한다. 반대로 논쟁 상대를 알고 상대가 놓인 상황을 이해하는 사람은 흔히 상대를 존중하고 좋아하며, 언제나 상대에게 조금이라도 배운다.

수많은 논점에서 그렇듯, 여기서 우리는 다시 한 번 학교 교육이 사람들을 무지와 오류에 머물게 함으로써, 산업주의에 기초한 사회 조직에 순응하는 노예 상태에 맞서 반란을 일으킬 수 없도록 만드는 것이 아니냐는 문제와 맞닥뜨린다. 우리처럼 복잡한 문명권에서 사는 아이들은 경제와 관련된 매우 중요하고 단순한 초보 수준의 진리를 배워야 한다. 자신이 소비하는 것과 동일한 상품이나 용역을 생산하지 않고 소비만 하는 사람은 도둑과 똑같이 공동체에 손해를 끼칠뿐더러, 정직하게 경제가 돌아가는 국가에서 다른 사람들이 번 돈을 자신의 주머니에 한껏 채우는 도둑으로 취급된다는 진리는 기본 상식이다.

방금 말한 상식을 아이들이 스스로 발견할 때 매질하지 않고, 우선적으로 아이들에게 가르치는 나라는 다른 모든 나라에서 노예 상태로 사는 모든 사람과 싸움을 시작해야 할지도 모른다. 현실에서는 짐을 지지 않아 손을 자유롭게 쓰고 모든 기력을 놀이에 투입할 수 있는 사람들이, 부당하게 더 많은 짐을 진 사람들을 손쉽게 이기는 일이 벌어질 터다. 하지만 이것은 아이의 권리를 부정해서 생긴 악도 아니고, 학교의 본질에 내재하는 것도 아니다. 나는 개혁가를 기다리도록 자극하는 부패한 저항 세력에 대해 설명하지 않고서 학교 개혁을 요구하는 것이 어리석은 일이기에 언급할 따름이다.

고전을 가르치며 강압적으로 수업을 진행하는 교사의 기득권에 맞선 개혁이 필요하다는 목소리를 낼 때마다, 입에 거품을 물며 반대하는 사람을 향해 한 마디 하지 않을 수 없다. 그는 안타깝게도 생계를 꾸려나갈 다른 수단이 없는 사람이다. 학교를 개혁할 경우 노동자가 되는 수밖에 없는 그는 다시 기계에게 추월당하는 처지에 놓일 터다. 따라서 기득권을 주장하는 교사는 노동자가 노동의 대가를 받도록, 그러니까 자신의 차례가 오기 전에 대중이 노동에 지불될 정당한 보상에 익숙해지도록 필요한 일을 찾아서 하는 편이 차라리 낫다.

---

1 영국의 고전 경제학자 리카도David Ricardo(1772~1823)는 1817년 출간한 『정치 경제학과 조세 원리*Principles of Political Economy and Taxation*』에서 사회 생산물이 사회를 구성하는 세 계급, 곧 지주와 노동자, 자본가 사이에 분배되는 법칙을 제시했다. 실업이 거의 없다고 가정한 상태에서 이윤은 임금

에 반비례하고 임금은 생필품 비용에 따라 변하며 지대는 인구 증가와 한계 경작 비용 증가에 따라 상승한다는 것이다.

2 『처치 타임스*The Church Times*』는 영국국교회가 독립적으로 발행하는 주간 신문이다.

학교 안의 금기

경제와 관련된 지식을 숨기고 막을 때 발생하는 피해는 매우 크다. 여기에는 빈집털이범이 범행 도구로 쓰는 쇠막대를 경찰에게 들키지 않으려는 동기만큼, 명백하고 이해할 만하지만 부패한 동기가 숨어 있다. 거의 모든 학교에서 성과 연관된 주제를 철저히 숨기고 막는다. 이는 금기taboo의 한 사례다. 인간은 저급한 유형에 속할수록, 마음을 갈고 닦지 않아서 세련된 사고를 하지 못할수록, 중요한 주제에 객관적으로 직면할 용기를 내기가 힘들어진다. 유능하고 세련되며 교양 넘치는 사람들은 종교와 정치, 성에 관한 토론을 멈추지 않는다. 그들은 이 세 가지 주제에 관심이 많고 열심히 토론한다.

훨씬 평범하고 덜 세련된 사람들은 토론 모임에서 정치와 종교 문제에 대해 언급하지 말자는 규칙을 세우고, 사회적 지위가 있고 점잖은 사람은 아무도 성에 대해 논하지 않을 것이라는 주장을 당연하게 받아들인다. 종교, 정치, 성이라는 세 가지 주제는 미숙하고 거친 정념[1]을 있는 그대로 일깨워 살인에서 느끼는 격렬한 희열과 최악의 경우에는 약탈을 부추기고, 잘해야 다툼을 조장하며, 의식을 달갑지 않은 상태로 흘러가도록 만들기 때문에 두려움의 대상이 된다.

정치와 종교에 관해 토론하다 사실상 칼과 총을 뽑아들거나 성에 관해 토론하다 음담패설과 외설로 건너뛰는 어른들은, 성에 관한 토론이 결례라거나 심술궂다거나 짐승 같다고 핑계를 대며 회피한다. 그러나 정치, 종교, 성에 관하여 다른 사람의 다양한 의견을 존중하면서 자신의 의견도 존중해 달라고 요구하도록 아이들을 훈련해야 하고, 다른 핑계를 대서는 안 된다. 중요한 문제들 가운데 똑같이 위험한 돈 문제도 마찬가지다. 어쨌든 의사와 환자가 관습적으로 서로 말을 아끼며 삼가는 태도를 바꾸어야 할 이유가 있듯, 그저 점잖게 예의를 차리려는 모든 고려에 우선하는, 성과 얽힌 이러저런 사실을 적당히 가르쳐야 할 결정적 이유가 있다.

짐짓 여린 척하며 섬세한 특징을 지어내고, 과시할 기회가 있을 때마다 생각 없이 상스럽고 세련되지 못하게 말하는 사람들은 제외하고, 성 교육에 반대하는 사람들은 실제로 조숙함에 맞선 안전 장치로 무지를 지지한다. 무지는 안전 장치로 작동하더라도, 도리어 위험 요소가 되는 시기까지만 안전 장치가 될 듯하다. 현 상황에서도 성과 관련된 주제를, 연약함이든 시처럼 우아한 아름다움이든 지나치게 인상 깊은 경고든 특별히 강조하는 것은 바람직해 보이지 않는다.

하지만 명백한 사실은 하나 말할 수 있다. 아이들이 자격은 충분히 갖추었으나 혈연 관계로 엮이지 않은 어른에게 성에 관해 배우는 방식을 거부할 때, 사실상 우리의 아이들이 죄책감으로 얼룩진 비밀이 많고 더러운 농담에 찌든 다른 아이들에게 배우라고 방치하는 셈이다. 부모들은 성 교육을 할 자격이 있을 때도 꺼린다. 부모와 자식의 관계는 성 문제를 다룰 때 난감한 상황에 놓이게 되는 까닭이다. 따라서 아이들이 자격이 있고 혈연 관계로 엮이지 않은 어른에게 성에 관해 배우는 것이 적합한 해결책이다.

성에 관한 주제를 추잡하고 외설적이라는 이유로 통째로 배제하는 독단적 반대나 순전히 본능에 따라 강요된 금기는 나이에 제한을 두지 않는다. 그것은 여자가 몇 살에 청혼을 승낙하든 떠맡은 관계가 정확히 어떤 것인지 모른 채 승낙해야 한다는 뜻이다. 이런 일이 실제로 우연히 발생할 때, 남자와 여자는 둘 다 속아서 끔찍한 일을 겪는다. 결혼을 둘러싼 안타까운 일은 생각보다 자주 발생한다. 남자는 여자가 무엇을 약속하는지 안다고 믿어서, 자신이 우생학적으로 반감을 느끼는 여자와 결혼할 위험에 빠질 리 없다고 철석같이 믿는다. 여자는 자신과 아주 가까운 친척들이 나누던 친밀하고 애정 넘치는 관계만 생각한다. 예견할 수 없지만 결혼 생활의 놀라운 사실이 드러나고 위험한 충격적 실상을 체험하면서, 어쩌면 끝내 결혼이 돌이킬 수 없는 실수라는 사실을 뒤늦게 깨닫게 만드는 조건이 무엇인지도 전혀 모른다.

아무것도 앞에서 말한 위험을 정당화할 수 없다. 자신에 관해 알아야 할 모든 것을 알 권리가 자연스러운 권리라는 사실을 이해하지 못하는 사람들이 있을지도 모른다. 결혼을 전제로 사귀는 두 사람은 이런 자연스러운 권리를 이해함으로써, 서로 성격을 탐색할 때 의식적으로 화내고 성질부리는 가식적 행동을 모조리 없앨 수 있다. 그런데 두 사람은 여기서 다른 사람들의 말에 속아서 자신들이 결혼하면 무엇을 해야 하는지 모른 채, 전 생애의 행복이 달린 결혼 약속을 하는 것이 해롭다고 솔직하게 인정해야 한다.

---

1 정념情念 passions은 온갖 감정과 욕구를 아우르는 말이다. 맥락에 따라 열정, 정렬, 격정, 수난으로 번역한다.

현대 학교에서 주장하는 새로운 경험

내가 다루는 사례의 긍정적 측면으로 넘어가기 전에 처리해야 할 골칫거리가 하나 더 있다. 내가 보낸 학창 시절은 지나간 교육 이념과 제도가 지배했으며, 현대 학교들은 이제 내가 다닌 구식 학교와 비슷한 구석이 하나도 없다고 주장하는 사람이 있다. 나는 월터 롤리 경[1]과 나의 영혼을 걸고 현대 학교가 구식 학교와 다르다는 주장이 거짓말이라고 응수한다.

몇 년 전 옥스퍼드 대학교에서 교육을 주제로 강연한 적이 있었다. 내가 교육을 주제로 강의한다는 소식을 들은 한 친구는 말했다. “자네는 현대 교육에 대해 하나도 모르지. 요즘 학교는 자네가 다녔을 때 학교가 아니란 말이지.” 그래서 즉시 현대 학교라고 말하는 여섯 개 학교의 근무 기록표를 어렵게 입수해 살펴보면서, 구식 학교와 다르지 않을 것이라고 추측했다. 실제로도 차이가 전혀 없었다. 내가 현대식 학교들을 방문했던 경험을 언급할 수도 있다. 교실 벽에 걸린 인쇄된 그림들은 어수선하고 삭막해 보였으며, 이따금 선반에 개탄스러운 유리 상자들도 진열되어 있었다. 유리 상자에는 학생들이 실습 경험을 위해 무게와 길이를 직접 잴 수도 있는 물체들이 들어 있었다. 이따금 새 둥지를 뒤지고 무해한 뱀을 죽인 무뢰배가, 가짜 둥지나 뱀이 담긴 유리병을 '자연 학습'이라는 허울뿐인 이름으로 전시하고 아이들에게 비슷한 행동을 장려했다.

자연이 공부할 가치가 있다는 제안은 구식 교사들에게 큰 충격을 주었을 법하다. 여기서 진보의 서광이 비친다고 인정할 수도 있다. 그러나 먼지투성이 유리 상자 속에 있는 것이 무엇인지 알아내려는 아이는 매질을 당할 개연성이 높아서, 나는 미래 학교의 현대식 수업에 어떤 중요한 의미도 부여하지 않는다. 학교의 현실적 목표는 이전과 같고, 나의 소년 시절에 비해 달라진 점이 하나도 없다. 다시 한 번 말하지만 학교의 목표는 아이들이 장난을 치지 못하게 하는 데 집중되어 있다. 한마디로 못된 짓이나 나쁜 짓을 뜻하는 장난은 대부분 걱정하는 어른들의 입맛대로 꾸며낸 것이다.

---

1 월터 롤리 경Sir Walter Raleigh(1554~1618)은 엘리자베스 1세의 총애를 받은 탐험가이자 작가로 초창기 아메리카 식민지 건설에 참여했다. 대담한 달변가로서 회의주의 철학에 관심을 가졌고 항해술에 필요한 수학을 공부하고,

화학에도 심취하여 의학 처방전을 만들기도 했다. 그는 무신론파로 알려졌는데, 셰익스피어의 희곡 『사랑의 헛수고*Love's Labour's Lost*』에 나오는 암흑파School of Night와 연결하여, 롤리를 풍자한 작품으로 해석하는 학자들도 있다. 사후에 롤리 경의 운문과 산문이 출간되어 대중의 사랑을 받았다.

해야 할 일

실제 생활에 쓸모 있는 질문은, 아이들과 함께 무엇을 해야 하느냐다. 가정에서 아이들을 너그럽게 다룬다고 치자. 우리는 아이들의 응석과 장난을 견뎌내지 못할 것이다. 아이들이 거리에서 제멋대로 뛰어놀게 한다고 치자. 우리는 거리가 아이들에게 안전한 곳이 될 때까지는 거리로 내보낼 엄두도 내지 못한다. 정말 부끄러운 일이지만 거리는 현재 안전한 곳이 아닐뿐더러 몇몇 가정과 학교는 거리보다 나을 것이 없는 상황이다.

나는 심지어 무슨 일이든 시작하는 일이 기괴할 정도로 어려워 하트퍼드셔[1]의 작은 마을에 있는 나의 고향으로 왔다. 내가 머무는 저택의 여주인 옆에서 이 글을 쓴다. 그녀는 내가 마을에 있는 학교를 위해 무엇을 하려고 하느냐고 딱 맞춰 질문을 했다. 어떤 답을 해야 할지 몰랐다. 학교는 내가 글쓰기 작업을 하는 동안 아이들을 조용히 공부하도록 했기 때문에, 나 자신의 개인적 편의를 위해서 대다수 학교에 평지풍파를 일으키고 싶지 않았다. 그래서 여주인에게 한 수 가르쳐 달라고 청했다. 그녀는 "상을 주어야 해요."라고 말했다. 나는 착하게 행동할 때 주는 상이냐고 물었다. 예상대로였다. 하나는 제일 착하게 행동하는 소년에게 주고, 다른 하나는 제일 착하게 행동하는 소녀에 주는 것이었다.

깊이 생각한 끝에 나는 제일 나쁘게 행동하는 소년과 소녀에게 멋쟁이 상을 주자고 제안했다. 다만 학교가 정한 착한 행동의 기준이 학교 밖에서도 타당한지 분별하기 위해, 멋쟁이 상을 받은 기록이 차후 사회 생활을 할 때도 따라 다니고 제일 착하게 행동한 소년과 소녀의 기록과 비교된다는 조건을 걸었다. 나의 제안은 받아들여지지 않았다. 아이들이 될 수 있는 대로 말썽을 덜 부리도록 격려하는 효과를 내지 못할 것이라는 이유로 거절당했다. 말할 것도 없이 말썽을 줄이는 것이, 학교에서 품행이 바르고 착한 학생에게 주는 모든 상의 진짜 목적이다.

그러면 나는 다른 모든 학교 제도를 대체할 만한 특별한 학교 제도를 하나 준비해둔 것처럼 가장해서는 안 된다. 다른 모든 일이 그렇듯, 어린 시절을 학교 제도 안에 편입할 때 생기는 방해 요인은 국민 소득을 어처구니없이 부정확하고 불공정하게 분배하는 방식과 관련이 있다. 학교조차 계급을 나누어 아이들이 속물근성[2]을 사회화 훈련에 필요한 일부로 받아들이는 상황이 현재 학교의 현실이다. 경제와 관련하여 우리가 저지른 어리석은 짓의 결과로, 우리는 같은 나라의 국민으로서 서로 익히 알지만 달갑지 않게 여긴다.

우리가 아이들을 위해 만든 모든 제도의 일차 목표는 신분, 종교, 성, 능력에 따라 분리하는 것이다. 예컨대 우리의 아이들이 자유롭게 돌아다니며 마음대로 놀게 두더라도, 아이들은 경찰의 치안 유지에 따라야 할 터다. 영국과 비슷한 국가에서 경찰의 첫째 임무는 아이들이 모두 사회 계급에 맞는 휘장[3]을 달았는지 알아내고, 하급반 휘장을 단 다른 학생에게 말을 걸다가 들킨 학생, 혹은 문장 도안 학교에 할당된 휘장보다 상급반의 휘장을 단 학생이 즉각 자작나무 회초리로 살가죽이 벗겨질 정도로 맞아야 하는지 알아내는 것이다. 상급반 휘장을 달았다가 걸린 여학생들은 하인, 마부, 심지어 호위 무사와 함께 출석해야 한다고 주장할지도 모른다.

간단히 말해 참아낼 만한 어떤 제도라도 상업주의[4]에 오염되어 파생될 어리석은 짓에는 끝이 없다. 그러나 심경의 변화는 여전히 가능하다. 속물근성과 분리 정책을 포함한 모든 악이 현재 수많은 학교에 널리 퍼져 있는 만큼, 우리는 최악의 상태에 있는 학교들을 최선의 상태로 만들 수도 있을 것이다.

1 하트퍼드셔Hertfordshire는 영국 잉글랜드 남부에 위치한 주다. 북쪽으로 런던과 인접해 있으며 여러 구역으로 나뉜다. 쇼는 노년기에 고향 하트퍼드셔의 저택에 머물며 글을 썼고 그곳에서 생을 마감했다.

2 속물근성俗物根性 snobbery은 18세기와 19세기에 자본주의가 일반적으로 경제 생활을 지배하면서 유행하기 시작한 말이다. 신흥 자본가 계급, 상업 활동으로 돈을 번 중간 계급은 돈이면 다 된다는 사고 방식과 생활 태도를 보이고, 과거 귀족들의 사치스러운 생활을 따라 하면서 우월 의식을 드러냈다. 한 마디로 권력과 재산, 학벌에 따라 계급을 나눠 차별하며 우월 의식을 느끼는 사람은 모두 속물이다. 오늘날 속물근성은 우리의 일상 생활에 깊이 스며들어 비판의 대상이 되는지도 애매모호하다. 쇼는 단호하게 학교생활이 속물근성의 영향을 받아서는 안 된다고 주장한다.

3 휘장徽章 badge은 신분이나 명예, 직무를 나타내기 위해 도안한 특별한 그림이나 글을 새긴 물건으로 옷깃이나 모자에 단다. 대부분 외래어 표기법에 따라 '배지'라고 부른다.

4 상업주의商業主義 commercialism는 상품 제조와 소비 관계에 따라 개인 생활과 사회 생활을 전반적으로 이해하고 설명하는 태도를 가리킨다. 기업이 이익을 창출하기 위해 노력하는 사고 방식과 관행을 의미하기도 한다. 기업이 시장을 이용해 사익을 늘리려고 사물과 사람, 환경을 착취한다는 부정적 의미도 담겨 있다.

아이의 권리와 의무

이제 아이의 권리는 무엇이고, 사회가 아이를 통제할 권리는 무엇인지 물어보자. 분명히 다른 모든 인간의 권리이기도 한 아이의 권리는 생존권, 다시 말해 살 권리라고 요약할 수 있다. 다시 말해 아이는 죽는 편이 낫고, 분노를 일으키는 천덕꾸러기고, 인구는 이미 지나치게 많고, 삶의 고통이 삶의 쾌락을 초과하고, 병원과 실험실의 실험으로 발생하는 아이의 희생이 수백만 생명을 구할지도 모른다는 여러 주장을 입증하는 결정적 논증을 모두 제시하는 문제는 논외로 치고, 우리는 대체로 아이의 생존이 필요하고 신성하다고 승인한다.

그런데도 모든 이론은, 칼뱅[1]이든 쇼펜하우어[2]든 파스퇴르[3]든 유아 살해를 저지른 부모든 아이의 생존이 필요하고 신성하다는 주장의 반대를 보여준다. 사실에 비추어볼 때 아이의 생존권, 그러니까 살 권리는 아이가 좋아하고 할 수 있는 대로 살 권리, 아이가 좋아하고 할 수 있는 것을 만들어낼 권리, 아이가 좋아하고 할 수 있는 것을 생각할 권리, 아이가 싫어하고 할 수 있는 것을 박살낼 권리, 일반적으로 이웃집 아이들과 비슷하게 부여받은 권리의 한계 안에서 설명할 수 없는 방식으로 행동할 권리다.

사회가 아이를 통제할 권리는 분명히 아이가 타인의 시간을 낭비하게 만들지 않으면서 스스로 사회에서 살아갈 자격을 갖추라고 요구하는 대로 확장된다. 다시 말해 아이는 도로교통법을 알아야 하고, 현수막에 적힌 문구와 포고문을 읽고, 투표지의 항목을 채울 수 있어야 한다. 또 편지와 전보를 작성해 부치고, 음식과 옷과 열차표를 혼자서 구매하고, 돈을 세고, 거스름돈을 주고받을 수도 있어야 한다.

일반적으로 말해 아이는 영리해져야 한다. 아이는 단순한 율법일지라도 법을 조금이라도 알아야 하고, 정치와 경제에 대한 지식을 약간이라도 익혀야 한다. 소떼를 몰아넣은 문을 닫고, 자라는 작물을 밟아 망치지 않을 만큼 농업에 관해서도 충분히 알아야 하며, 시간을 많이 보내는 곳을 더럽히지 않을 만큼 충분히 위생 관리도 할 줄 알아야 한다. 아이가 왜 권리를 보장받아야 하는지, 아이가 왜 다른 사람들의 권리를 존중해야 하는지에 대해 생각할 수 있을 만큼 충분히 종교의 기능도 알아야 한다.

아동 교육의 나머지 내용은 아이가 개선할 수 있는 것들로 채워야 한다. 왜냐하면 인간은 사회를 벗어나 살 수 없으며, 아이들이 불확실한 근거에 입각해 최선을 다해 노력할 때 사회도 진보할 수 있기 때문이다.

---

1 칼뱅Jean Calvin(1509~64)은 프랑스 출신으로 16세기 개신교 종교 개혁을 이끈 지도자 가운데 한 사람이다. 그가 스위스 제네바 시에 세운 교회의 예배 의식, 교회 조직, 설교 내용은 미국에서 발전한 개혁교회와 영어권 문화에서 발전한 장로교회의 발전에 영향을 크게 미쳤다. 그는 과묵한 사람으로 교회에 헌신했으며, 결혼은 했으나 9년 만에 부인과 사별했고, 아이도 없었다. 특히 아이들에게 특별한 애정을 표현한 흔적은 찾아볼 수 없다.

2 염세주의 철학자로도 불리는 쇼펜하우어Arthur Schopenhauer(1788~1860)는 이성을 중심에 둔 헤겔의 관념론에 정면으로 반대하는 의지의 형이상학을 주창했으며, 나중에 실존 철학과 프로이트 심리학에 영향을 끼쳤다. 1819년 주요 저작『의지와 표상으로서 세계』를 출간했다. 이후 베를린 대학에서 잠깐 교수를 지낸 후 프랑크푸르트에서 은둔 생활을 하며 다양한 주제로 글을 쓰며 생활했다. 여자들과 아이들을 싫어했으며, 푸들과 함께 산책을 즐겼다.

3 파스퇴르Louis Pasteur(1822~95)는 미생물이 발효와 질병의 원인이 된다는 것을 증명했다. 광견병과 탄저병, 콜레라의 백신을 처음으로 만들어 사용했고, 발효 기술을 개발해 프랑스의 맥주와 포도주 사업에 기여했으며, 저온 살균법을 개발했다. 파스퇴르는 백신의 효능을 입증하기 위해 아이들에게 투여할 수밖에 없었을 것이다.

생활비를 벌어야 하는 아이들[1]

이제 아이들이 어느 정도까지 공동체를 부양하는 데 공헌해야 하느냐는 문제가 생긴다. 이 문제에 접근할 때, 우리는 지금 인간답고 사려 깊으며 정치에 관심이 많은 모든 성숙한 학생을 자극하여, 자본주의 체제 아래서 용인되는 아동 노동을 단호히 철폐하자고 요구하려면 고려할 사항이 무엇이냐는 문제는 제쳐 두어야 한다. 아동 노동은 자본주의 체제에 딸린 저주들 가운데 하나가 아니다. 우리는 자본가들이 "한 세대 안에 아홉 세대의 인간을 다 써버리지using up nine generations of men in one generation"[2] 못하도록 무더기 제정법을 미래 세대에 물려줄 터다.

예컨대 자본가들은 영국 사회주의의 창시자 오언[3]이 제안한 법률의 제약을 받을 때까지만 아동 노동을 유지했다. 이러한 법제화는 대부분 드루이드교[4]에서 인간을 희생 제물로 바치듯 무자비하게 자본주의가 이윤을 추구할 때 자본가들이 행동의 자유를 누리며 온갖 수단을 동원할 수 없도록 제약하게 될 것이다. 초기 자본주의 시대의 자본가들이 이윤을 남기려고 저지른 잔혹한 행위에 비하면 드루이드교 제사 의식의 살육은 훨씬 덜 잔인하다.

아이가 상업적 이윤을 얻거나 자신의 미래를 희생하면서 부모를 부양하기 위해 노동할 때는 막아야 할 충분한 이유가 있다. 그러나 만약 그렇게 힘들지 않은 노동이 아이뿐 아니라 공동체를 더 낫게 만들 수 있다면, 아이가 자신의 이익과 공동체의 이익을 위해 노동하지 말아야 할 이유는 없다.

---

1 산업 혁명 이후 자본주의 초기 발전 단계에서 아동 노동 착취가 만연했고, 영국의 사회 개혁가들과 복음주의 운동가들을 중심으로 공장 개혁 운동이 일어났다. 1830년대 이후 제정된 공장법factory act은 아동의 고용 연령 제한, 노동 시간 단축, 교육 기회 제공, 감독관제 시행, 위법 공장주에게 벌금을 부과하는 등의 내용을 담고 있다. 19세기 중엽 이후 영국에서는 여러 번 이어진 개정을 통해 다른 산업 분야와 중소 공장까지 공장법의 적용 범위를 넓히게 되었고, 비슷한 법률을 프랑스와 독일에서도 도입했다. 오늘날 아동 노동은 법률도 금지하고 있으나, 현실에서 아동 노동 착취는 근절되지 않고 있다. 우리나라의 경우 특성화 고등학교 실습생들이 규정을 어긴 과중한 노동에 시달리다 자살하거나 사고를 당하는 사건이 자주 일어나고 있다. 아이들의 노동을 어느 정도까지 허용하는 것이 바람직한지에 대한 사회적 합의가 필요하며, 사회적 합의를 지키는지도 감시해야 할 것이다.

2 버나드 쇼, 『여성을 위한 사회주의와 자본주의 입문*The Intelligent Woman's Guide to Socialism and Capitalism*』(1928), 189쪽.

3 오언Robert Owen(1771~1858)은 영국 사회주의 운동과 협동 조합 운동의 선

구자다. 그가 래너크셔에 세운 공장들은 사회 보장 제도와 복지 시설이 잘 갖추어져 정치가와 사회주의 개혁가들이 자주 찾는 명소가 되었다. 공장 개혁 운동을 비롯한 노동 운동을 적극적으로 주도했으나 생전에 눈에 띄게 성공을 거두지 못했다. 하지만 후대 공장법을 비롯한 노동 조합 운동의 법제화에 공헌했다. 오언은 기계와 인간 노동력의 경쟁이 불행의 원인이라고 진단하고, 구제책은 인간의 단합된 행동과 기계를 인간에게 종속시키는 것에 있다고 말했다. 그는 소규모 협동 마을을 만들어 생활하는 방식으로 빈곤과 실업 문제를 해결할 수 있다고 제안했다.

4 드루이드교Druidism는 고대 켈트족이 공통으로 믿었던 종교다. 켈트족은 갈리아 지역에 흩어져 살았으며, 드루이드교 사제들은 일 년에 한 번 오를레앙 지방의 카르뉴트 숲에 모여 함께 제사를 지냈다. 제사 의식에는 절단된 인간의 머리나 산 사람의 피가 사용되었으며, 심지어 칼에 찔린 인간 희생 제물이 느끼는 고통의 크기로 미래를 점쳤다고도 한다.

아이들의 행복

아이들의 행복을 주의 깊게 살피는 것도 중요하다. 현실에서 아이들의 행복은 맨 앞에 놓여 있지 않다. 행복을 극히 예외적으로 누리는 사치라고 여기는, 매정하고 이기적이며 엄격한 사람들은 아이들이 생일이나 성탄절에 아주 가끔 행복할 기회를 줄지 몰라도, 아이들의 행복할 권리를 인정하지 않는다. 이들은 실제로 아이와 어른이 똑같이 행복할 역량을 갖추었다고 상상하는 사람들보다 더 좋은 부모가 되기도 한다. 어른들은 습관적으로 행복에 관하여 자신들이 갖춘 역량을 엄청나게 과장한다. 아직도 어른들은 대부분 아이들에게는 허용하지 않을 행복을 기꺼이 누릴 수 있다.

비참한 삶의 비밀은 그대가 행복한지 신경쓸 여유가 있다는 데 숨어 있다. 치료책은 직업을 갖는 것이다. 직업occupation은 몰두를 뜻하고, 몰두하는 사람은 행복하지도 불행하지도 않고, 그저 생계를 위해 활동할 따름이다. 생계를 위한 활동은 그대가 지치고 피곤해질 때까지는 어떤 행복보다 더한 즐거움을 준다. 우리가 지치고 피곤할 때 행복이 필요해지는 이유가 바로 여기에 있다. 저녁을 맛있게 먹고나서 듣는 음악은 쾌락을 주지만, 아침밥을 먹기 전에 듣는 음악은 분명히 부자연스러워 불쾌감을 줄 수도 있다. 과로하지 않는 사람들에게 쉬는 날은 골칫거리다. 과로해서 휴식이 필요한 사람들에게, 쉬는 날은 성가시고 귀찮지만 행복한 삶을 위해 반드시 필요하다. 그러나 계속 쉬는 날perpetual holiday은 지옥과 다르지 않을 것이다.

계속 쉬는 날의 공포

천국은 언제까지나 계속 쉬는 날이 이어지는 곳이라고, 독립에 필요한 소득이 없는 상태로 태어난 사람은 인생을 쉬는 날처럼 살려고 소득을 얻기 위해 분투하고 갈망한다고 사람들은 말할 것이다.[1] 우선 관습적으로 생각하는 천국은, 수많은 사람들이 바닷가에서 보낸 하루를 묘사했지만 아무도 천국에서 보낸 하루가 어떠했는지 묘사할 용기를 낸 적이 없을 만큼 공허하고 따분하며 쓸모가 없고 초라한 곳이라고 응수한다. 천국에 대한 진짜 대중적 판결은 '거룩한 존재에게는 천국이고 동행자에게는 지옥'이라는 속담에 드러나 있다.

둘째로 일하지 않아도 독립 생활을 할 수 있는 소득이 있지만 번듯한 직업이 없는 형편없는 사람들이, 자신을 지치게 만들어 저녁에 배고픔을 느끼려 얼마나 마뜩잖고 위험천만한 짓을 하는지 알아두자. 그들은 자신들이 운동 경기라고 부르는 활동에 참여하지 않을 때, 다른 사람들이 하려면 비용을 지불해야 할 수 있는 일을 목적 없이 하며 뭉그적거린다. 승마와 운전, 과시하려고 옷을 입어 보거나 왔다 갔다 하기, 왕실 저명인사들의 시종이나 시녀처럼 행동하기가 그들이 하는 일이다. 게으름이 유쾌한 것이고 천국이 일을 하지 않아도 되는 곳이라는 생각은, 바로 우리의 학교 제도와 산업 체제에서 비롯된다.

학교는 노동이 형벌이자 저주로 간주되는 감옥이다. 공인된 감옥에서 강제 노동, 다시 말해 죄수가 내야 할 조세를 유일하게 경감해 주는 노동은 그의 형벌을 가혹하게 만드는 나쁜 일로 취급된다. 부자연스럽게 죄수에게 주입된 생각, 다시 말해 노동은 악이라는 생각을 강화하는 쪽으로 가능한 모든 일이 벌어진다. 산업 체제 안에서 우리는 지나치게 많이 일하고 음식은 충분히 먹지 못하는 죄수들이다. 이렇게 부조리한 상황에서 벌어지는 일에 대해 판단하는 능력은 우리의 습관이 그렇듯 비뚤어지고 그릇되기 마련이다. 우리가 적게 일하고 많이 먹는 습관을 들이면, 우리는 천국이 누구나 하루 스물네 시간 열심히 일하고 아무것도 먹지 못하는 곳으로 생각할 터다.

계속 쉬는 날은 인간이 견뎌낼 수 있는 한계를 넘어선다는 것을 깨닫고, "악마는 게으른 자들도 못된 짓을 하도록 장난을 친다."라는 속담의 뜻을 깨우치자마자, 우리가 아이들에게 쉬는 날을 계속 만들어줄 권리가 없음도 알게 될 터다. 그러면 아이들은 곧장 노동권 법안을 청구함으로써 노동당보다 앞서 나가리라.[2]

어쨌든 어떤 아이도 음식과 옷이 하늘에서 떨어진다거나 아빠가 요술을 부려 허공에서 기적으로 만들어 낸다고 상상하도록 길러서는 안 된다. 우리는 노동이라는 발상처럼 의무라는 발상도 혐오스러운 것으로 만들었다. 이 때문에 우리는 다시 아이들이 공동체 안에서 소비하고 누린 것을 공동체에 갚아야 할 책임감을 갖도록 길러야 하고, 무엇을 받았거나 빌렸으면 갚는 것은 명예가 걸린 문제라는 의식을 아이들에게 심어 주어야 한다. 우리가 오늘 아이들이 공동체에 갚아야 할 것이 무엇인지 교육하고, 노골적 불성실을 빼고는 어떤 것도 우리를 방해하지 못하게 되면, 놀고먹는 게으른 부자를 용인해서는 안 되며, 사실은 부자가 없어질 개연성이 높다. 만약 그대가 노동자들처럼 개인의 노력으로 세금과 조세 부담을 져야 한다면 부유함에 따른 구별은 사라질 테니 말이다. 그러므로 아이는 하루에 한 시간의 절반이라도 공동체에 봉사하는 일을 해야 한다.

아이들에게 어울리는 생산 작업은 개인의 변덕스러운 강압이 아니라 비개인적 필요에 따르도록 훈련하는 장점이 있다. 산업 단지의 아이들이 학교를 떠나 차라리 공장으로 가겠다고 열의를 보인 원인은, 공장에서 더 가벼운 일을 더 짧은 시간 동안 하려는 것이 아니다. 임금이나 급료의 유혹에 넘어간 것도 아니며, 새로운 것을 추구하는 욕망 탓도 아니다. 아이들은 성인 노동의 존엄을 좇아서 공장으로 간다. 교사가 꾸며낸 개인에 대한 폭정을, 살아 있는 모든 존재가 따라야 할 엄격하고 지극히 존엄한 생존 법칙과 맞바꾼 것이다. 성인들은 적어도 교사가 꾸며낸 개인적 폭정에 시달리지는 않으니 말이다.

---

1 영국은 실권을 행사하지 않지만 아직도 왕실 제도와 귀족 제도가 존속하는 나라다. 재산을 물려받아서 일하지 않아도 소득을 얻는 왕족과 귀족들이 상당수 존재할 것이다. 우리나라에도 일하지 않고도 독립 생활이 가능한 소득이 높은 사람이 꽤 많다. 상속 제도가 완전히 철폐되지 않았고, 정치 민주화는 어느 정도 달성했으나 경제 민주화는 아직도 요원하다.

2 영국의 현대 정치를 주도하는 정당은 보수당과 노동당이다. 보수당의 역사가 더 길고, 20세기 중반부터 보수당과 노동당이 정치 상황에 따라 정권을 번갈아 잡으며 영국의 정치를 이끌고 있다. 보수당의 당원들은 주로 회사 중역, 변호사, 농부와 지주, 기자들과 출판업자들로 구성되어 있다. 반면에 노동당은 1900년 노동 조합 회의와 독립 노동당이 제휴해 노동자 대표위원회를 설립했고, 1906년에 노동당으로 당명을 바꾸어 탄생했으니 노동자들의 이익을 대변하고 노동의 사회적 가치를 중시할 수밖에 없다.

고등학교 같은 대학교

나이를 먹을 만치 먹은 아이들은 대학생이 되기 전에 교육을 많이 받았을 수도 있다. 대학생들을 인간이자 어른으로 길러내는 것이 바로 대학교 교육의 본질이지만, 오늘날 수많은 대학교는 대학생들이 전부 고등학생처럼 행동하는 문제에 부딪친다. 대학교의 기능은 이제 대학교 공개 강의나 과외 교사, 혹은 축음기를 이용한 통신 수업으로 가르칠 수 있거나 더 잘 가르칠 수 있는 정보 전달에 있지 않다.[1]

우리는 사회 생활을 제대로 하는 어른이 되기 위해 대학교에 간다. 공동체 생활을 훈련받았다고 보증하는 졸업장을 따기 위해, 고향이라고 부르는 커다란 토끼장에 갇힌 토끼들이 아니라 세계라는 무대의 당당한 시민들이 되기 위해, 예절을 배우고 아무도 이의를 제기할 수 없는 숙녀들ladies과 신사들gentlemen이 되기 위해 대학교에 가는 것이다. 이러한 변화를 가져올 사회의 압력은, 절반쯤 해방된 고등학생들과 규칙에 얽매여 해방이 거의 불가능한 현학자들이 뒤섞인 야만스러운 무리가 아니라, 전체 사회를 위해 일하거나 노동하는 구성원 이자 성인으로서 충분히 책임지는 사람들이 행사해야 한다.

사회가 합리적으로 돌아가는 상태에서 우리가 학교 밖에서 경험을 쌓을 경우, 대학교가 이제 타락하여 오로지 예의가 아예 없는 것보다 결례가 더 낫기 때문에 나쁜 태도와 행실을 관용한다는 사실을 알아채기 마련이다. 그런데 대학교는 언제까지나 자신들의 문화를 최고 한도까지 밀고 나가려는 사람들로 이루어진 공동체로 존재할 것이다. 대학교는 남들과 떨어져 홀로 독서하는 학생이 아니라 모두 같이 문화를 추구하고 문화에 대해 대화를 나누며 생각하고, 무엇보다 문화를 비판하는 개인들이 구성원으로서 집단을 이룬 공동체다. 이렇게 모인 사람들이 특정한 목적에 구애받지 않고 모든 방면의 책을 읽고 대화를 나누고 비판하려면, 적어도 시내 중심가의 가게 주인들만큼은 대학교 바깥 세상을 알아야 한다. 현재 대학생들은 바로 대학교 바깥 세상이 어떻게 돌아가는지 모른다. 키플링 선생의 말로 쉽게 바꾸면, "플라톤만 아는 사람들이 플라톤에 대해 무엇을 알겠는가?"라고 물을 수도 있다.[2]

우리의 대학교가 적어도 두서너 해 스스로 생활비를 벌려고 일해본 사람에게만 입학을 허가한다면, 사회에 아주 좋은 영향을 줄 법하다.

1 20세기 중반까지 축음기, 전화, 라디오, 텔레비전 같은 다양한 통신 수단이 발명되어 일반적으로 사용했다. 1980년대 개인 컴퓨터가 보급되었고 90년대를 거쳐 현재 인터넷으로 세계 곳곳의 정보가 공유되고 있다. 오늘날 정보 습득은 인터넷을 통해 얼마든지 할 수 있다. 현대 대학교들은 직업 선택의 기회를 얻기 위한 중간 단계 역할을 자처하며, 산학 협력이 대학교의 새로운 이념으로 등장했다. 대학교의 참된 기능이 무엇인지 다시 생각해볼 필요가 있다.

2 키플링 선생은 키플링Joseph Rudyard Kipling(1865~1936)을 가리킨다. 영국 제국주의를 찬양하며, 인도를 비롯한 아시아의 영국 식민지를 배경으로 시와 동화, 소설을 썼고 기자로 활동했다. 1907년 젊은 나이로 노벨 문학상을 받았으며, 우리나라에서는 『정글북』의 작가로 알려졌다. 키플링의 시 「영국기」의 시구 "영국만 아는 사람들은 영국에 대해 무엇을 알아야 하는가?"를 쇼가 바꾸어 표현했다. 플라톤의 철학을 이해하려면 플라톤이 살았던 시대와 장소에서 실제로 어떤 일이 벌어졌는지 알아야 하듯이, 대학생들은 교양을 갖춘 사회인이 되기 위해 대학교 바깥 세상과 사회 현실을 알아야 한다는 뜻이다.

새로운 게으름

미래이기는 한데 지금보다 쇠퇴한 시대라면, 미래의 아이는 어릴 때부터 생활비를 벌기 위해 많든 적든 일을 할 터다. 그때 아이들이 생활비를 벌기 위해 일한다는 생각이 하루에 열 시간씩 공장에서 고생스럽게 일하는 아이들이나 지하상가 사무실의 가스등 아래서 아홉 시부터 여섯 시까지 악착스레 일하는 소년들을 더는 연상시키지 않으면, 미래의 일하는 아이는 아무에게도 충격을 주지 않을 것이다. 십대 소년 소녀들은 아마도 돈을 아주 많이 버는 개인이 손수 비용을 지불하는 만큼 너무 고되게 일하거나 너무 오래 일하지 않아서 즐기며 행복하게 생산 활동에 참여하리라. 돈을 아주 많이 버는 개인은 많은 소득을 수행원들의 임금으로 지불한다. 그때 이해득실을 견주어 보아야 할 문제는 사람들이 얼마나 빨리 일을 시작하느냐가 아니라 일을 해야 할 책무에서 얼마나 빨리 해방되느냐가 될 터다.

인생의 일은 하루의 일과 비슷하다. 일찍 시작해서 일찍 그만둘 수도 있고, 늦게 시작해서 늦게 그만둘 수도 있다. 혹은 우리가 흔히 그렇듯 너무 일찍 시작하지만 결코 그만두지 못할 수도 있다. 셋째 선택지는 분명히 가능한 모든 계획 가운데 최악이다. 어느 경우든 우리는 마침내 오늘날 학교와 감옥, 자본가의 이윤을 늘리는 공장이 저주로 만든 것처럼 보이는 일이나 노동이, 저주가 아니라 참고 견딜 만하며 생존을 위해 필요한 가장 중요한 활동이라고 생각해야 한다. 또 우리가 공급할 수단을 개발하는 만큼 빨리 새로운 필요를 고안해 내지 못하면, 누구에게든 넘겨 주어야 할 변경 불가능하게 할당된 필요 노동은 부족해질 것이다. 일이나 노동은 더 많이 원하는 모든 사람들에게 배분되어야 할 수도 있다.

다음에는 새로운 게으름이 사회의 근심거리가 될 터다. 새로운 게으름이 만연하여 사람들은 정신적 수고를 거부하고 새로운 착상을 떠올리거나 지식의 영역을 확장함으로써 모험을 감행하지 않고, 이미 만들어진 틀에 박힌 절차를 고수하는 탓이다. 사람들은 젊은이들을 위한 길을 내려고 의지를 발휘하기 전에 강제로 은퇴하게 될 수도 있다. 다시 말해 산업 현장에서 쫓겨난 사람들은 계속 쉬게 되는 날이 올지도 모른다는 위협 아래서 새로운 실험에 나서 일거리를 찾아야 할 터다.

그러면 인간은 일 년에 이만 원을 벌기 위해 기어이 이만

원을 소비하려고 애쓴다. 그때 인류는 동물들 가운데 값이 제일 싸고 질이 제일 나쁜 종이 아니라, 제일 비싸고 최고 까다로우며 최고 품질을 자랑하는 종이 되리라. 간단히 말해 아담의 저주가 처음에 축복이 되고, 다음에 습관이 될 때 벌어질 놀라운 일은 끝이 없다.[1] 그날이 오면 우리는 아이들이 일하거나 노동하는 것을 배 아파해서는 안 된다.

---

1 아담은 구약 성서 창세기에서 야훼가 창조한 인간의 조상이다. 낙원에서 이브와 함께 살던 아담은 야훼의 명령을 어기고 선악과를 따 먹은 이후 낙원에서 쫓겨나 일과 노동으로 살아가야 하는 처지로 전락했다. 젊을 때는 일을 해야 하고 늙으면 일을 그만 두고 떠날 준비를 해야 한다. 살아가는 동안 노동은 우리가 만족하며 살기 위해 필요한 평범하고 즐거운 활동이다. 하지만 현대 사회에서 노동은 즐거운 활동이 아니라 너무나 힘겨운 활동이 되었다. 모든 사람에게 노동이 즐거운 활동이 될 방안을 찾아야 할 때다.

한계 없는 학교 과제

아동 노동의 문제는 아이가 공동체를 위해 무엇을 해야 하느냐는 문제일 따름이다. 아이가 일할 자격을 얼마나 갖추어야 하느냐는 다른 문제다. 그런데 아이들이 배우도록 유도할 때 맞닥뜨리는 곤경은, 우리의 요구가 명확할 뿐만 아니라 한계가 분명하면 대부분 사라질 법하다. 학습이 감금을 위한 핑계일 뿐이라면, 학습은 진척될수록 고통이 점점 커지는 고문이나 다름이 없으리라. 따라서 대다수 성인들조차 이해할 수 없는 심오한 기록이 담긴 교회의 교리 문답서를 아이에게 강제로 가르칠 때, 그대는 때때로 다른 것을 가르쳐야 해서 교착 상태에 빠진다. 그러므로 그대는 되도록 민수기[1]로부터 성경 구절을 나누어 가르치려 하기 전까지, 서툰 아이가 교리 문답서를 거듭거듭 되풀이하여 읽게 한다.

하지만 그대는 아는 교훈을 가르쳐야 말썽이 일어나기 때문에 새로운 경지를 개척하기보다 이미 배운 교훈을 반복한다. 나는 아이다운 감각으로 어형 변화표를 전부 외울 정도로 라틴어 문법 지식을 꽤 완벽하게 알고 학교에 다니기 시작했다. 선생님이 내가 외울 수 있다는 것을 알아서 나더러 외워보라고 결코 요구하지 않았던 수업 시간에는, 라틴어 어형 변화표를 외울 줄 알았다. 이후 선생님은 라틴어 어형 변화표를 외울 줄 모르는 아이들을 궁지에 몰아넣으며 괴롭히는 데 몰두했고, 끝내 나는 어형 변화표의 내용을 대부분 까먹었다.

조금이라도 배운 것이 있다면 무엇일지 따져보자. 우선 카이사르[2]에 대해 배웠다. 선생님에게 카이사르는 오로지 베르길리우스[3]의 서사시에 나오는 인물을 의미했고, 그리스어와 호메로스[4]를 공부하는 것으로 막을 내렸다. 내가 카이사르를 더 좋아했던 까닭은, 갈리아가 세 지역으로 분리된 이야기가 흥미롭지도 않고 사실도 아니었지만 내가 번역할 수 있는 라틴어 문장으로만 기록되었기 때문이다. 그래서 우리가 카이사르에 더 오래 머물수록 나는 더 좋았다.

고전 교육을 제대로 받지 않은 아이들은 덧셈을 숙달하지도 못한 상태로 뺄셈을 시작하고 곱셈과 나눗셈으로, 다시 수평선에 드리운 검은 구름처럼 아득하고 이해하기 어려운 대수로 넘어가야 했다. 혹시 이해한 학생이 있으면, 언제나 계산 과제로 되돌아간다. 그렇지 않으면 선생님은 학생에게 음악을 가르치는데, 학생이 베토벤[5]이 태어난 해를 맞히지 못하면 체벌이 뒤따랐다.

아이는 자신에게 강제되는 의무 교육에 대해 최종 권리를 가진다. 체육에 대해서도 마찬가지다. 현재 교사들은 모든 아이에게 포슨[6]과 벤틀리[7], 라이프니츠[8]와 뉴턴을 합친 사람이 되라고 강요할 권리를 가졌다고 생각한다. 이것이 유서 깊은 중등학교들[9]이 따르는 전통이다. 우리 시대에 학생들이 신체적으로 너무 지쳐 잠을 자는 것 말고 아무것도 할 수 없을 만큼 경기장에서 의무적으로 시합을 벌이도록 만들 권리가 있다는 주장은 훨씬 끔찍하고 냉소를 자아낸다. 이것이 학생들을 악습과 비행으로부터 보호한다고들 한다. 그런데 학생들은 시와 문학, 음악, 명상과 기도로부터도 보호받는 기이한 상황에 놓인다. 이 때문에 학교 책임자들은 끔찍하고 무서운 일이 더 생길까봐 두려워 학생들을 신체적으로 혹사하고 괴이한 방법으로 관리한다. 그러면서도 기숙 학교들은 하루빨리 강제로 문을 닫는 편이 낫다는 논평에는 귀를 기울이지 않는다.

사실 사회는 아이의 정신에 대해 권리를 주장하듯 아이의 신체에 대해 권리를 주장하기도 한다. 아이는 걷기를 배워야 하고, 밥 먹는 도구 사용법을 익혀야 하며, 수영과 자전거 타기도 배워야 하며, 언제 날아들지 모를 불확실한 공격을 받고 맞서려면 충분한 자기 방어력도 키워야 한다. 하지만 사회가 아이의 신체에 대해 어떤 권리도 주장하지 못한다는 것은 상식이다. 사회가 아이의 신체에 대해 권리를 가진다는 주장은 아이가 아직 신크베발리[10]처럼 손재주가 출중하지 않고 샌도[11]처럼 튼튼하지 않다는 근거로 하루에 열 시간씩 노예가 일하듯 뼈가 빠질 정도로 운동시키려는 핑계일 따름이다.

---

1 민수기Book of Numbers는 토라라고도 불리는 모세오경에 속한 경전으로 구약 성서에 포함되어 있으며, 영어 제목에서 '수'는 이스라엘 각 지파의 사람 수를 가리킨다. 이스라엘 민족이 가나안 땅에 살게 되리라는 야훼의 약속은 창세기에서 시작되고 탈출기와 레위기, 민수기, 신명기로 이어지며, 여호수아에서 성취된다.

2 카이사르Julius Caesar(기원전 100~44)는 로마의 정치가이자 장군으로 기원전 58년부터 50년 사이에 갈리아를 정복했고, 정복 과정을 기록한 『갈리아 전기*Commentarii de Bello Gallico*』는 지금까지 전해져 읽힌다. 폼페이우스, 크라수스와 함께 삼두 정치를 시작했으나 후에 두 사람을 물리치고 독재관이 되어 전권을 행사했다. 제정으로 향하는 카이사르의 거침없는 행보는 기원전 44년 3월 15일, 브루투스의 칼에 찔려 죽음으로써 끝났다. 그러나 카이사르의 정책과 개혁은 후계자인 아우구스투스에게 이어져 제정 로마를 열었다.

3 베르길리우스Publius Vergilius Maro(기원전 70-19)는 기원전 30년경 집필을 시작해 미완성으로 남은 국민 서사시 『아이네이스*Aeneis*』로 유명하다. 전설로 전하는 로마의 창건자, 트로이의 장군 아이네이스의 이야기를 통해 신의 인도 아래 세계의 문명화를 주도할 로마인의 사명을 천명한 작품이다. 초기 시에는 에피쿠로스 철학이 반영되어 있으나, 점차 스토아주의에 가까워졌다.

4 호메로스Homeros가 언제 태어나고 죽었는지는 정확히 알려지지 않았고, 그리스의 고대 서사시 『일리아드*Ilias*』와 『오디세이아*Odysseia*』의 저자로 추정된다. 고대 그리스인들은 두 서사시를 암송했는데, 그리스 문화의 통일성과 영웅주의를 표현하고 도덕적, 실천적 교훈도 담고 있다. 고대 그리스의 교육과 문화의 토대였고, 베르길리우스의 『아이네이스』에 영향을 주었다. 로마 제국 시대 말기 그리스도교 신앙이 널리 퍼질 때까지 인문 교육의 근간이었다.

5 베토벤Ludwig van Beethoven(1770~1827)은 예술사에서 고전주의와 낭만주의를 잇는 과도기에 활동한 최초의 직업 음악가였다. 그는 음악계의 하이든과 모차르트의 고전주의 전통을 따랐고, 문학계의 동시대 작가 괴테Johann Wolfgang von Goethe(1749~1832)와 실러Johann Christoph Friedrich von Schiller(1759~1805)의 작품에 표현된 새로운 시대 정신을 음악에 반영했으며, 정치적으로 인간의 자유와 존엄을 열정적으로 부르짖던 프랑스 혁명의 이상을 좇으며 음악에 구현하고자 노력했다. 몇몇 작품은 인간의 의지에 대한 확신이 강하게 드러나 있으며, 낭만주의 음악가들에게 영감을 주었다. 음악 형식에서도 혁신을 주도했는데, 특히 교향곡 9번에서는 지금까지 한 번도 시도된 적이 없었던 성악과 기악을 한데 결합시켰다. 청력을 잃은 뒤에도 작곡에 몰두하여 위대한 작품을 남겼다.

6 포슨Richard Poson(1759~1808)은 18세기 영국의 고전학자로 수세기에 걸쳐 유럽에 소개되며 손상된 그리스 고전들을 원문의 뜻을 살려 복원했다. 그리스 시의 운율과 그리스 어법의 뛰어난 점을 감별하는 능력이 남보다 앞섰다. 케임브리지 대학교 트리니티 학부에 다니면서 본격적으로 비평 연구를 시작했고, 1792년에 모교의 그리스어 교수가 되었다. 같은 해 아이스킬로스의 희곡을 편집해 글래스고에서 출판했다. 이후 에우리피데스의 희곡 4편, 『헤쿠바*Hecuba*』, 『오레스테스*Orestes*』, 『포에니사이*Phoenissae*』, 『메데이아*Medea*』를 잇따라 펴냈다.

7 벤틀리Richard Bentley(1661~1742)는 영국의 고전 학자로 비판적 통찰력과 폭넓은 지식을 겸비한 인물이다. 고전 원문을 복원하기 위해 많은 노력을 기울였고, 원문 비평과 고전 학문의 발전에 새로운 방향을 제시했다. 「존 밀에게 보낸 편지」(1691)라는 짧은 논문에는 원문 교정 솜씨와 고대 운율에 대한 지식이 놀랄 만큼 잘 드러나 있다. 1694년에는 왕립 도서관 관장이자

왕립 협회 회원이 되었고, 케임브리지 대학교 트리니티 학부의 학장을 지냈다.

8 라이프니츠Gottfried Wilhelm Leibniz(1646~1716)는 철학사와 수학사에서 중요한 인물이다. 뉴턴과 별개로 미적분학을 세웠으며, 라이프니츠의 수학 표기법은 아직까지 널리 쓰인다. 라이프니츠는 파스칼의 계산기에 자동 곱셈과 나눗셈 기능을 추가했고, 핀 톱니바퀴 계산기 모형을 최초로 설계했으며, 최초로 대량 생산된 계산기 라이프니츠 휠을 발명했다. 모든 디지털 컴퓨터의 기반이 되는 이진법 수 체계를 다듬었다. 낙관주의 철학으로도 유명한데, 우주가 신이 창조할 수 있는 최선의 형태라고 주장했다. 라이프니츠는 데카르트, 스피노자와 함께 17세기 합리주의 철학을 대표하는 철학자다.

9 중등학교들grammar schools은 영국에서 공부를 잘 하는 11세부터 18세까지 학생들이 다니던 예전 학교를 가리키며, 현재 대학 진학 준비 과정을 밟는 공립 학교와 비슷하다.

10 신크베발리Paul Cinquevalli(1859~1918)는 독일 출신의 예능인으로 19세기부터 20세기 초까지 영국의 음악당과 곡예단에서 던지기 곡예를 특기로 선보여 인기를 누렸다. '신사 곡예사'로 불렸으며, 병과 접시, 유리잔과 우산처럼 일상에서 사용하는 물건을 가지고 던지기 곡예를 했다.

11 샌도Eugen Sandow(1867~1925)는 프러시아에서 태어났고, 독일 이름은 뮐러 Friedrich Wilhelm Müller다. 보디빌딩body building, 근육 단련 운동의 개척자로 알려진 인물이다. 세계 여러 나라에서 매년 보디빌딩 대회를 개최하고 있으며, 운동 경기처럼 대회를 진행하며 근육을 누가 더 잘 만들었는지 심사 위원들이 평가하고 순위를 매겨 상금을 준다.

지식의 보상과 위험

한마디로 우리는 아이의 교육에 관해 주장할 어떤 권리도 없다. 아이의 교육 과정은 오로지 아이의 인생과 함께 끝날 수 있는데, 마지막 순간에도 완성될 리 없는 까닭이다. 완성을 강제하는 의무 교육[1]은 썩은 내가 진동하고 절망에 빠진 문명이 저지른 최후의 어리석은 짓이다. 그것은 절망에 빠진 문명이 해체되기 전에 내는 덜거덜거리는 소리다. 우리가 공정하게 할 수 있는 일은, 어떤 직장에 어울리는 고용 조건이 무엇이고, 그 조건을 충족하려면 어떻게 해야 하는지 명확하게 규정하는 것뿐이다.

습득에는 대부분 특전이 따른다. 아기는 자신을 스스로 돌볼 수 없어서 부모가 가까이 붙어 지키고, 아니면 가둬둘 수밖에 없다. 심지어 아기의 자유를 통째로 침해하는 것이라고 생각되더라도 걸을 수 있을 때까지는 업거나 안고 다녀야 한다. 그러나 아이들이 걸을 수 있게 된 뒤로는 아무도 걷다가 잘못될까 봐 아이들을 업거나 안고 다니지 않는다. 영국의 응석받이 아이들이 때때로 단지 게으름 탓에 보모와 함께 다니듯, 아랍에서는 누나들이 남자 동생들을 데리고 다닌다. 동양의 누나들과 서양의 보모들은 노예 신세로 살아가는 탓이다.

그러나 합리적으로 용인되고 영속할 수 있는 유일한 사회, 곧 동등한 사람들이 모여 사는 사회에서 아이들은 잘 걸을 수 있을 때 누가 따라다니기보다 충분히 강해지기도 전에 걸어서 다리가 휠 위험이 더 크다. 어쨌든 놀이방이나 유아원에서 이동의 자유를 주면 보상으로 걷기를 배운다. 비슷하게 도시에서 이동의 자유가 있으면 보상으로 공고문을 읽고 돈을 세고 쓸 줄 알게 된다. 이는 당연히 거리의 이름이나 선로 승강장 번호와 열차의 목적지를 읽을 줄 아는 것보다 훨씬 큰 능력을 기르는 결과로 이어진다.

그대가 아이에게 앞에서 말한 거리의 이름이나 선로 승강장 번호와 열차의 목적지를 읽을 수 있게 가르칠 때, 아마도 아이는 이 책의 서문도 읽게 되어 도덕과 온순한 태도를 내팽개칠 수도 있다. 그대는 택시와 열차에 칠 위험이 있어도 아이를 밖에 내놓는다. 교육에 따른 도덕적 위험과 신체 손상의 위험은 막대하다. 말하기와 걷기, 자신의 시각 조정, 대륙 정복, 종교 창시처럼 아이가 새로 획득한 능력은 어느 것이나 다 못된 짓으로 이어질 엄청나고 새로운 가능성들도 열어젖힌다.

아이에게 쓰기를 가르쳐라, 그러면 잊는 법도 가르치는 셈이다. 아이에게 말하는 법을 가르쳐라, 그러면 거짓말하는 법도 가르치는 셈이다. 아이에게 걷기를 가르쳐라, 그러면 어머니를 죽을 때까지 발로 차는 법도 가르치는 셈이다.

아이를 지키는 사람들이 감수할 수밖에 없는 노예 같은 생활은 큰 문제다. 노예 신분으로 아이를 지키는 무력감과 노예의 능률을 화해시키는 것은 운 좋게 완전히 해결할 수 있는 문제가 아니다. 사실 어떤 공작[2]이 자신의 사무 변호사나 주치의를 노동자들처럼 대우하는 것은 불가능하기 때문이다. 변호사와 노동자가 똑같이 공작의 노예라고 해도 말이다. 사실 노동자가 전문직 종사자보다 공작의 호의에 덜 의존한다. 따라서 사람들은 무엇보다 보호가 자유를 제한하는 일이 잦아서, 보호를 빌미로 이용당할까 봐 분개한다.

위험한 벼랑이 있으면, 쓸모 있는 울타리를 치는 것보다 사람들이 아예 벼랑 끝으로 걸어가지 못하게 막는 것이 훨씬 쉽고 값이 싸게 먹힌다. 그것이 입법자들과 부모, 보수를 받고 부모를 대신하는 사람들이 늘 아이들을 억제하고 금지하고 벌을 주며 꾸짖고 때리며 막는 이유다. 또 위험한 곳을 가능한 만큼 안전하게 만들면서 더는 줄일 수 없는 최소한의 위험을 감수하도록 설득하지 않고 진보와 성장을 미루는 이유기도

하다.

---

1 의무 교육compulsory education은 16세기에 종교 개혁을 주도해 개신교를 탄생시킨 가톨릭교회의 신부이자 종교 개혁가인 마르틴 루터Martin Luther(1483~1546)가 처음 제안했다. 루터가 모든 아동의 취학 의무를 규정한 교육론을 제시한 이래 근대의 인권 사상이 정착되면서 교육권이라는 개념이 형성되었고, 근대 국가는 국민의 교육권을 보장하는 방향으로 발전했다. 제2차 세계대전 이후 세계 각국의 헌법은 대부분 교육권을 보장하기 위해 의무 교육 원칙을 명시하고 있다.

2 공작公爵 duke은 중세 유럽에서 왕과 왕자보다 낮은 귀족의 최고위 작위다. 군주의 칭호 가운데 하나로 왕이나 대공大公보다 한 단계 낮은 지위를 가리킨다. 공작이 다스리는 나라는 공국公國이라 불렀다. 영국에는 현재까지 귀족 칭호가 남아 있고, 신분의 구별이 다른 나라에 비해 뚜렷한 편이다.

영국의 신체적 강인함과 정신적 비겁함

사람들은 대부분 아이들이 도덕적 위험보다 신체적 위험을 무릅써야 할 필요 쪽으로 더 쉽게 마음이 기운다. 꼬마였을 때 나는 말을 타본 적이 없어 무서웠다. 그런데 친척 할머니가 나를 조랑말에 태우고 박차를 쓰라고 시킨 다음, 무서워하는 나를 보며 즐거워했던 기억이 난다. 그때 나는 벌벌 떨면서 무의식적으로 박차를 사용했다.

바로 그 친척 할머니는 내가 『천일야화』[1] 복사본을 찾아내 탐독하고 있다는 사실을 알았을 때, 공포에 사로잡혀 조랑말이 내 목뼈를 부러뜨릴 뻔했던 것처럼 내 영혼을 타락시킬까봐 책을 멀찍이 치웠다. 시골 저택에서 이렇듯 강한 신체와 비겁한 영혼을 만들어 내는 일은 너무 흔하다. 사람들은 정신의 모험이나 대담한 사유를 하지 않고 목뼈와 등뼈가 부러지고 목이 부러진 이야기를 경청하느라 시간을 보내는 탓이다.

그러나 자유가 우리에게 드러내는 위험이 도덕과 관련되든 신체와 관련되든, 우리가 자유를 누릴 권리는 위험을 감수할 권리도 포함한다. 비행사처럼 목숨을 걸거나 이단자처럼 영혼을 걸 수 없는 사람은 전혀 자유롭지 않다. 자유권은, 다시 말해 자유를 행사할 권리는 스물한 살이 될 때까지 기다릴 필요 없이 21초 만에도 행사할 수 있다.[2]

---

1 『천일야화*Arabian Nights*』는 중세 페르시아의 샤리아르 왕과 결혼한 샤흐라자드가 천 하루 밤 동안 180편의 장편과 단편 이야기를 들려주었다는 데서 유래한 제목이다. 사랑과 모험 이야기를 환상적으로 그렸으며 중세 이슬람 세계를 이해할 수 있는 귀중한 자료로 평가된다. 신드바드의 모험 이야기는 아주 유명하고, 마신과 괴조, 마신을 불러내는 반지나 램프, 주문으로 열리는 문이나 하늘을 나는 양탄자 같은 공상적 요소들이 이야기의 재미를 더해 준다.

2 현대 사회는 성년의 기준을 정하고 성년이 되어야 참정권과 자신의 삶을 결정할 권한을 인정한다. 당시 사회가 관습적으로 정한 성년의 기준이 스물한 살이었으나, 아이들은 관습적 기준에 얽매이지 않고 자신의 삶에 대해 스스로 선택할 자유가 있음을 역설적으로 표현한 것이다. 무엇보다 우리는 아이든 어른이든 신체 측면과 정신 측면에서 어느 정도 위험을 감수해야 자유를 온전히 누릴 수 있다.

무지와 나약함에 도사린 위험

아이들이 부닥친 어려운 문제는, 너무 어려서 이해하지 못하는 위험과 피하지도 저항하지도 못하는 공격으로부터 보호가 필요하다는 데서 생긴다. 그대는 한 번은 아이가 난로에서 벌겋게 타는 석탄을 꺼내게 할 수도 있지만, 두 번 그렇게 하지는 않을 터다. 우리는 모든 사람이 자유의 위험을 감수하도록 놓아 두어야 하지만, 무지와 무력감의 위험은 다른 문제다. 아이들뿐 아니라 어른들도 무지와 무력감으로부터 보호받아야 한다.

현재 어른들은 자신들이 아는 범위 밖에 놓여 있거나, 이해력과 저항할 힘이나 예측력의 한계를 넘어선 위험에 자주 노출되곤 한다. 예컨대 우리는 매일 손가락을 데는 사고보다 훨씬 나쁜 결과를 낳을지도 모르는 결혼 생활이나 금융 투기 상황을 자세히 살펴야 한다. 또한 어른들은 아이들을 보호하고 아이들에게 먹을 것과 입을 것, 쉬거나 잘 곳을 마련해 주고, 아이들이 자기 힘으로 살아갈 힘을 기를 때까지 모든 방면에서 아이들을 대신하여 일을 처리해 주어야 한다. 그런데 어른과 아이뿐 아니라 어른과 어른도 같은 관계를 맺는다는 사실은 갈수록 더 분명하게 드러나고 있다.[1]

우리는 어리석은 결혼 생활과 금융 투기 문제를 언제나 냉담하게 흘려 버려서도 안 되고, 죽은 사람들이 우스꽝스러운 의지로 살아 있는 사람들로 구성된 공동체를 통제하게 두거나, 살아 있는 상속자가 엄청난 토지와 저택을 탕진하여 폐허로 만들도록 허락해서도 안 되리라. 오늘날 우리가 너무 게을러 적당히 개입할 방도를 찾지 못해서 허용한 다른 수많은 부조리한 자유까지 관용해서도 안 되겠다.

하지만 개입은 개인의 권리를 다루는 이론에 근거하여 규제하는 방식으로 해야 한다. 생존권은, 다시 말해 살 권리는 비교할 대상이 없는 만큼 절대성을 갖지만, 무조건적 권리는 아니다. 누구라도 참을 수 없을 만큼 못되고 나쁜 짓을 하면 죽여야 한다. 이는 놀이 공원에서 사람을 잡아 먹은 호랑이, 정원에 똬리를 튼 독사, 닭을 잡아 먹으려고 양계장에 침입한 여우를 죽이는 것과 마찬가지로 필요의 문제일 따름이다. 어떤 사회도 필요에 따른 퇴치가 피조물의 생존권을 위반하는 것이므로 허용해서는 안 된다는 가정 위에 세워질 수 없을 터다.

그러면 당장 도덕이 앞장서서 우리를 이끌게 될 위험, 다시 말해 박해의 위험이 발생한다. 교리를 퍼뜨리는 그리스도교도 한 사람이 도적질하는 열두 사람보다 해를 더 많이 끼치기도 한다. 그러니 해를 끼치는 그리스도교도는 죽게 내버려 두라. 거짓말하고 복종하지 않는 아이는 모든 아이들을 타락시키고 인간답게 사는 사회를 불가능하게 만들 수도 있다. 그러니 악습을 제거하기 위해 아이를 때려라. 낙태와 협박, 폭정과 잔혹한 행위, 그 밖의 악행들이 가득한 사회에서 박해는 계속될 것이다.

---

1 사회는 성숙한 어른들이 모여 합리적으로 일을 처리해야 정상이지만, 현실적으로 성숙지 못한 어른들이 너무 많다. 결혼 생활을 어른답게 합리적으로 하는 경우는 드물며, 수많은 성인들이 금융과 관련된 사기에 쉽게 넘어간다. 따라서 몸과 마음이 다 자란 사람들이 몸은 어른이 되었으나 마음은 자라지 않은 사람들을 사회 차원에서 공적으로 돌보아야 한다. 관건은 민주 시민으로서 역량을 키우는 것이다.

관용이라는 상식

박해의 위험에 맞선 현실적 안전 장치는 관용의 신조, 곧 어떤 견해든 너그럽게 받아들이겠다는 믿음이다. 여기서 내가 의회의 극장 검열 공동 위원회에 제출하려고 준비해 단막극 『블랑코 포스넷의 폭로』의 앞에 붙였던 소논문의 내용을 시시콜콜 언급할 필요는 없다.[1] 이제 현재의 교사가 장래의 교사에게 악한 경향에서 선을 가려낼 줄 아는 척하거나 시민들의 의견과 신념, 도덕, 정치나 종교가 받을 충격에 맞서 시민들을 보호하려고 애쓰는 어리석은 짓을 해서는 안 된다고 말하는 것으로 충분하다.

달리 말해 어떤 학설이든, 악취미를 드러낸 것이라도 박해해서는 안 되며, 모든 사람에게 충격을 감수하라고 요구해야 한다. 우리는 몹시 추운 날씨를 견뎌내듯, 자유를 허용할 때 수반되는 비위에 거슬리거나 위험하거나 긴장되는 일들을 회피해서는 안 된다. 우리가 관용이라는 방편을 받아들인 까닭은, 진보적 계몽주의자들이 처음에 치안을 해치거나 신성을 모독하거나 부도덕한 것처럼 보이는 학설들까지 공정한 자세로 경청했기 때문이다. 이런 학설들을 애초에 생각해본 적이 없어 막연하게 여겼을 사람들에게 충격을 주었을 텐데도 말이다.

이제 우리 모두 알듯, 관용에 찬성하는 아주 중요한 근거는 진화를 거쳐 계속 일어나는 창조의 본성과 관련이 있다. 진화는 실험으로 길을 찾고, 길 찾기는 진화의 발전 단계에 따라 다양하게 바뀐다. 저항이 가장 적은 경로를 따라 일어나는 맹목적 무리 짓기부터 가설을 세우고 실험으로 검증하는 실용적 결과와 일치되는 지성의 사변까지, 혹은 관찰과 귀납, 연역까지, 혹은 어떤 사람의 두뇌에서 앞선 모든 과정이 빠르고 직관적으로 통합되는 방식으로 길을 찾는다. 우리는 천재성을 타고난 사람의 영감으로 가득한 추측과 새로운 진리를 가르치는 스승의 필사적 결의를 이해한다. 새로운 진리를 가르치는 스승은 처음에 신성을 모독한 변절자로 죽임을 당하지만, 나중에 사람들은 그를 예언자로 숭배한다.

여기서 아동을 위한 법은 성인을 위한 법과 똑같다. 대사제는 충격을 받을 때 자신의 예복을 찢고 "십자가에 매달아 죽여라."라고 외쳐서는 안 된다. 마찬가지로 무신론자는 로의 『진지한 소명』[2]의 판매를 금지하라고 아우성치며 요구해서는 안 된다. 왜냐하면 무신론자는 두 세기에 걸쳐 종교적 의무가 우리의 삶을 비참하게 만든다고 부모들을 설득함으로써 헤아릴 수 없이 많은 불행한 자식들에게서 자연스러운 행복을 빼앗았기 때문이다.

로의 『진지한 소명』, 예수[3]의 산상 설교, 마키아벨리[4]의 『군주론』, 라로슈푸코[5]의 『잠언집』, 『신구 찬송가』[6], 글랜빌[7]의 『교훈담』, 와츠 박사[8]의 『찬송가』, 니체[9]의 『즐거운 학문』, 잉거솔[10]의 『모세의 몇 가지 실수』, 독일과 전쟁을 원했던 사람들의 연설과 소책자, 멍청이의 연설[11], 정치가들과 기자들이 작성한 기사들은 모두 관용해야 한다. 어떤 글이든 우리가 아는 모든 것에 비추어 옳기 때문에 너그럽게 봐주는 것이 아니라, 우리는 바로 의견들이 갈등을 빚을 때 지식과 지혜를 얻을 수 있기 때문에 관용하는 것이다. 의견이 갈등을 빚으며 입은 상처가 아무리 아파도, 저항하는 사람은 거의 모두 독재자에게 학살되거나 손과 발이 꽁꽁 묶여 황량하기 그지없는 죽음 같은 평화보다 훨씬 낫다.

현재 관용의 필요가 중력 법칙처럼 정치학의 법칙으로 확립되었는데도, 우리의 지배자들이 도무지 정치학을 배우지 않아서 어려운 문제가 발생한다. 지배자들은 관용의 필요를 배우기는커녕 학교에서 교사가 자신의 비위에 거슬리면 아무것도 관용하지 않는다는 것을 몸에 익히고, 통치는 바로 교사처럼 행동하는 것이고, 교사가 쓰는 방법은 폭력을 써서 처벌하는 방법이라는 것을 배운다. 학교에서 교육받은 모든 시민들은 똑같이 어둠 속에서 길을 찾지 못한다.

내가 이 글을 쓰는 동안에도 현직 내무 장관은 신성 모독으로 투옥된 사람의 발언이 경건한 동료 시민들의 감정을 상하게 하여 고통을 주었기 때문에 석방해서는 안 된다고 설명한다. 내무 장관은 이제 정부의 역할을 막연하고 조잡하게 생각할뿐더러, 왜 자신에게 동의하지 않는 국민들을 고문하고 억누르는 법을 만들어서는 안 되는지 이해하지 못해서, 수많은 시민들을 거의 미칠 지경으로 몰아넣었다. 한 마디로 그는 정치인이 아니라 성년이 되어 이윽고 회초리를 움켜잡은 학생에 지나지 않는다. 회초리를 움켜잡을 권한을 예외로 치면 우리는 모두 같은 상태에 있다. 따라서 내무 장관의 행위에 대해 반대 의사를 표현하는 유일한 방법은, 내무 장관이 다른 국민들을 회초리로 때리기 전에 그 사람이 맞아야 한다고 목청껏 외치는 것이다.[12]

---

1 영국에서는 16세기부터 극장을 검열했고, 1843년 의회가 극장 법안을 통과시켰으나 연극 검열에 관한 변화는 거의 없었다. 1966년에 상원과 하원

공동위원회가 다시 설립되어, 연극인들로부터 증거를 수집한 다음 극장 검열 철폐 법안을 발의했다. 의회가 1968년에 법안을 통과시키고, 마침내 영국에서 극장 검열은 철폐되었다. 쇼는 연극 검열에 반대하는 소논문을 써서 1909년 단막극 『블랑코 포스넷의 폭로: 조잡한 멜로드라마 형식의 설교 *The Shewing Up of Blanco Posnet: A Sermon in Crude Melodrama*』의 앞에 붙였다. 쇼는 1909년 정부의 극장 검열에 반대하기 위해 이 희곡을 썼다.

2 로William Law(1686~1761)는 1711년 영국국교회의 사제로 임명되었으나 조지 1세에게 충성 선서를 거절했다는 이유로 사제 서품이 취소되었다. 이후 선서 거부자로 남아 개인적으로 설교하며 글을 쓰는 성직자로 활동했다. 『진지한 소명』, 정확히 말하면 『독실하고 성스러운 삶이 받은 진지한 소명*A Serious Call to a Devout and Holy Life*』은 로의 널리 알려진 작품이자 그리스도교 문학의 고전이다.

3 나자렛의 예수Jesus of Nazareth로 불리며, 이스라엘 부족의 유대교를 개혁함으로써 그리스도교라는 보편 종교를 탄생시킨 위대한 종교 개혁가이자 유일신의 아들로 추앙받는 인물이다. 예수의 가르침은 신약 성서의 마태오, 마르코, 루카, 요한 복음서에 자세히 기록되어 수많은 그리스도교도의 삶을 이끌고 있다.

4 마키아벨리Niccolò Machiavelli(1469~1527)는 이탈리아의 외교관이자 정치 철학자로 이탈리아 문예 부흥기를 대표하는 인물이다. 군주제를 옹호한 『군주론*Il Principe*』과 공화제를 옹호한 『리비우스의 첫 열 권에 대한 강의 *Discorsi sopra la prima deca di Tito Livio*』가 유명하다. 후자는 대부분 『로마사 논고』라고 부른다.

5 라로슈푸코François de La Rochefoucauld(1613~80)는 프랑스의 귀족 출신 작가로 역설적 진리를 경구로 간결하게 표현하는 형식으로 쓴 『잠언집』으로 유명하다.

6 『신구 찬송가*Hymns Ancient and Modern*』는 영국국교회에서 공통으로 쓰는 찬송가로 옥스퍼드 운동Oxford Movement의 성과물이다. 옥스퍼드 운동은 영국국교회에서 일어난 고교회파 운동이며, 가톨릭교회의 전통을 강조했다.

7 글랜빌Ranulf de Glanville은 12세기 영국 헨리 2세 시절 최고 법관을 지냈으며 공통법에 관해 권위를 인정받은 『영국의 법률과 관습에 관한 논고

Tractatus de Legibus et consuetudinibus regni Angliae』(1188년경)를 써서 이름을 떨쳤다. 이 저작을 계기로 교회법과 지역법의 효력이 없어지고 공통법의 적용 범위가 확대되었고, 이 시기를 영국 법률사에서 글랜빌의 시대라고 부른다.

8 와츠Isaac Watts(1674~1748)는 영국국교회 소속 성직자이자 찬송가 작사가, 신학자다. 750여 곡의 찬송가를 작사한 그는 영국 찬송가의 대부로 불리며, 그가 지은 찬송가는 세계 여러 나라 언어로 번역되었다.

9 니체Friedrich Nietzsche(1844~1900)는 독일의 철학자이자 문헌학자, 계보학의 창시자이고 예술가였다. '망치를 든 철학자'로 자처하면서 전통 사상과 개념을 뒤엎어 사후 20세기 사상과 문화에 지대한 영향을 미쳤다.

10 잉거솔Robert Green Ingersoll(1883~99)은 성서를 맹렬히 비판하고 인본주의 철학과 과학적 합리주의 사상을 전파한 미국의 정치가다. 뛰어난 연설과 기지로 당시 정통 교회의 미신을 폭로했다. 대표 저술로 『모세의 몇 가지 실수*Some Mistakes of Moses*』(1879)와 『나는 왜 불가지론자인가*Why I Am Agnostic*』(1896)가 있다.

11 시드니 스미스Sydney Smith(1771~1845)가 기고한 글의 제목이다. 시드니 스미스는 영국국교회 성직자로 당대 최고 설교자였고, 1802년 『에든버러 리뷰*The Edinburgh Review*』의 창간에 참여했고 이후 잡지에 예리한 기사를 기고했다. 로마 가톨릭교도 해방을 지지하는 글도 써서 여론을 바꾸는 데 큰 역할을 했다. 「멍청이의 연설Noodle's Orations」은 개혁에 반대하는 사람들의 오류를 지적하기 위해 쓴 글이다.

12 중범죄는 처벌해야 마땅하지만, 사상과 표현의 자유를 보장하는 차원에서 다양한 사상과 종교를 관용해야 한다는 것이 쇼의 핵심 주장이다. 신성 모독이나 최고 지도자에 대한 모욕을 빌미로 사상과 표현의 자유를 옥죄는 행위는 관용의 정신에 입각한 자유주의 정치 질서를 파괴하는 짓이다. 자유주의 사회에서는 유신론자의 주장과 무신론자의 주장을 똑같이 관용한다. 마찬가지로 자본주의를 옹호하는 주장과 사회주의를 옹호하는 주장도 똑같이 관용해야 한다. 그러나 근거 없는 주장이나 사실이 아닌 허위 주장까지 관용해서는 안 될 것이다.

아타나시우스[1]의 죄

희망이 없어 보인다. 무정부주의자들[2]은 모든 법에 폭력으로 맞선 완강한 저항이 유일한 구제 방법이라고 설파하려는 유혹에 빠진다. 모든 법의 파괴는 사람들이 혼란에서 자신들을 구제할 수만 있다면 어떤 전제 정치든 환영하는 믿기지 않는 상황으로 급속히 나아간다. 현실적으로 무정부 상태와 전제 정치 가운데 하나를 선택할 필요는 없다. 학문적 가정이 아니라 인간적 가정에 입각해 나아가면, 사리에 꽤 들어맞는 형세는 조성할 수 있다. 어른들이 생명력, 곧 살아낼 힘이 달성할 목적이 무엇인지 아이들보다 더 잘 안다는 주장이 틀렸다고 솔직하게 인정하자. 그리고 아이를 어른처럼 스스로 실험함으로써 더 큰 성공을 거둘 존재로 대우하는 동시에 부모가 자식을 개인적으로 소유할 권리가 있다는 괴이한 주장을 철회하면, 나머지 일은 틀림없이 상식에 따라 차근차근 진행된다.

잘못은 어른의 태도와 우리의 종교에 있고, 아이들은 아무 잘못도 없다. 아이에게 혹은 다른 사람에게 신의 의지The Will of God라고 내세워 어떤 행동을 하라고 명령하는 사람은 누구든 신성을 모독한 자로 처벌하는 법을 제정하는 것이 좋은 출발점이 될 수도 있다. 정말 신의 의지를 내세우는 자는 성령에 어긋난 용서할 수 없는 죄를 짓는 셈이다. 신의 의지를 함부로 내세우는 자에게 내려지는 처벌이 사형이라면, 우리는 인류의 재앙인 풋내기 교황의 지배에서 벗어날 터다. 나는 아일랜드[3] 개신교도 집안에서 태어난 사람으로서 세습받은 열의에 따라 로마 가톨릭교회[4]에 반대한다고 외친다.

우리 주변에 교황 행세를 하는 풋내기 교황들이 넘쳐난다. 일종의 전문적 입장에서 권리를 주장할 수도 있는 부목사와 여자 가정교사부터, 부모와 삼촌, 보모와 학교 선생, 일반적으로 아는 체하는 사람들까지 수많은 인간 곤충들이 꼬리의 희미한 빛에 의지하여 어둠을 뚫고 더듬더듬 기어가면서, 가능한 주제마다 당장 신의 의지를 드러낼 준비가 되어 있다고 말한다. 우주가 어떻게 만들어지고 왜 만들어졌는지, 우주가 언제 어떻게 멸망하는지도 설명할 수 있다고 한다. 그들은 내가 어렸을 적에 정확한 날짜까지 말했었다.[5]

나아가 풋내기 교황들은 행동의 옳고 그름을 판단할 정확한 규칙을 정하고, 덕이 높은 성격과 악습에 찌든 성격을 어김없이 구별할 줄 안다고 공언한다. 그들은 확신에 차서 율법을 엄격하게 적용하고, 자신들의 괴이한 속임수를 감히 비웃거나 자신들이 내놓은 억측에 대해 비판하면서 조롱하는 다른 사람들의 행동이 해를 끼치지 않을 텐데도 사회적으로 배척함으로써 신세를 망칠 정도로 처벌한다. 부모들과 보호자들, 교사들이 모든 것을 소크라테스[6]나 솔론[7]보다 훨씬 잘 알았기 때문에 매질과 때리기, 지옥 불을 들먹이는 공포감 조성, 위협, 벌로 과제 주기와 창피 주기, 오래 가둬두기, 침대로 보내기, 구석에 세워두기 따위로 아이들을 해쳤다고 누가 말하겠는가?

이렇게 무지하고 주제넘은 태도 탓에 어른들은 아이들에게 해를 끼친다. 지구를 방문한 낯선 존재는 괴상망측하고 부조리한 상태를 보고서 당장 고쳐야 한다고 생각하며 비웃을지도 모른다. 불행하게도 상황은 정반대로 돌아간다. 우리는 건강 상태가 나쁠 때 돌팔이 의사들의 손아귀에 걸려들어, 환자들을 죽게 만드는 질병을 고칠 수 있다며 떠벌리는 뻔뻔한 가식에 속아 넘어가듯, 바로 무지ignorance와 무력감helplessness 탓에 영혼을 지옥살이에서 구할 수 있다면서 영성과 도덕을 들먹이는 돌팔이 성직자들에게 속아 넘어간다.

어떤 의사가 환자들에게 "비슷한 병을 앓은 다른 환자들을 진찰했기 때문에 여러분의 증상에 익숙하고, 아주 조금 아는 치료법을 쓸 겁니다. 하지만 피상적으로 아는 것을 제외하면 여러분에게 무슨 문제가 있는지 정확히 몰라서 완벽하게 치료할 수는 없습니다."라고 연설을 늘어놓으면, 전문직 의사로서 자격을 잃게 될 터다. 작은 마을의 초등학교에서 품행이 바르고 착한 학생에게 상장을 수여하라고 초청받은 성직자가 "나는 정말 착한 행동이 무엇인지 정확히 몰라서 품행이 제일 바르고 착한 어린이가 누구인지 말할 수 없을까봐 걱정스럽습니다. 하지만 기쁜 마음으로 어떤 어린이가 남을 제일 덜 불편하게 했는지 선생님이 말한 대로 믿을 겁니다."라고 연설하면, 파문당하지는 않더라도 아마 성직에서 물러나야 할 터다. 정직하지 않지만 지성이 뛰어난 의사나 교구 목사는 더 말할 것도 없다.

분명히 너무 솔직한 의사가 현명하다고 말할 수는 없을 터다. 낙관을 유도하는 거짓말의 치료 효과는 너무 커서, 확신을 갖고 환자들에게 말할 수 없는 의사는 자신의 직업에 대해 판단을 잘못하고 있다고 해야 할 것이다. 또 율법을 종교적 교리에 따라 단호하게 규정할 준비가 되지 않은 성직자는 율법에 대해 확언할 때 신중할 수는 있어도 초등학교에서 상장을 수여할 때는 아무 쓸모도 없다.

그런데 성직자와 의사가 앞에서 소개한 두 연설에 표현된 태도를 보이지 않으면, 두 사람은 자신들이 해야 하는 일에 적임자가 아니다. 기대어 판단하고 행동할 잠정적 가설 이상을 가졌다고 믿는 인간은 타고난 바보다. 그렇게 믿는 바보도 잠정적 가설에 따라 활기차게 행동해야 할지도 모른다. 세상의 모든 것이 거짓일 수도 있으니까 아무것도 믿으려 하지 않고, 모든 것이 참일 수도 있으니까 아무것도 부정하지 않으려는 불가지론자는 필요 없다. "나는 이것을 믿고, 이것에 따라 행동하려고 합니다." 혹은 "나는 그것을 믿지 않고, 그것에 따라 행동하지 않을 겁니다."라고 말하는 것은 다음과 같이 말하는 것과 크게 다르다. "그것은 참이고, 그것에 따라 행동하는 것은 나의 의무이자 그대의 의무입니다." 혹은 "그것은 거짓이고, 그것에 따라 행동하기를 거부하는 것이 나의 의무이자 그대의 의무입니다."

방금 말한 차이는 사도 신경[8]과 아타나시우스 신경[9]의 차이만큼 크다. 그대는 사도 신경을 외울 때 전능한 하느님 아버지와 외아들 예수 그리스도를 믿는다고 확언한다. 거기서 그대는 분명히 그대의 권리를 누린다. 아타나시우스 신경을 외울 때 그대는 보편 신앙은 삼위일체 교리를 믿는 것이고, 이러한 정통 신앙을 의심하면 누구든 구원받을 수 없다고 확언한다. 이것은 그대 편에서 보면 그저 거만한 언동일 따름이다.

그대만큼 착한 사람들이 아타나시우스 신경을 결코 들어본 적이 없다는 것은 차치하고, 그대는 아타나시우스 신경을 도무지 이해할 수 없는 까닭이다.

사도 신경이 보여준 태도는 공감과 광명에 의지하여 다른 사람들을 우리의 신앙으로 개종시키려는 바람이지만, 아타나시우스 신경이 보여준 태도는 우리와 의견이 다른 사람들을 죽이려는 바람이다. 나는 아타나시우스 추종자에게 모든 아타나시우스 추종자들을 신속히 처벌하기 위한 법안에 찬성하라고 주장할 자격이 충분하다. 왜냐하면 그들이 나의 기본 신조, 다시 말해 모든 생명체는 실험으로 길을 찾는다는 나의 믿음을 어기고 모독하기 때문이다. 초인, 곧 성경에 나오는 완벽하게 의로운 인간[10]에게 어울리는 정확한 공식은 아직 발견되지 않았다. 그날이 올 때까지 모든 탄생은 위대한 탐구의 여정에 참여하는 실험이며, 초인의 공식을 발견할 생명력Life Force, 곧 살아내는 힘이 실험을 이끈다.

---

1 아타나시우스Athanasius는 알렉산드리아의 주교를 지냈으며, 325년 그리스도교의 최초 세계 공의회인 니케아 공의회에서 삼위일체설을 정통 교리로 확립했다. 당시 성자 예수는 성부 신과 본질이 다르다고 주장한 아리우스파에 맞서 그리스도교 정통 신앙을 옹호하는 데 일생을 바쳤다. 아리우스

파를 가혹하게 대했다는 이유로 콘스탄티누스 황제로부터 추방당하기도 했다. 주교직의 복권과 박탈을 여러 차례 반복했다. 오늘날 로마 가톨릭교회, 동방정교회, 영국국교회로부터 성인으로 존경받고 있으며, 개신교로부터 위대한 교회 신학자로 칭송받는다. 하지만 정통을 지나치게 고집함으로써 정통에서 벗어난 신도들을 박해하여 종교의 배타성을 적나라하게 보여 주었다.

2 무정부주의無政府主義 anarchism는 국가나 정부 기구는 본래 해롭고 사악한 것이며 인간은 그것들 없이도 올바르고 조화로운 삶을 영위할 수 있다는 신념을 지지한다. 다시 말해 정부나 모든 통치 형태를 부정한다. 무정부주의자들은 기존 사회 체제를 부정하고 재산을 압제 수단으로 간주하며, 사유 재산제와 정치 권력은 사회의 산물로서 모든 악의 근원이라고 주장한다. 인간이 법과 사회 체제의 굴레에서 벗어나 이성과 공감, 양심에 근거한 상호부조 원리를 실천하면, 저마다 타고난 기질의 자유로운 발전으로 참된 의미의 정의를 실현할 것이라고 역설한다. 무정부주의자들은 개인주의와 공산주의에서 모두 나타난다.

3 아일랜드Éire; Ireland는 유럽의 북서쪽 브리튼 제도에 있는 섬나라로 아일랜드 섬의 대부분을 차지한다. 아일랜드 섬 안 북동쪽으로 영국 연방의 일부인 북아일랜드와 국경을 마주하며, 동쪽은 아일랜드 해, 서쪽은 대서양과 접하고 있다. 아일랜드는 외세의 침략에 시달렸으며, 특히 잉글랜드의 침략으로 식민지가 되었고 핍박을 받았다. 1916년 부활절 봉기와 영국-아일랜드 전쟁을 거쳐 1921년 영국-아일랜드 조약을 체결함으로써 아일랜드의 32개 주 가운데 남부 26개 주가 아일랜드 자유국으로 독립했다. 1949년에 아일랜드는 영국 연방에서 탈퇴하여 아일랜드 공화국으로 완전히 독립했다.

4 가톨릭교회는 로마 가톨릭교회Roman Catholic Church를 가리키며, 우리나라에서는 천주교天主教라고도 부른다. 전 세계에 퍼진 가톨릭교도의 수는 12억에 달하며, 그리스도교 가운데 신자 수가 가장 많다. 로마 시대에 성장하여 중세 천 년을 지배했다. 로마 가톨릭교회가 중세의 정치와 경제, 예술과 문화를 모두 장악했다. 서양 문화의 두 뿌리는 그리스문화와 유대교라고 하는데, 로마 가톨릭교회를 떠받친 교부들과 신학자들은 두 뿌리를 키워 정교한 그리스도교 사상을 만들어 냈고, 이를 바탕으로 교회 권력이 세

속 권력까지 지배할 수 있었다.

5 1859년 다윈Charles Darwin(1809~89)이 『종의 기원*On the Origin of Species by Means of Natural Selection*』을 출간함으로써 진화론을 공식적으로 세웠는데도, 19세기 내내 창조론자들은 진화론을 공격하면서 신이 각각의 종을 특정 시기에 모두 완벽하게 창조했다는 특수 창조론을 옹호했다. 창조론자들 가운데 심지어 지구가 겨우 육천 년 전에서 일만 년 전 사이에 창조되었다고 믿는 사람들도 있다. 21세기에도 진화론과 창조론의 논쟁은 계속되고 있다.

6 소크라테스Socrates(기원전 469~399)는 고대 그리스의 철학자로 지성주의 혹은 주지주의 경향을 띤 서양 철학 전통의 창시자로 존경받는다. 아테네 광장에서 시민들과 대화를 나누며 철학 문제를 탐구했으나 어떤 저술도 남기지 않았다. 당대 진리를 상대적이고 주관적으로 해석한 소피스트들에 반대하여, 객관적이고 보편적이고 타당한 진리를 추구했다. 당시 민주파와 귀족파 사이에 벌어진 정쟁에 휘말려 아테네 법정에서 사형 선고를 받고 죽었다.

7 솔론Solon(기원전 638년경~558)은 고대 아테네의 정치가이자 입법가로 토지 생산물의 많고 적음에 따라 시민을 네 등급으로 나누고, 등급에 따라 참정권과 군사 의무를 차등 부과했다. 솔론의 개혁은 장기적으로 아테네 민주정치의 기초를 세웠다는 평가를 받았다.

8 사도 신경Apostles' Creed은 예수의 열두 제자가 작성했다고 전하지만 실제로는 초기 세례 예비신자용 문답서에서 발전했다. 교황 인노켄티우스 3세(1198~1216 재위)가 서방 로마 가톨릭교회의 공식 신경으로 인정했으며, 그리스도교에서 신앙을 고백하는 기도문으로 사용된다. 전능한 유일신과 예수 그리스도를 통해 구원받고 영원히 살 수 있음을 믿는다고 고백할 뿐, 믿지 않는 사람들에 대해 아무런 언급도 하지 않는다.

9 아타나시우스 신경Athanasian Creed은 삼위일체에 관한 신앙 고백서다. 그리스도교 교파 가운데 로마 가톨릭교회와 성공회에서 사용하고 있다. 누구든 구원받기를 바라면 먼저 정통 신앙, 곧 삼위일체 교리를 확고하게 믿어야 하며, 이러한 정통 신앙을 지키지 않는 자는 영원한 파멸에 이를 것이라고 위협하는 내용이 담겨 있다.

10 신약 성서의 「히브리인들에게 보낸 편지」, 12장 23절에 "완벽하게 의로운

인간들의 영혼들spirits of just men made perfect"이라는 구절이 있다. 성경에 근거할 때 '완벽하게 의로운 인간'은 신의 은총으로 모든 죄를 용서받고 오로지 신앙으로 사는 인간으로 해석할 수 있다. 쇼는 초인, 곧 완벽하게 의로운 인간의 모습은 생명력, 살아내는 힘이 이끄는 과정 속에서 드러날 것이라고 주장한다. 시대마다 새로운 초인이 등장할 터다.

실험 해보기

이제 현대에 사는 얼치기 교사들은 모두 기뻐하며 일어나 말할 것이다. "우리는 전적으로 동의합니다. 학교의 모든 아이를 실험의 주체로 여기죠. 우리는 언제나 아이들과 실험합니다. 우리의 학교 제도에 적합한 실험적 시험에 도전합니다. 우리는 장래의 시민들이 갖추어야 할 성격을 형성하는 위대한 작업을 우리의 경험에 비추어 계속 지도합니다." 유감스럽지만 교사들의 말에 동의할 수 없을 것 같다. 실험을 주도하는 것은 교사가 아니라 생명력, 곧 살아내는 힘이다. 아이의 목적에 적합한 생명력, 곧 살아내는 힘은 아이 안에서 꿈틀대는 것이지 교사 안에 있지 않다.

교사는 다른 실험의 주체고, 모든 실험이 서로 계속 실험을 시작하는 실험실에서는 이해할 수 있는 결과가 나올 법하지 않다. 내가 만났던 교사들이 나를 생명력을 펼쳐내는 실험의 주체로 대우했더라면, 다시 말해 좋을 대로 나의 정치적 권리와 그들의 정치적 권리에 관한 과목만 공부하도록 자유롭게 두었더라면, 그들이 나의 실험을 아주 오래 지켜보지 않을 수 있었다고 나는 인정한다. 첫 실험의 결과로 나는 교실 문으로 재빨리 달려가 바로 통과해 사라졌을 테니 말이다.

내가 어디로 가야 했는지 밝힐 가치가 있을지도 모른다. 나는 실제로 가능하면 언제든지 교육을 훨씬 더 잘 할 수 있는 곳으로 갔다고 말해야겠다. 나는 시골이나 바다로, 국립 화랑으로 갔다. 혹은 악단이 있었다면 음악을 들으러 가거나 교과서가 없는 어떤 도서관이든 갈 수 있었다. 나는 아주 건조하고 어려운 책들도 읽어야 했다. 예컨대 학교에서 역사 교과서 역할을 하던 정당의 바보 같은 거짓 예산안을 읽도록 아무도 강요하지 않았으나, 로버트슨[1]이 저술한 『샤를 5세』[2]와 『스코틀랜드의 역사』를 공들여 샅샅이 읽은 기억이 난다.

언젠가 로크[3]의 『인간 오성론』을 읽었다고 주장하는 동창생의 으스대는 태도에 자극받아 곧바로 성경을 읽으려고 시도했고, 실제로 바오로 서신에 이르러 뒤틀리고 비뚤어진 것처럼 보였고, 질리고 넌더리가 나서 성경 읽기를 그만두었다. 아이들이 정말 자유로운 학교가 있었더라도, 나는 신체와 정신, 몸과 마음의 건강을 지키기 위해 교사들에게 쫓겨나야 했을 것이다. 문학 교육이 조금이라도 쓸모가 있는 아이들은 만족할 수 없고, 자신들에게 훨씬 나은 책을 읽고 공부할 테니 말이다.

현실적으로 부닥친 어려운 문제는, 아이들이 정말 좋아하는 것을 찾고 좋아하는 것을 할 때 필요한 능력을 갖추려고 수고하지 않고, 독서를 위해 독서하고 공부를 위해 공부하느라 시간을 낭비하는 상황을 막지 못한다는 점이다. 여기서 아마도 많은 아이들이 문학 교육을 전혀 원하지 않아서 강제하지 않으면 책을 펼쳐보지도 않을 것이라고 말하면서 끼어들려는 어리석은 사람이 있을 것이다. 학위를 취득해야 해서 어쩔 수 없이 대학교에 다닌 사람들을 꽤 많이 알고 있다. 그들은 문학 훈련이 효과가 있었는데도, 다람쥐 쳇바퀴 도는 것 같은 단조로운 생활에 뛰어드는 편이 낫다고 했을지도 모른다.

사실 그들은 실제로 다람쥐 쳇바퀴 도는 것 같은 단조로운 생활을 버릴 만큼 문학을 좋아하지 않는다. 그래도 문학계의 유명한 작가의 이름을 다 혐오하도록 내몰리지 않았더라면, 그들은 기회가 닿을 때 셰익스피어의 희곡 한 편이나 호메로스의 번역본을 집어 들고 탐독했을 수도 있다. 학교에서 겪은 감금과 수모를 위한 구실로 사용되지 않았더라면, 나는 아마도 프랑스어만큼 라틴어도 잘 했을 것이다.

1 로버트슨William Robertson(1721~93)은 스코틀랜드의 역사가이자 스코틀랜드 장로교회의 목사이자 에든버러 대학교의 총장이었다. 스코틀랜드의 역사 저술로 크게 공헌했다. 스코틀랜드Scotland는 유럽의 북서쪽에 위치한 영국 연방Great Britten; United Kingdom을 이루는 네 지역, 잉글랜드, 스코틀랜드, 북아일랜드, 웨일스 가운데 하나다. 스코틀랜드는 1707년 연합법을 만들어 잉글랜드와 합병할 당시 서로 자치권을 보장했다.

2 샤를 5세Charles V(1338~80)는 백년 전쟁(1337~1453) 초반의 참화에서 프랑스를 기적같이 회복시키고 잉글랜드와 맺은 굴욕적 조약을 파기했다.

3 로크John Locke(1632~1704)는 영국의 철학자이자 정치 사상가다. 영국 경험론과 계몽주의를 대표하며, 인식론뿐 아니라 사회 계약론을 비롯한 자유주의 정치 사상이 실제 정치에 영향을 크게 미쳤다. 더불어 정치 철학에도 크게 기여했다. 『인간 오성론』과 『정부론』을 비롯한 여러 저술에 나타난 근대 사상은 프랑스의 계몽 철학자 볼테르와 루소에게 영향을 주었으며, 미국 혁명과 스코틀랜드 계몽주의에도 영향을 미쳤다.

학식을 혐오하고 운동경기를 애호하는 이유

우리가 예술art, 학식learning, 지식인 문화intellectual culture의 중요성에 관해 토론해야 한다면, 우선 현재 예술도 학식도 지식인 문화도 아주 조금밖에 발전하지 않았다고 인정해야 한다. 약간의 예술과 학식, 지식인 문화조차 강제적 의무 교육으로 생산되지 않았다. 아니, 예술과 학식, 지식인 문화의 부족은 부자연스러운 현상이며, 수많은 학교에서 예술과 예술가들을 폭력적으로 배제한 탓이다. 다른 한편 신체를 단련하는 문화bodily culture는 꽤 많이 발전했다. 정말 운동 경기에만 집중하느라 정신 소양을 희생시킨다고 해서 격렬하게 항의한다. 달리 말하면 자의에 따른 교육voluntary education의 현실적 목표를 위해 의무 교육compulsory education이 공언한 목표를 희생시키는 것에 반대한다. 이것은 사람들이 신체를 단련하는 문화에 입각해 정신을 가꾸는 문화를 선호한다는 뜻이다. 그런데 사람들이 자유와 만족을 강압과 궁핍보다 선호한다는 뜻은 아닐 수도 있다.

셰익스피어를 학과목으로 배웠던 사람들이 왜 셰익스피어의 희곡을 혐오하고, 학교에서 벗어난 다음 셰익스피어의 작품을 전혀 펼쳐보지 않는가? 셰익스피어가 죽은 지 300년이 지났지만 그의 작품들은 꾸준히 많이 팔려 독자들은 숙제가 아니라 놀이로 희곡을 읽는데도 말이다. 셰익스피어, 혹은 뉴턴과 라이프니츠가 독자와 연구하는 대학생을 찾는 것이 허락되면, 그들은 독자들과 연구하는 대학생들을 찾아낼 것이다. 멍청이들이 그들의 작품들에 주석을 달아 쉽게 풀어 쓴 다음 감금하거나 매질하고 야단치며 모든 젊은이들에게 주석과 풀이를 강요하면, 이 나라에서 뛰어난 문인이나 굉장한 고급 수학자는 나오지 않을 것이다. 반대로 줄어들 터다. 가능성 있는 수많은 문학 애호가들과 수학 애호가들이 셰익스피어, 뉴턴과 라이프니츠에 대해 교정이 불가능한 편견을 갖게 되는 탓이다.

아동 감금과 의무 교육이 대학교 학위라는 최종 목표에 맞춰진 수업에 대해 잘 아는 사람은 대학교의 학자 문화가 창피한 수준이라는 것도 안다. 대학생들은 문학이나 예술에 관해 거의 모르고, 크로스컨트리 경마 대회[1]에 관해서는 아주 많이 안다. 플라톤의 대화편을 단 한 쪽도 읽어본 적 없을뿐더러 위험할 정도로 정치에 무지하다고 인정하는 마을 구두장이가,

신사들과 소크라테스를 비교한다. 전통적으로 교육받은 신사들은 진지하게 솜씨를 자랑하며 총사냥을 즐긴 다음, 시골 저택에 머물며 정치를 논할 뿐 다른 때는 정치에 대해 관심도 없는 자들이다. 아주 오랫동안 수십 년에 걸쳐 피아노 교습을 받은 숙녀들이 손가락으로 피아노 건반을 두드리며 강제로 시간을 보내며 겪을 고통과 피곤함을 생각해 보라. 그들은 애스컷[2]이나 굿우드[3] 경마 대회를 놓치지 않으려고 병상에서 일어날 테지만, 얼마나 많은 사람들이 위대한 연주자의 피아노 독주회에 참석하려고 표를 살 수 있겠는가?

같은 교훈을 얻은 다른 익숙한 사실은, 자의로voluntarily 고급 문화에 도달한 수많은 숙녀들이, 간단한 산수는 의무 교육에 따라 강제로 받고 고등 교육은 완전히 자의로 받으면서도, 가계부를 쓰고 합산할 수 없다는 것이다. 여러 곳에서 같은 결과를 찾아낼 수 있다. 감금과 체벌, 길들이려다 불구로 만들기, 젊은 사기를 꺾어놓기, 발달 저해, 공포의 힘을 제외한 모든 억제력의 위축이 현실이다. 교육은 창피한 수준이다. 제일 많이 배운 사람들이 가장 조금 아는 형국이다.

---

1 크로스컨트리 경마 대회point-to point races는 19세기 후반 영국의 사냥 훈련 방법에서 유래한 운동 경기다. 사냥철이 아닐 때 주로 여우 사냥에 이용

되는 말들이 참가하며, 초기에는 한 지점에서 다른 지점까지 경주로를 정해두고 경기가 벌어졌으나 차츰 넓은 땅에 건설된 곡선 경주로에서 경기를 펼쳤다. 경주 구간은 짧게는 4.8킬로미터, 길게는 7.2킬로미터까지 다양하다.

2 애스컷Ascot은 영국 잉글랜드 버크셔 주 윈저메이든헤드 행정구에 있는 지방이다. 애스컷히스에 있는 경마장으로 유명한데, 1711년 앤 여왕이 로열 애스컷 대회를 개최한 이후 매년 6월에 4일 동안 열리며 주로 영국의 상류층이 참석한다.

3 굿우드 경마장Goodwood Racecourse을 가리키며, 잉글랜드 남동부에 위치한 서식스 주의 치치스터 북쪽에 있다. 리치먼드 공작 가문에서 관리하며, 해마다 7월 말부터 8월 초에 걸쳐 명예 굿우드 경마 대회를 개최한다.

적그리스도

아이들을 부자연스럽게 학교 안에 몰아넣어 분리하고 가족 안에서 똑같이 부자연스럽게 아이와 어른을 항상 묶어서 생각하는 기계적 습관routine은 아주 나쁜 결과로 이어졌다. 최악의 결과는 그리스도교 안에 생명 유지에 필요한 매우 중요한 요소가 들어 있다는 진실이 완전히 가려졌다는 것이다. 그리스도[1]는 세상에서 최고 인류highest humanity라는 직관을 상징한다. 우리는 모두 최고 인류의 일원으로서 불평해서도 안 되고, 꾸짖거나 때려서도 안 되고, 욕해서도 박해해서도 복수해서도 처벌해서도 안 된다.

이제 가정 생활과 학교 생활은 아이들에게 도덕심을 키워주는 문제에 관한 한, 불평하고 처벌하고 박해하고 복수하는 기계적 습관이 악이나 불편을 다루는 유일하게 가능한 자연스러운 방식이라고 의도적으로 주입할 따름이다. 샘 웰러[2]는 마차에 적힌 고용주의 이름을 보고, 그것을 모욕으로 느껴 자신을 되돌아보게 되었을 때 이렇게 외쳤다. "아무도 이 정도로 나가떨어지지 않을 걸?” 샘 웰러의 외침은 그리스도교와 현행 도덕의 시작과 끝을 한꺼번에 부정하는 것이다. 그래서 샘 웰러의 외침은 우리가 아는 가족과 학교가 존속하는 만큼 오래 살아남을 터다. 바로 아이들의 권리가 깡그리 부정되어 아무도 아이들이 어떤 상황에 놓여 있는지조차 확인하지 않고, 재소자가 스물한 해 동안 징역살이를 하고서 거리로 나오는 시기가 성년을 뜻한다면 오래도록 사라지지 않을 것이다.

게다가 성년은 더 나쁘다. 재소자는 유죄 판결을 받기 전에 자유롭게 사는 법을 익혔을 수도 있고, 자유를 어떻게 행사했는지도 기억하지만, 자유의 힘을 어리석게 쓴 결과 더는 쓰지 못하게 되었을 수도 있는 까닭이다. 그러나 아이는 노예의 길을 걷는 것 말고 달리 살아갈 길을 알지 못한다. 루소[3]의 말대로 자유롭게 태어났으나,[4] 아이는 태어난 순간부터 노예들의 손아귀에 붙잡혀 노예로 길러진다. 아이가 마침내 자유로워질 때 전쟁과 채찍질, 경찰과 감옥, 교수대가 없으면 길을 잃는다는 망상이 만들어낸 공황 상태에 빠져 그것들을 소리쳐 요구하면서 어떻게 실제로 노예였을 때와 다른 존재가 될 수 있겠는가?

노예로 길러진 장성한 영국인은 일평생 잘못 자란 아이로, 믿기지 않을 만큼 다투기 좋아하고, 심통이 사나우며 이기심으로 똘똘 뭉쳐 파괴를 일삼는 데다 겁쟁이다. 겁쟁이 영국인은 독일인들이 와서 자신을 노예로 삼고, 절도범이 접근해 자기 집을 털고, 자전거나 자동차가 자신을 치고, 천연두에 감염되고, 악마에게 잡혀갈까 봐 두렵다. 또 자신의 간호사나 부모, 교사나 주교, 판사, 육군이나 해군이 액운을 쫓아내려 무슨 일이든 하지 않으면 불길 속의 석탄 자루처럼 자신이 사라져 버릴까봐 벌벌 떤다.

게다가 겁쟁이 영국인은 도덕적 용기라고는 털끝만치도 없지만 해마다 겨울 사냥터에서 열다섯 번씩 목뼈가 부러질지도 모를 위험을 무릅쓰며, 바다호스 포위 공격[5]과 비슷한 상황에 놓일 때 명예를 고려하라고 배운 곳에서 패배하느니 차라리 총검들이 가득한 구덩이에 머리를 처박으려고 할 것이다. 그는 대단한 운동 선수라도 된 것처럼 자유롭다고 느낀다. 그렇게 느끼는 까닭은 바로 전쟁이 기본적으로 가장 위험한 짐승을 사냥하려 싸우는 운동 경기와 비슷하기 때문이다. 그는 진정한 운동 선수는 결단코 속물이 아니고, 겁쟁이도 아니고, 얼간이도 아니며, 사기꾼이나 도둑, 거짓말쟁이는 더더욱 아니라고 말하려 한다. 하지만 다른 부류의 인간에 대해 같은 확신을 갖지 않는 점이 이상하지 않은가?

더구나 운동 경기조차 자유와 멀어지고 있다. 곧 모든 사람이 정신적으로나 신체적으로 요람에서 시작해 성인의 병역 의무를 거쳐, 끝으로 노쇠하여 퇴직할 나이까지 의무적으로 이행해야 할 공무를 교육받게 될 터다. 교육을 많이 받을수록 언제나 의무는 점점 더 늘어난다. 우리는 우리에게 독이 되는 약을 초과로 복용하는 것을 막아야 한다. 악마가 악마를 쫓아내기 마련이다.

---

1 그리스도Christ는 고대 그리스어 크리스토스Χριστός, '기름 부음을 받다'는 뜻에서 유래하며, 70인역 성서에서 히브리어 마쉬아흐מָשִׁיחַ를 고대 그리스어 맛시아스Μεσσίας로 옮길 때 처음 사용되었다. 기름 부음의 근원은 아벨의 제사에 기름을 사용한 데서 기인한다. 신약 성서에서 그리스도는 나자렛의 예수를 가리킨다.

2 샘 웰러Sam Weller는 디킨스의 첫 소설 『픽윅 동호회의 기록*The Posthumous Papers of the Pickwick Club*』에서 마부로 나오는 인물이다. 이 소설은 주인공 픽윅 씨가 회장을 맡은 여행 동호회의 회원들이 승합 마차를 타고 여행하며 겪은 일들을 보고하는 형식으로 썼고, 당시 대중의 사랑을 받았다. 샘 웰러는 10장에 처음 등장하여 특이한 잠언과 충고로 익살을 부린다.

3 루소Jean-Jacques(1712~78)는 제네바 시 출신의 프랑스 계몽 철학자다. 그의 저술은 프랑스 혁명의 기반을 제공했으며, 계몽 시대 이후 내내 서양 사상의 발전에 영향을 미쳤다. 사회 계약론을 제안했고, 직접 민주주의와 공화주의를 지지했으며, 이성과 합리성뿐 아니라 감정의 중요성도 중시한 계몽 철학자였다. 대표 저술로 「학문 예술론Discours sur les sciences et les arts」(1750)과 『인간 불평등 기원론*Discours sur l'origine de l'inegalité parmi les hommes*』(1755), 『사회 계약론*Du contrat social*』(1762), 『에밀Émile』(1762), 말년에 완성해 출판한 『고백*Confessions*』이 있다.

4 루소의 『사회 계약론』은 "인간은 자유롭게 태어났으나 여기저기 쇠사슬로

묶여 있다."라는 유명한 구절로 시작한다. 이 책에서 루소는 자연적으로 평등하고 자유롭게 태어난 인간이 사회 제도와 법으로 불평등해지고 자유를 잃는다고 진단한 다음, 주권은 전체 인민, 곧 국민에서 유래한다고 천명하고 만인이 평등하고 자유로운 시민 사회를 세우자고 역설한다. 쇼는 인간을 아이로 바꾸어 논의한다.

5 바다호스Badajoz는 스페인 서부 에스트레마두라 지방의 주이며, 포르투갈과 국경이 맞닿은 지역이다. 1812년 영국과 포르투갈 군대는 바다호스를 포위하고 프랑스 주둔군의 항복을 받아내려 했다. 영국군은 짧은 시간 동안 동맹군 수천의 목숨을 잃은 대가로 승리했다.

채찍 아래서

분명히 채찍 아래서는 아무도 제대로 살아내지 못하리라. 우리는 교육과 자유를 조화시켜야 한다. 우리는 인간을 노예로 만들지 않으면서 노동자로, 필요하면 전사로 만들 수단을 찾아내야 한다. 우리는 긍지에 뿌리내린 고결한 덕을 가르치고 배워야 한다. 이제 어떤 교사도, 교도관이 재소자에게 폭동과 탈출을 가르치지 않듯, 덕과 좋은 품성을 가르치지 않는다. 교사는 자기 보존 본능에 따라 어쩔 수 없이 자신에게 저항하려는 학생의 사기를 꺾고 복종이 의무라는 생각을 심어준다. 심지어 가당찮은 폭행까지 받아들이라고 강요한다.

언젠가 어떤 주교가 정신이 맑은 영국보다 차라리 자유로운 영국을 보고 싶다고 대담하게 말했다. 주교가 겁쟁이와 노예들의 영국보다 차라리 무지한 사람들의 영국을 보고 싶어 한다고 아무도 감히 말하지 못했다.[1] 누구든 그렇게 말했다면, 우리가 현재 겁쟁이고 노예에 지나지 않는 무지한 사람들이 영국에 대해 극도로 긍지를 갖는 만큼, 반대 논제가 실제와 맞지 않는다고 지적할 필요가 있었을 법하다. 왜냐하면 바로 학교에서 겁쟁이고 노예에 지나지 않는 무지한 사람들은, 우습게도 동양의 숙명론이라고 부르는 사상과 함께 복종을 의무인 양 배웠기 때문이다. 마치 어떤 동양인이든 우리 서양인들보다 더 속수무책으로 양처럼 순순히 약탈과 압제에 복종하는 것처럼 꾸며지기도 했다.

무지한 사람들은 날마다 학교라고 불리는 수용소에 갇혀 자신들이 미워하고 무서워하는 사람들 때문에 혐오하는 과제를, 마치 인류가 짊어질 불가피한 운명인 양 수행해야 했다. 더욱이 자연스럽게 그들은 성장하면서 속수무책으로 학교라고 불리는 감옥을 광산이나 작업장, 사무소 같은 감옥으로 바꾸고, 떼를 지어 사는 군집 본능에 사로잡혀 변화를 제안하는 어떤 지성인이든 맹렬히 공격하면서 어리석고 비참하게 고역을 치르며 버겁게 꾸역꾸역 산다.

우리의 현재 사상에 따르면 몇 년 후 영국을 낙원으로 만드는 일은 아주 쉬워지리라. 여기에 비법은 없다. 입이 닳도록 여러 번 지적했던 방법이 있는 까닭이다. 우리가 풀어야 할 어려운 문제는 방법이 아니라 의지와 관련이 있지만, 우리에게는 의지가 없다. 어린 시절에 우리가 제일 먼저 했던 일이 바로 우리의 의지를 꺾는 것이었던 탓이다. 글래드스턴[2]의 전기를 읽으면서, 그가 이튼 중고등학교[3]에 다닐 때 어떻게 매를 맞았는지, 매를 맞을 때 두 동급생이 강제로 제압한 상태였다는 이야기를 고소하게 여기는 국민의 기이한 모습을 보는 것보다 더 역겨운 일이 벌어질 수 있을까?

얼마 전 영국의 공공 기관은 어떤 교사의 사례를 처리해야 했다. 자신의 명령에 따르지 않고 담배를 피운 열여덟 살짜리 학생에게 모욕당했다고 생각한 교사는 자신의 명예와 권위를 만족시키려고 학생을 공개적으로 매질해야 한다고 주장했다. 교사의 안이한 태도에 대해 상세히 설명하려 했으나, 이 따위 설명을 되풀이하는 고역이 메스껍고, 온 나라 사람들이 교육의 일부라고 하면서 기존 습관established routine을 되풀이하는 마당에 한 사람만 콕 집어서 말하는 것이 부당하다는 생각도 든다. 여기서 말하는 교육 관행에서 놀랍고 믿기지 않는 부분은, 이렇게 체면이나 품위를 잃은 것이 꽤 적절하고 당연해 보이는 사람이 고결한 공무원이라고 주장하고, 사회가 그의 주장을 허용한다는 점이다. 일본에서라면 문제의 교사는 거의 자결할 특권조차 허가받지 못했을 텐데도 말이다.

역겨운 행위들이 명예나 제도의 문제로 왜곡되어 일상적으로 반복되는 일이라고 공언하는 것에 대해 무슨 말을 해야 하는가? 건전한 사람들은 지저분한 욕설을 취향과 상관 없이 뱉어낼 법하다. 그런데 우리는 어린 시절부터 매질하는 경향에 젖어 살았다. 우리는 처음에 역겨웠던 모든 것이 익숙해질 수 있다는 사실에 근거하여, 익숙해진 모든 것을 주의 깊게 검토할 필요가 있다는 진실을 언제쯤 깨달을 것인가? 자동차가 흔해지기 전 우리는 마차가 달리는 거리마다 가득한 악취에 익숙해져야 했다.[4] 거리가 우리의 응접실 양탄자였더라면 몸서리쳤을 악취가 진동했다. 머지않아 우리가 지금 응접실의 양탄자를 까다롭게 고르듯 우리가 차를 타고 다니는 도로들도 잘 정비하게 되리라.

19세기 거리의 상황은 잊히고 믿기지 않는 일이 될 것이다. 마치 중세에 지어진 궁전의 복도와 성에 딸린 뜰의 상태가 18세기 말에 잊히고 거짓말처럼 느껴졌듯이 말이다. 19세기 거리에 가득한 악취는 일상적으로 마차를 몰기 위해 수많은 말을 사용하고 수행원들을 많이 거느려야 해서, 우리는 필요한 것으로 받아들였다. 그러나 매질은 결코 필요해서 받아들이지 않았다. 매질은 언제나 타락한 어른들이 어떤 핑계를 대서라도 갈망하는 악행이자 악습이었다. 범죄자들이 교수형을 당했다면, 소년들은 타락한 어른들에게 매질을 당하며 무시무시한 경고까지 받았다. 타락한 어른들은 소년들이 경계나 한계에 이르면 그것을 기억하라고 때렸다.

하지만 언제나 다른 방법을 쓰고 달리 처벌할 수 있었다. 다른 방법이나 다른 처벌을 선택하면, 감각의 충동을 이겨냄으로써 매질이 가증스러운 짓이라고 말할 수 있다. 사악한 매질이 관습의 일부가 되었을 때, 심각한 일이 벌어졌다. 어리석고 심술궂고 실제로 승인된 관습에 따르는 것 말고 질서를 유지할 다른 방법을 찾아낼 수 없어 죄를 지을 뿐이고, 다른 악들에 대해서는 결백한 사람들이 사방팔방에서 매질을 하고 매질을 관대하게 받아들였다. 아이들과 동물들부터 노예들과 범죄자들에 이르기까지 일상적으로 매질과 채찍질을 일삼았다. 모세가 살았던 시대만 해도 채찍질은 서른아홉 대로 제한되어 있었다. 19세기 초 채찍질은 광기에 사로잡혀 걷잡을 수 없는 지경에 이르렀다. 사소한 규칙을 위반한 군인들에게 채찍질 천 대를 선고했다. 영국 군대에 명령을 내려도 두세 정예 연대를 제외하고는 복종하는 것이 불가능한 상황에 대해, 철의 공작 웰링턴[5]이 불만을 품은 결과였지만, 언급하는 경우는 유별나게 적다.

역겨운 신경증에 사로잡혀 드러난 터무니없는 광기는 채찍질에 맞선 반동을 불러일으켰다. 그러나 매질과 채찍질을 요구하는 타락한 어른들의 외침은 멈추지 않았고, 최근까지도 어렸을 적부터 학교에서 매질로 단련된 국민은 이를 묵인했다. 1913년 성욕 흥분 발작으로 묘사할 수밖에 없는 경향에 휩싸여 백인 소녀 성 매매를 두고 여러 사람이 떠들썩하게 들고 일어났다. 백인 소녀 성 매매의 본질은 순전히 상업성을 추구한다는 데 있으며, 내가 스무 해 전 검열로 무대에 올리지 못한 현실의 한 양상이다. 당시 정부는 캔터베리 대주교[6]가 주도한 채찍질을 원하는 아우성에 굴복하여, 판사가 규정하려는 목적에 맞을 경우 쓸 수 있는 어떤 도구로든 피고를 힘껏 때리라고 선고할 수 있다는 법령까지 통과시켰다. 이 황당한 법령은 입법 현상이 아니라 집단 정신병 증세라고 할 수밖에 없다. 당연히 법령은 대중이 실제 원인과 현실적으로 이익을 얻는 사람들에 대한 문제의 본질을 흐리고, 상상으로 꾸며낸 허무맹랑한 '외국인 악당들'과 여성 성 매매 조직의 독점권을 보장하는 이상한 방향으로 흘러갔다.

여기에 드러난 모든 악은 교사들이 걸핏하면 매질을 하고, 부모들이 장난치는 자식들을 집에서 쫓아내고, 아이들의 권리를 부정해서 발생했다.

노예를 만들고 동물을 채찍으로 길들인 첫 인간이 자신의 종족에게 저주를 내리고 있음을 예견하기는커녕 폭탄을 발명했으리라. 그렇게 남자들과 여자들은 같은 수단을 써서 아이들을 노예로 만들고 길들이는 법을 배웠다. 양육된 아이들은 다 커도 다른 훈련 방법을 알지 못했다. 마침내 탐욕스러운 자들이 이익을 보려고 저지르는 악행은 더욱 정교해지고, 욕정을 품은 사람들은 쾌락을 얻으려고 악행을 저질렀다. 매질은 거리에서 살 수 있는 쾌락이 되었고, 억제나 금지는 아이들이 장난으로 흉내 내는 성년의 습관이 되었다. "가서 아기가 뭐 하는지 봐. 그리고 아기한테 그러면 안 된다고 말해." 이것은 어린이집이나 탁아소에서 마지막으로 듣는 말이다. 탁아소의 암울한 단면은 신문의 만평에 아주 재미난 농담으로 처음 등장했다.

---

1 여기서 말하는 무지한 사람들은 쇼가 대원칙으로 내세운 생명력의 가치를 깨우치지 못하고, 인습과 권위에 얽매여 서로 괴롭히는 사람들을 가리킨다. 생명력을 스스로 느끼는 사람들은 저마다 용기를 북돋워 자신에게 어울리는 삶을 자유롭게 살 수 있을 것이다.

2 글래드스턴William Ewart Gladstone(1809~98)은 스코틀랜드 출신으로 네 차례 영국 총리를 지냈다. 초기 의회 활동은 매우 보수적이었으나, 토리당이 내놓은 정책의 영향으로 자유주의로 기울었다. 뛰어난 정치 수완으로 자유당에서 중요한 자리를 차지했다.

3 이튼 중고등학교Eton College는 영국 잉글랜드 버크셔 주 이튼에 위치한 사립 중고등학교다. 1440년 잉글랜드의 헨리 6세가 세웠으며, 영국에서 규모가 제일 크고 유명한 사립 중고등학교로서 남학생만 입학할 수 있다. 총리를 비롯해 영국의 정치계와 문화계의 명사를 배출했다. 12세부터 18세까지 남학생 1,200명이 기숙사 생활을 하면서 공부한다. 다양한 교과를 가르치며, 학생 개별 지도 교수를 배정해서 수업 시간 이외에도 학습을 돕는다.

4 19세기 말 자동차가 흔한 교통 수단이 되기 전까지 마차가 중요한 이동 수단이었다. 여기에는 두 가지 문제가 있었다. 거리에 말똥이 많아 악취가 나는 문제와 말을 혹사하고 학대한 문제였다.

5 웰링턴 공작Arthur Wellesley, 1st Duke of Wellington(1769~1852)은 영국의 군인이자 정치가로 철의 공작이라는 별명을 갖고 있다. 그는 워털루에서 나폴레옹을 무찔러 세계의 정복자를 정복한 사람이 되었다. 워털루 전투에서 승리한 이후 정치에 입문하여 총리까지 지내며 당시 영국 정치판에서 중요한 인물로 추앙받았다. 쇼는 군대의 규율을 지나치게 중시한 웰링턴 공작이 규율을 어긴 군인들에게 너무 가혹했다는 사실을 파헤쳤다.

6 캔터베리 대주교Archbishop of Canterbury는 영국국교회English Church의 최고위 성직자로 세계 성공회 공동체Anglican Communion를 상징한다. 19세기 이후 영국국교회의 영향으로 세계 여러 국가에 세워진 교회를 성공회 공동체Anglican Communion라고 부른다. 영국국교회는 성공회 전체를 가리키지 않고 잉글랜드 성공회만 가리킨다. 전 세계 성공회 가운데 성공회를 국교로 삼은 국가는 잉글랜드가 유일하며, 한국 성공회의 공식 명칭은 대한성공회大韓聖公會다. 1913년 당시 캔터베리 대주교는 랜들 토머스 데이비슨Randall Thomas Davidson이었다.

전문 기술 교육

전문 기술 교육은 폭력 행위를 지름길로 여기는 경향을 인문 교육보다 더 많이 나타낸다. 키플링 선생의 『용감한 선장들』[1]에서 선원은 배에서 쓰는 밧줄이나 쇠사슬 따위와 채찍용 밧줄의 이름을 소년에게 가르칠 때, 우리의 교사들처럼 역겨운 행동을 하지 않는다. 주인공이 특히 버릇없이 자란 소년이었는데도 말이다. 응석받이로 자라지 않은 소년에게 그처럼 극단적 경험은 필요가 없을 터다.

전문 기술 훈련은 스케이트 타는 기술이나 피아노 치는 기술이나 바이올린 켜는 기술을 배우는 것만큼 지루하고 따분할 수도 있지만, 바람직한 결과나 필요한 목표를 달성하려면 대가를 치러야 한다. 그러나 아이에게 라틴어나 그리스어, 수학이 정신력을 키우는 데 필수불가결한 훈련이라는 근거로 배우라고 강요하는 것은 기괴한 일이다. 설령 방금 말한 근거가 사실이라도 기괴하기는 마찬가지다. 같은 구실을 대서 아이나 어른에게 부과할 수 없는 노동은 없는 까닭이다. 그러나 얼핏 봐도 우리의 공립 학교와 대학교 교육이 평균적으로 내놓은 결과는 앞에서 말한 근거가 사실도 아니고 우리가 성가셔 할 필요도 없음을 보여 주었다.

그렇더라도 라틴어와 그리스어, 수학을 모르는 사람들이 특정한 직업을 선택할 수 없다는 것은 사실이다. 여기서 말하는 직업은 상업적 목적으로 교사가 된 사람들처럼 인위적이고 불필요하며 유해한 직업을 의미하지 않는다. 언어는 죽은 언어라도 쓸모가 있다. 우리에게 대부분 그렇듯, 수학도 쓸모가 있다. 언어는 언제나 배우고 싶어 하는 사람들이 익힐 것이다. 그리고 사람들은 자신들의 삶에 중요한 만큼 오래도록 언어를 배우고 싶어 할 법하다. 정말 언어를 배울 필요가 언어의 중요성보다 오래 살아남을 것이다. 한물간 지식 분야만큼 미신이 강한 곳은 아무데도 없다. 게다가 언어 자체를 위해, 또는 필요한 작업에 사용할 목적으로 배우지 않는 사람들은 결코 언어를 배워 풍성한 열매를 맺지 못할 것이다. 경험보다 더 든든한 스승은 없다. 그래도 배우려는 욕구가 없는 곳에서는 경험조차 아무것도 가르치지 못한다.

하지만 우리는 방금 말한 일반화를 너무 일찍 적용하기 시작해서는 안 된다. 이것이 일반화에 포함된 중요한 요인, 그러니까 진화 요인이 무엇이냐는 주제로 이끈다.

1 『용감한 선장들*Captains Courageous*』은 키플링이 1897년에 발표한 소설이다. 주인공 하비는 부유한 철도 사업계 거물의 아들로 응석받이로 자란 열다섯 살 소년이다. 하비가 북대서양에 빠졌다가 포르투갈인 어부에게 구조된 다음 모험을 떠나면서 겪은 이야기다.

온순한 기질과 의존 성향

아이의 권리는 어른의 권리와 정확히 같다는 나의 견해에 깊은 인상을 받은 어떤 사람이 아이를 마치 어른인 양 다루면, 어떤 점에서 좋은 효과를 내지만, 다른 점에서는 전혀 효과가 없다는 사실도 발견할 터다. 이 때문에 그는 농담조로 노총각들과 노처녀들이 영원히 낳지 않을 아이들의 생명권을 희생시킨다고 말하면서, 아이의 권리라는 생각을 통째로 부정할지도 모른다.

하지만 아이들을 다룰 때 필요한 것은 논리가 아니라 분별력이다. 젊은이들이 스물한 살이 되기 전날보다 다음 날에 그들의 재산에 대해 더 많은 통제권을 허가받아야 할 논리적 이유는 없다. 어른이 라틴어 문법 때문에 열 살짜리 소년을 옆에서 지켜보다 "너는 좋든 싫든 이걸 배워야 해."라고 말하는 것에 강력히 반대하는 내가, 구구표나 글자 연습용 책이나 기본 예의범절 때문에 다섯 살짜리 소년을 옆에서 지켜보다 온순하게 배워야 한다고 말할 이유는 없다. 내가 아이에게 맞춰 자잘한 일을 챙겨 주어야 할 이유도 없다. 어떤 일은 골치 아프고 비위에 거슬린다. 나는 성인을 만나면 자신의 재간을 믿고 마음대로 살라고 서슴없이 말한다. 이때 소년이나 소녀의 나이를 두 배로 늘리거나, 멋대로 살라고 부추겨서는 안 된다.

앞에서 말한 모든 비논리적 상황에는 실생활에 유용한 이유가 있을뿐더러 상식에 어긋나지 않는 이유, 애정과 얽힌 이유가 있다. 아이들은 전혀 어른으로 대우받고 싶어 하지 않는다. 어른으로 대우하면, 아이들은 공포에 사로잡히고 책임감 때문에 부담을 너무 많이 느낀다. 사실 독립성과 독창성의 필요에 관심을 가진 어른들의 수도 매우 적다. 어른들도 선배와 교훈이나 명령이 없으면 당황스럽고 공포감에 휩싸인다. 그런데 현대 민주주의 제도는 어른들에게 제재 권한과 취소 권한을 허용하고, 어른들은 이러한 권한을 행사할 수 있지만 아이들은 할 수 없다. 따라서 아이를 온전한 어른으로 다루는 행태는 민주주의 제도를 조롱하고 파괴하는 짓이다.

아기의 온순한 기질과 아이들의 의존 성향은 죽음과 마찬가지로 자연 선택[1]으로 우연히 생긴 결과다. 더욱이 아이들을 함부로 다루는 학대 행위보다 더 흉악한 범죄는 없지만, 아이들을 무시하는 행위보다 더 잔인한 처사도 없다. 내가 폭행, 감금, 강제 학습 과정으로 학교 생활에서 아무것도 배우지 못했다는 불만을 충분히 서술했다. 그런데 허용되었지만 허용되어서는 안 되었던 일들은 말할 나위 없고, 내가 배우지 못했으나 배워야 했던 것들에 관해서도 할 말이 아주 많다.

나는 읽기나 쓰기를 배웠던 기억이 없다. 그래서 나는 내가 읽기와 쓰기 능력을 둘 다 가지고 태어났다고 추정한다. 하지만 마지못해 강제로 읽기와 쓰기를 배운 쓰라린 추억을 가진 사람들이 많은 듯하다. 또 아이를 울리지 않으면서 읽기와 쓰기를 가르치지 못할 정도로 태도가 불량하고 자격 없는 교사를 극도로 경멸하지만, 읽지도 쓰지도 못하는 무지한 사람이 되는 것보다 자격이 없고 태도가 불량한 사람에게 울면서라도 읽기와 쓰기를 강제로 배우는 편이 낫다고 인정한다. 읽기와 쓰기, 정직하고 정확하게 돈을 쓰기 충분할 정도의 산수 실력, 더불어 법과 질서에 대한 기초 지식은 중요하다. 이것은 아이가 자유가 얼마나 중요한지 평가하거나 방금 말한 소양이 닦을 가치가 있음을 예견할 수 있기 전에, 누려야 할 자유의 필요조건이다.

자연은 온순한 기질의 본능을 진화시킴으로써 대비했다. 아이들은 매우 온순하다. 아이들은 건전한 직관에 따라 들은 대로 하거나 사라질 수밖에 없다. 어른들도 똑같이 건전한 직관에 따라 온순한 본능을 이용하여 아이들에게 제대로 사는 법을 가르쳐야 한다. 그렇지 않으면 아이들은 살아남지 못할 것이다. 어려운 문제는 멈추어야 할 지점이 어디냐는 것이다. 이 문제를 설명하기 위해 아이의 온순한 기질과 부모의 참견에 숨은 위험 요인이 무엇인지 고찰해 보자.

---

1 자연 선택natural selection이라는 개념은 다윈과 월리스Alfred Russel Wallace(1823~1913)가 독립적으로 고안했고, 다윈이 『종의 기원』을 출판함으로써 다윈의 개념으로 더 많이 알려졌다. 자연 선택은 종의 변화, 곧 진화를 이끄는 기제mechanism로 제시되었다. 특정한 종에 속한 개체들이 우연히 나타내는 생존에 유리한 차이와 변이는 보존되고, 유해한 차이와 변이는 소멸함으로써 진화가 일어난다는 것이다. 여기서 생존에 유리한 차이와 변이는 환경에 잘 적응한다는 뜻이고, 그래서 자연 선택은 달리 말하면 적자 생존 법칙이다. 다윈을 비롯한 19세기 진화 생물학자들의 기여로 인류는 신과 무관한 자연 질서에 편입되었고, 인류에게 어울리는 다양한 가치를 스스로 창조하는 존재로 거듭났다.

온순한 기질의 남용

온순한 기질은 유익한 본능이 아니게 되는 시기를 맞아도 게으른 습관으로 살아남을지도 모른다. 그대가 온순한 어린 아이를 맡아 보모와 여자 가정교사를 거쳐 사립 초등학교와 중고등학교, 대학교까지 꾸준히 보호하고 지도하고 감독하면서 성인이 될 때까지 놓아두면, 그대는 자립할 힘이 있는 자유롭고 충분히 성숙한 인간이 아니라, 성년에 이른 남학생이나 여학생을 만나게 될 것이다. 이러한 남학생이나 여학생은 독창성이나 독립성이 드러난 행동을 할 수 없고, 성인 여자들 틈에서 장난꾸러기 소녀처럼 행동하거나 성인 남자들 틈에서 깡패처럼 행동한다. 바로 현재 우리 사회의 부유한 지배 계급들에서 입수한 정보다.[1] 부유한 지배 계급 사람들은 젊은 시절부터 노망이 날 때까지 신체를 제외한 어떤 면에서도 성숙하지 못한다.

계속 보호받을 수 없는 계급 사람들은 자립심이 눈에 띄게 강해지면서 성년에 이른다. 사무실에서 잔심부름을 하는 열다섯 살 소년은 흔히 스무 살 대학생보다 더 어른스럽다. 불행하게도 조숙한 아이는 예술이나 사랑이나 아름다움을 모르고 자신을 자랑스러워하지 않을 때는 빈곤과 무지, 편협, 무시무시한 생활력으로 폐인이 된다. 빈곤층은 노예 상태에서 벗어난 적이 한 번도 없었다. 가난한 사람들은 노예 생활을 할 수밖에 없어서 온순한 기질을 그대로 간직한다. 그래서 모두 탐욕스러운 자, 이기심으로 똘똘 뭉친 자, 군림하려는 자, 파렴치한 자, 약탈자에게 희생된다.

여기저기서 어떤 개인이 온순한 기질을 거부하면, 온순한 기질을 버리지 못한 열 사람이 그 개인을 지배하는 압제자와 자신들을 지배하는 압제자의 분부대로 그를 때리거나 가두거나 그에게 총을 쏘거나 그를 교수대에 매달 것이다. 부모, 교사, 성직자, 절대 군주를 비롯한 온갖 독재자가 야기하는 곤란한 문제의 핵심은 자연적으로 진화된 온순한 기질을 남용하려는 경향성이다. 국민은 언제나 건전하게 저항해야 마땅하다. 분쟁을 일으키거나 말썽을 피울 왕이나 수상은 여전히 국민의 저항 정신을 일깨워 골라내야 한다. 아이는 자신의 주장을 일찌감치 시작해야 하고, 점점 더 스스로 씻고 옷도 갈아입어야 할 뿐만 아니라 자신의 의견을 제시하고 행동거지도 알아서 하며 삶을 꾸려 나간다. 하지만 아이의 시건방진 행동만큼 분통이 터지고 볼썽사나운 일은 없으니, 부모들과 교사들이 저항할 수 있는 건방진 태도를 심어 주리라는 기대는 해봐야 아무 소용이 없다.

권위적 진술은 언제나 반박하라! 늘 되받아 쳐라! 좋은 싸움 기회를 절대 놓치지 마라! 실수를 저질러 야단맞을 때는 그대를 야단치는 사람이 그대가 일부러 실수를 저질렀다고 생각하는지 묻고, 이어서 주먹을 날리거나 모욕을 주거나 분한 마음을 틀림없이 표현하라! 세상의 진보는 그대가 어른들보다 더 많은 지식을 획득하는 데 달렸음을 기억하라! 이렇듯 냉철한 행동 수칙은 산상 설교의 행동 수칙 못지않게 중요하다. 그러나 아직 교실이나 놀이방에 방금 말한 행동 수칙을 금박으로 새겨놓은 경우는 본 적이 없다. 아이는 친절하라고, 존경하라고, 조용히 하라고, 말대꾸하지 말라고, 어른들이 무엇이든 알아내려 할 때 진실을 말하라고, 진실이 어른들에게 충격을 주거나 상처를 입힐 경우 거짓말을 하라고, 무엇보다 복종하라고, 보고도 못 본 척하라고 배운다.

여기서 우리는 각기 다른 태도를 가르치는 행동 수칙들을 원소로 갖는 두 집합을 손에 넣었다. 각 집합의 행동 수칙은 다른 집합의 행동 수칙이 없으면 아이를 응석받이로 만들어 구제할 희망이 없음을 보여주는 보증서 같은 것이다. 불행히도 우리는 둘이 공정한 경기를 치르도록 허용하지 않는다. 반항하고 고분고분하지 않고 공격성과 이기심에 근거한 행동 수칙들은 교정이 필요하다는 저항을 불러일으키고, 높은 도덕 수준의 제재나 종교적 제재를 가하는 척하지 않는다. 더욱이 반항을 가르치는 행동 수칙들은 결코 장성한 어른들이 젊은이들에게 촉구하는 것이 아니다. 그래서 복종을 가르치는 다른 행동 수칙들보다 방치나 억압에 노출될 위험이 더 크다. 복종을 가르치는 행동 수칙들은 모두 성인, 법률, 종교의 편에 선다. 아이는 어떻게 저항의 행동 수칙과 복종의 행동 수칙을 적당히 분담하게 되는가? 이것이 중요한 문제다.

---

1 여기서 말하는 계급은 마르크스의 계급을 뜻하지 않고 신분이나 재산이 비슷한 사람들로 구성된 집단을 가리킨다. 특히 사업에 성공한 기업가들은 막대한 부를 배경으로 권력자들에게 영향력을 행사하여 부를 확대하려 한다. 이렇게 형성된 부유층 자녀들은 돈을 함부로 쓰며 망나니처럼 행동한다.

학교에 다닌 소년과
집에서 자란 소년

실제로 벌어지는 상황은 이렇다. 부모들은 집에서 자란 소년이 사내답지 않은 아이, 까다로운 응석받이, 뭐 하나도 제대로 못하는 얼간이가 되어 자기 몸을 스스로 돌볼 수 없다는 것을 알아챈다. 부모들은 소년들이 불편한 생활이 어떤지 조금이라도 체험하고 또래 아이들과 섞여 어울리는 법을 배워야 한다고 생각한다. 충분히 일어날 수 있는 자연스러운 상황이다.

그대가 소년에게 설교하고 벌을 주어 도덕적 불구로 만들면, 그대는 소년이 신체 불구가 될 때 못지않게 방해를 받게 될 터다. 그대는 소년을 평생 끼고 살 의도가 없으며, 일반적으로 말하면 오히려 소년이 밥벌이를 하고 자신을 스스로 돌볼 수 있어 떠나게 될 날을 학수고대하므로, 머지않아 소년에게 자립심과 사고 학습을 비롯한 여러 가지 능력이 필요하다고 말하기 시작한다. 그러면 그대의 가여운 아이는 부모의 일관성 없는 태도에 어리둥절해져서 그대를 기쁘게 하려고 해

봐야 아무 소용이 없다고 결론짓고 골이 나서 원망하는 태도를 보인다. 어느 쪽이 아이를 학교로 보내도록 만드는 추가 유인인가?

학교에서 소년은 두 가지 특별 허가가 필요한 두 세상을 경험한다. 한쪽에는 남학생들의 세상이 있다. 거기서 명예를 지키려면 길들지 않아야 하고, 언제든 싸울 준비가 되어 있으며, 감히 지식이나 취미가 우월하다고 자랑하거나 일반적으로 루시퍼[1]를 자신의 본보기로 삼겠다고 말하는 누구든 콧대를 꺾어놓을 때 무자비하게 행동해야 한다. 다른 쪽에 교사들의 세상이 있다. 교사들의 세상은 규율과 굴종, 근면, 복종이 지배하고, 도덕과 지성의 권위를 끊임없이 뻔뻔하게 받아들이는 곳이다. 학교로 간 소년은 양쪽 세상의 말을 듣게 되므로, 지금까지는 집에서 한 쪽 세상의 말만 듣고 자란 남자 아이보다 형편이 좋아 보인다.

하지만 두 세상은 공정하게 제시되지 않는다. 두 세상이 보여주는 두 측면은 악과 선, 악습과 덕, 극악무도한 행위와 영웅적 행위로 분리되어 나타난다. 두 세상에 걸쳐 있는 소년은 복종할 때 창피하고 비겁하다고 느끼며, 복종하지 않을 때 이기심이 강하고 악당이 된 것처럼 느낀다. 그런 소년은 책과 언어를 끔찍하게 싫어하는 만큼 도덕적 용기도 키우지 못한다.

끝으로 러스킨은 어머니의 치마폭에 싸여 지내서 옥스퍼드 대학교에 입학할 때조차 벗어나지 못했다. 존 스튜어트 밀[2]은 아버지의 엄격한 훈련으로 학교에서 교육받은 우리의 남학생들보다 뛰어난 학식을 갖추었지만, 그의 아버지는 아들의 어린 시절을 학습으로 완전히 파괴했기 때문에 처벌받아야 마땅하다. 그래도 러스킨과 존 스튜어트 밀은 도덕적 용기는 두드러지게 뛰어났다. 그들은 크리켓과 축구에서 두각을 나타내지 못했지만, 신체적으로 문명 사회에서 사는 데 지장이 없을 만큼 충분히 강인했다.

그런데 러스킨의 부모가 아들 존과 삶을 충분히 나누고, 집에서 아들의 존재를 참고 견딜뿐더러 아들에게 너무 지쳐 외국으로 나갈 때도 아들을 데리고 다닌 현명한 사람들이었다는 점에 주목해야 한다. 공교롭게도 밀은 자기 나라에서 신성하게 여기는 대부분의 제도에 전부 도전하라고 신중히 또 계획적으로 교육받았다. 몬테소리 학교가 일반적 수준의 평범한 학교가 아니듯, 러스킨과 밀이 자란 가정도 평범하지 않았다.

---

1 루시퍼Lucifer는 라틴어로 읽으면 루치페르이고, '빛을 가져오는 자'나 '빛나는 별'을 뜻하는 히브리 성경을 라틴어로 번역하는 과정에서 생긴 말이

다. 루시퍼는 원래 악마 사탄이나 타락한 천사 전설과 상관이 없었으나, 그리스도교 전통에서 악마 사탄의 이름으로 사용되기 시작했다.

2 존 스튜어트 밀John Stuart Mill(1806~73)은 공리주의 사회 개혁가 제임스 밀James Mill(1773~1836)의 아들로 태어나 엄격한 조기 교육을 통해 공리주의의 사회 개혁가로 키워졌다. 경험주의 인식론과 공리주의에 입각한 윤리학과 자유주의 정치 경제 사상을 체계적으로 탐구했을 뿐만 아니라 현실 정치에도 적극적으로 참여하여 하원 의원을 지냈다. 『논리학의 체계』와 『정치경제학 원리』, 『자유론』을 포함한 저술은 33권으로 이루어진 전집으로 출간되었다.

아이들과 성년의 날

전부 복종을 강요함으로써 주입된 성인의 온순한 기질은 우리의 문화 생활을 망치고 있어 문명을 송두리째 파괴할 뿐만 아니라 비인간적이고 부자연스럽다. 우리는 성년의 날과 관련된 제도를 다시 생각해야 한다. 성년의 날은 어떤 목적을 이루려면 너무 늦고 다른 목적을 이루려면 너무 이르다. 모든 개인에게 저마다 적합한 성년의 날이 계속 이어져야 한다. 포유 동물은 젖을 뗄 때 첫 번째 성년의 날을 맞는다. 부모는 아기에게서 젖을 떼는 잔인하고 이기적인 일을 결연하게 발톱과 이빨을 드러내며 해야 한다. 그대의 작은 포유 동물 새끼는 젖을 떼고 싶어 하지 않고, 아기가 젖을 떼는 일을 충분히 견딜 수 있을 만한 나이가 되자마자 부모가 조금 거칠게 아기를 떼어낼 권리가 있다는 의지를 드러내야만 아기가 받아들이는 까닭이다.

젖먹이 신세를 면한 아이들에게도 비슷한 일이 벌어진다. 아이들은 할 수 있는 한 오래 어머니의 앞치마 끈을 붙들고,

아버지의 옷자락을 붙잡고 늘어진다. 아이들이 스스로 생각하고 자기 힘으로 살아내야 하는 현실을 아는 예민한 부모들은 종종 당황스럽지만, 인정에 이끌린 나머지 집에서 키우던 고양이처럼 매정하게 혼자 힘으로 살라고 내버려두지 못한다. 아이는 젖을 뗄 때 첫 번째 성년의 날을 맞고, 말문이 트일 때 두 번째 성년의 날을 맞고, 혼자 걷기 시작할 때 세 번째 성년의 날을 맞고, 남에게 도움을 받지 않고서 옷을 갈아입을 수 있을 때 다시 한 번 성년의 날을 맞아야 마땅하다. 읽고 쓸 줄 알고, 돈을 셀 줄 알아서 물건 사기를 비롯한 간단한 심부름을 하고 철도나 다른 교통 수단을 이용해 여행을 할 수 있을 때, 아이는 법적 성년으로 대우받아야 한다.

현재 노동하는 아이들은 이동의 자유를 누리며 스스로 돌아다닐 수 있지만, 부유층 성인 여자들은 실제로 수행원의 보호를 받지 않고는 무서워서 거리를 돌아다니지도 못한다.[1] 이러한 상황은 사회적 지위가 높은 사람들이 수행원을 대동하고 다니고, 수행원이 없는 사람은 사회적 지위도 없고 별이도 신통치 않은 평범한 사람으로 생각되던 시대에나 통하는 미신이다. 이제 상황은 바뀌었다. 아이들과 젊은 여자들은 혼자 거리를 돌아다니면 안 된다는 말을 더는 듣지 않으며, 위험한 곳이라는 설득에 동의하지도 않는다. 물론 거리는 위험한 곳이다. 하지만 위험을 감수하며 살라고 배우지 못한 사람들은 인생을 절반만 사는 셈이고, 무엇보다 어린 시절부터 내내 누린 자유에 으레 따르는 모든 위험을 감수한 사람들보다 죽을 때 후회하고 억울하다고 여길 가능성이 더 많다.

---

1 19세기와 20세기 초반의 상황에서 말한 것이다. 19세기와 20세기 초반까지 학교 제도가 완전히 정착되지 않았고, 노동하는 아이들이 굉장히 많았다. 19세기 초반부터 20세기 중반까지 개정을 반복한 영국의 공장법은 아동 노동을 금지하지 않고 아동 노동의 연령과 노동 시간을 제한했다는 점에 주목할 필요가 있다.

의지의 충돌

세상은 학교 제도와 가족 제도가 있는데도 이리저리 흔들리며 갈피를 잡지 못한다. 학교와 가족이 대부분 무정부 상태와 다름없이 혼란에 빠져 있는 탓이다. 부모들과 교사들은 온화하거나 허약하거나 게으르고, 아이들은 온순하고 애정을 갈망하고 개구쟁이 짓을 하느라 숨이 찬다. 가족은 대부분 아이들이 더는 아이답지 않아질 때까지 지저분하고 게을러져 뒤죽박죽 혼란스러운 상태에 빠진다. 부모와 자식이 드물게 혈기가 왕성한 경우, 사정에 따라 자식이 짓밟히거나 부모가 쇠약해져 하찮은 존재가 된다. 양측의 반발하는 힘이 대등할 때, 심각한 불화가 생겨 고민한다.

부모와 자식의 불화는 양측의 의지가 충돌하기 때문에 발생하며, 사람들이 감상에 젖어 자연스러운 애정에 대해 말할 때 역설적으로 우리의 기억에 다시 떠오른다. 우리는 심지어 부모가 자식을 죽이고, 자식이 부모를 죽이는 비극적 사건들과 마주한다. 양심 없이 의지를 내세운 압제만큼 비극적이고 충격을 주는 경험은 없다. 우리의 가족 제도와 학교 제도는 부모와 폭군 교사가 의지를 양심보다 위에 두는 경향으로 위기에 빠졌다. 양심[1]은 그것 자체로 가장 비참한 상황에서도 절대적으로 따라야 할 중요한 능력이다.

자연에 내재한 가장 강력하고 맹렬한 힘이 인간의 의지다.[2] 인간의 의지는 우주 전체를 창조한 의지, 다시 말해 생명력이 최고 상태로 조직한 결과물이다. 이제 모든 정직한 문명, 종교, 법률, 관습은 선을 베푸는 한도 안에서 생명력이 부여한 의지력을 쓰려는 시도다. 문명, 종교, 법률, 관습은 현재 위험할 정도로 타락했는데, 개인과 계급이 저마다 내세우는 의지가 다른 개인과 다른 계급의 권력을 좌절시켜 노예로 삼으려고 끊임없이 시도한 탓이다. 부모와 교사, 공공 분야에서 국회 의원들과 재판관의 권력은, 정신이 편협해서 법률을 이해하지도 공정하게 판단하지도 못하는 파렴치한 인간들의 손아귀에 넘어가면 압제와 폭정의 수단이 된다. 그들의 손아귀에 들어가면 법률은 곧 압제와 폭정의 도구로 전락한다. 부모와 교사, 국회 의원들과 재판관들은 대부분 파렴치한 인간들의 손아귀에 들어가 이용당한다.

압제자, 또는 폭군은 어떤 사람인가? 간단히 말해 압제자나 폭군은 젊은이든 늙은이든 가리지 않고 다른 사람에게 "너는 내가 말한 대로 해, 너는 내가 원하는 대로 해줄 거지, 너도 나의 신조를 따를 거지, 너는 자신의 의지 따위는 내세우지 않을 거지, 너의 권력은 내 의지에 달린 거지."라고 말하는 사람이다. 이어서 마침내 "그녀는 자신의 의지가 있어."라거나 "그는 자신의 의지가 있어."라는 말이 예외적으로 고집이 세고 자기 주장이 강한 사람을 가리키는 뜻으로 바뀐다. 착한 기질을 타고난 사람도 각자의 의지를 존중하라고 배우며 자랐을 경우, 권위에 조금만 도전해도 비이성적 분노를 불러일으키며, 때로는 흉악 범죄 위원회 소집을 자극하기도 한다.

따라서 여우 사냥을 마친 다음 시골 저택에서 정치를 입으로만 논하는 사람들의 방종을 철저히 규명하지 않으면, 모든 방면에서 노동자는 더럽고 늘 술에 취해 있으며 진실을 말하지 않고 신뢰할 수 없는 사람으로 취급당할지도 모른다. 노동자가 경멸받도록 놓아두자. 그러면 노동자는 시골 저택에서 제일 깨끗하고 술에 취하지 않아서 정신이 제일 맑을뿐더러 가장 부지런하고 언제나 진실을 말하며 가장 신뢰할 만하지만, 길을 잃은 인간으로 취급된다.

디킨스가 사회의 병폐를 간파한 본능적 직관력은 힙 부인[3]이 어떤 성격인지 보여줄 때보다 더 잘 발휘된 적은 없었다. 그녀는 아들에게 "겸손해지렴!"이라고 가르치면서 아들이 자신이 말한 행동 수칙을 지키면 좋아하는 다른 모든 것을 쉽게 얻을 수 있다고 말한다. 우리가 저마다 의지를 존중하라고 계속 요구하는 것은 우리의 최선을 극단까지 밀고 나가려는 미친 짓이다. 우리는 이집트의 농부들이나 인도의 부족민들이 간섭이나 방해 없이 서로 기분을 맞추며 최저 생활을 유지하는 마을을 허용할 것이다. 그러나 그들 가운데 한 사람이 영국인과 싸우다 죽이거나 영국인을 보고 강하게 도발한다고 하자. 그러면 우리는 그곳의 생존자들이 하얀 얼굴만 봐도 겁에 질릴 만큼 미쳐 날뛰며 불을 질러 파괴하고 총질과 폭격, 채찍질, 목매달기로 응수할 터다.

지방 의회나 시 자치 단체의 위원회 회의실에서, 가혹 행위에 불만을 제기한다고 치자. 위원회의 말단 직원들은 변호인을 구한다. 보상금이 지급되고 너그럽게 봐 달라고 요구하고 쉬는 날을 늘리라고 청원하며, 위선자거나 구제불능의 게으름뱅이로밖에 보이지 않는 위원회 직원이 굽실대면, 비행과 범죄는 이성과 아무 상관 없이 감상적으로 무마된다. 그런데 노동 조합의 총무가 정의를 실현하기 위한 명명백백한 대책을 위원회에, 아첨하는 미사여구를 모두 빼고 요구한다고 하자. 그러면 노동 조합에서 온 편지를 쓰레기통에 던져 버리고, 다음 안건으로 넘어가자는 위원들의 발의를, 냉철하고 합리적인 위원들이 어떻게 물리치느냐가 최대 난제로 떠오른다.

---

1 양심良心 conscience은 옳고 그름을 구별하는 능력이나 직관력이나 판단력을 가리키는 말이다. 도덕 판단은 가치와 규범에서 유래하고, 심리학적으로 양심은 어떤 사람이 자신의 도덕적 가치관에 반대되는 행위를 할 때 자책감을 이끄는 능력이다. 근대 이후 서양 철학사에서 행동하기 전에 양심이 도덕 판단을 하도록 이끄는지, 양심에 따른 도덕 판단이 이성에 근거해야 하는지에 관한 논쟁이 활발하게 일어났다. 종교계에서는 양심을 모든 인간에게 내재한 도덕성, 선한 우주, 신성과 연결하여 이해한다. 프랑스의 18세기 계몽 철학자 루소는 인간이 만든 사회가 인류에게서 인간성을 빼앗는다고 역설했는데, 그가 말한 인간성의 핵심이 바로 양심이다. 루소에 따르면 모든 인간은 양심을 자연적으로 타고나므로, 인간은 원래 선하며 모든 인간은 자연 상태에서 행복하게 살 수 있다고 믿었다. 루소의 양심은 이성과 따뜻한 공감 능력이 합쳐져 옳고 그름을 판단해 옳은 일을 행동으로 옮길 수 있는 능력이다. 루소조차 늘 자신의 양심에 따랐는지 의심스럽지만, 우리 모두에게 양심이 있다는 전제는 인간 존엄성의 근거로서 매우 중요하다. 우리는 양심이 있어 자신을 비롯한 어떤 인간도 억압할 수 없다.

2 서양 사상사에서 의지를 강조한 대표 철학자는 독일의 두 철학자 쇼펜하우어와 니체다. 두 사람의 의지 철학은 서양 문화권 전체에 영향을 미쳤고, 특히 19세기 낭만주의 예술 운동에 미친 영향이 크다.

3 힙 부인Mrs Heep은 디킨스의 소설 『데이비드 코퍼필드』에 나오는 우라이아 힙Uriah Heep의 어머니로, 자신의 아들만큼 아첨을 잘 한다. 목적을 이루기 위해 비천하다는 말을 입에 달고 복종하는 척한다. 여기서 겸손해지라는 말은 자신의 의지를 내세우지 말라는 뜻이다.

민중 선동가가 잡은 기회

지방 의회나 시 자치 단체 위원회에서 일하는 직원은 다른 사람들의 의지를 존중하지 않고 자신의 의지를 내세우려는 사나운 충동을 비슷하게 느낀다. 민주주의[1]는 현실에서 적용될 경우 감언이설로 유권자를 꼬드겨 임의적 권위arbitrary authority에 대해 거부 의사를 밝히도록 만드는 장치에 지나지 않는다. 지방 의회나 시 자치 단체 위원회에서 일하는 유권자는 코리올라누스[2]에게 찬성표를 던지지 않을 것이다.

그런데 경험이 많은 민중 선동가demagogue가 따라와서 "유권자님, 유권자가 절대 권력자입니다. 민중의 목소리가 곧 신의 목소리죠. 저는 민중, 바로 국민의 뜻을 겸허히 따르는 봉사자일 뿐입니다."라고 말하면, 당장 그는 "좋습니다. 내가 어떤 명령을 할지 말해 주시죠."라고 응수한다. 이때 그는 멍청하게 민중 선동가의 말에 동의함으로써 로마에서 추방되었을 때 무단으로 볼스키족 왕의 노예가 되었던 코리올라누스보다 더 한심한 노예가 된다.

게다가 민중 선동가가 코리올라누스를 물리친 속임수는 위원회에서 일하는 직원보다 열등한 사람들이 바로 그에게 다시 쓰게 될 수법이다. 우리는 어디서나 부유하거나 권력이 있는 주인을 찾아내 굴종과 아첨을 바라는 주인의 욕망에 맞춰 생활함으로써 교활하게 성공한 사람들이 세상에 아주 많다는 사실을 안다. 가난한 유권자에게 자신을 바친다고 떠벌리지만 가난한 유권자를 대표하는 대의원이 아니라 의지도 없고 영혼도 없는 한낱 '대리인'으로서 의회에 들어가 권력만 추구하는 정치인이 있다. 그는 남자가 주인이지만 남자의 아내가 여주인이 되어 지배할 것임을 잘 알아서 여성의 투표권에 반대한, 영리한 아내에게 속아 넘어가는 자다. 우라이아 힙은 기어 다니는 생물에 지나지 않을 수도 있지만, 굽실거리며 위로 올라간다.

요컨대 의지의 이기심을 의지 자체에 돌리고, 떨쳐내는 힘 때문에 붙잡을 수 없는 다른 사람의 의지를 아첨으로 얻어라. 이때 민주주의는 압제와 폭정을 위한 마지막 속임수로 이용된다. '여자다움'이 성 매매를 위한 마지막 수단으로 오용되는 것과 마찬가지다.

부모와 자식 사이에 비슷한 갈등이 생기고 뒤따라 비슷한 성격 파괴 현상이 발생한다. 부모들은 자식들의 의지를 종교

재판소 재판관처럼 무자비하게 자신들의 의지에 따르게 함으로써 자식들의 완강한 사기를 꺾어 놓으려 한다. 약삭빠르고 아직 양심이 발달하지 않은 자식들은 부모들의 가혹한 학대를 피하려고 몰래 행동하고 빠져나가는 온갖 기술을 배운다. 이때 착한 성격을 타고난 자식들은 끔찍한 학대로 고통을 겪으며 착한 성격 탓에 평생 거의 불구자가 되는 일도 발생한다.

---

1 현대 민주주의民主主義 democracy는 고대 그리스에서 유래하며, 신권과 왕권 중심의 권위와 전통에 반발한 계몽된 근대 사상가들의 분투와 무엇보다 계몽된 민중들의 요구로 발전했다. 로크의 자유주의 정치 철학과 몽테스키외 Montesquieu(1689~1755)의 삼권 분립과 견제와 균형 정치, 루소의 직접 민주주의가 현대 민주주의 발전에 영향을 크게 미쳤다. 넓은 의미로 민주주의는 국민이 선거를 통해 정권을 세우거나 무너뜨릴 수 있는 주체라고 헌법에 명시하고, 모든 국민이 자유롭고 평등하게 살 권리를 보장해 주는 정치제도다.

2 코리올라누스Gaius Marcius Coriolanus는 기원전 5세기 무렵 살았던 로마의 장군이다. 전설에 따르면 볼스키족의 도시 코리올리를 포위 공격할 때 용맹을 떨쳐 코리올라누스라는 이름을 얻었다. 이후 기원전 491년 로마에 기근이 심할 때 평민을 대표하는 호민관들의 반감을 샀기 때문에 로마에서 추방되었다. 추방당한 코리올라누스는 볼스키족의 왕에게로 가서 볼스키족 군대를 이끌고 로마를 포위 공격했다. 리비우스, 플루타르코스 같은 역사가들이 그의 이야기를 전하며, 셰익스피어는 코리올라누스를 주인공으로 비극을 썼다.

걸핏하면 다투는 우리

성인들 사이에는 일반적으로 다투기 좋아하는 습성이 있어서, 돼지들에게 정치 개혁이 불가능하듯 대부분의 영국인들에게도 정치 개혁이 불가능하다. 특정한 구역의 일부 국민은 정치 개혁 측면의 무능력을 극복하고 나아졌다. 대학교에서 일하거나 연구하는 사람들, 선원들, 정치인들은 비교적 정치적으로 무능하지 않다. 대학교 공동체 생활이 대학 구성원들의 의지를 사회적으로 길들이고, 선원이 배 안에서 타인을 배려하는 법을 배우거나 배를 타고 외국으로 나가거나 배에 갇혀 지내야 하는 사실이, 의지를 사회적으로 길들인다. 또 위원회에서 일하면서 위원회의 논의로 찾아낸 최대공약수에 포함된 방식 말고 다른 방식이 있다고 아예 기대하지 않는 습관이 의지를 사회적으로 길들이는 까닭이다.

그러나 평범한 영국인들로 구성된 비공개 위원회에서 그들이 처음 위원회 안에서든 다른 곳에서든 집단 행동을 지도한 적이 있는 사람이라면, 소규모 학대 행위들이 자행되고 자기를 존중하는 법도 가르치지 않고 자신의 주장을 펼치는 법도 훈련하지 않을 때, 우리 국민의 예의범절과 가족 조직이나 학교 조직의 성격이 얼마나 끔찍한 영향을 받는지에 대해 착각할 리 없다. 자존감이 낮고 자신의 주장을 내세우지 못하는 사람은 괴롭힘을 당하고 이래라저래라 지시를 받을 때, 양처럼 복종하거나 어린 아이처럼 회피하거나 억압한 사람을 죽이려 한다. 그저 위원회에서 비판을 받았거나 반대에 부딪쳤거나 자신의 견해가 아니라 다른 누구의 견해를 고려해 달라고 요청받았을 뿐인데, 그는 인격적으로 모욕을 당한 것처럼 느껴서, 사과를 받지 않으면 위원직을 사임하거나 위원회를 떠나겠다고 한다.

게다가 자존감이 낮고 자신의 주장을 내세우지 못하는 사람은 일을 오래 한 선임자들이 자신을 참을 수 없어 할뿐더러 틀림없는 사람으로 대하지 않으려는 기미를 알아챌 때 공황상태에 빠지고 어리둥절해 한다. 이는 결코 우습거나 우스꽝스럽지 않고 측은하고 가여운 태도다. 바로 이것이 타인의 의지를 고려하는 법을 배우지 못해 마치 바람과 날씨처럼 타인에게 짓밟히거나 타인을 짓밟는 일만 남게 되는 원인이다. 여기서 드러난 정신 상태는 수준이 높은 문명을 민주적으로 도입하는 절차와 맞지 않을뿐더러, 인정 많고 영리한 전제 군주

와 귀족들이 도입하여 문명화에 기여한 제도들의 장점을 파악하고 유지하는 절차와도 맞지 않는다.[1]

---

1 여기서 수준이 높은 문명은 쇼가 페이비언 협회 활동을 하며 제안한 민주 사회주의 체제를 가리키고, 인정 많고 영리한 전제 군주와 귀족들이 도입한 제도는 입헌군주제를 가리킨다. 어떤 제도를 도입하든 폭력 혁명이 아니라 민주주의 절차에 따라야 한다면, 양심에 따라 자신의 의지를 내세우면서도 타인의 의지를 공정하게 고려하는 법도 배워야 할 것이다.

우리 자신을 개혁하기 전에 사회를 개혁하라!

기존 계획을 포기해야 할 경우 우리가 아이들과 무엇을 해야 하느냐고 적극적 문제를 제기할 때, 부딪친 문제들은 너무 많고 풀기도 어렵다. 그래서 학교 제도를 싫어하고 학창 시절을 혐오하며 되돌아 보는 수많은 사람들이, 왜 무력하게 아이들을 바로 그런 학교로 보내는지 이해가 되기 시작한다. 아이들이 규율을 완전히 무시한 채 버릇없는 방랑자로 살게 두는 것 말고는 대안이 없는 까닭이다.

사회 속에서 사는 인간은 다른 모든 사람이 저마다 자신의 계급에 맞춰 처신하기 때문에 계급을 신경쓰며 살 수밖에 없다. 바보들이나 낭만에 취한 초보자들만 자유가 개인이 관습을 손가락질하며 비난할 준비가 되어 있는지에 관한 문제라고 단순하게 상상한다. 사실 우리는 대부분 대단히 불필요한 금지 명령에 시달리며 산다. 흉하고 불편한 옷을 입고, 이교도의 애도 풍습에 대한 공포 때문에 우리 자신과 다른 민족을 비참한 지경으로 몰아넣고, 일등석이 제공되지 않아 1층 뒤쪽

객석으로 가는 것이 창피해서 극장에 가지 않는다. 실제로 결점 하나 없이 우리에게 열린 편안한 대안이 있을 때, 우리는 스스로 노예가 되는 수십 가지 다른 방법을 찾아 금지 명령을 내린다.

분별력 있는 사람들은 인간을 옹졸하고 쩨쩨한 노예로 만드는 수많은 금지 명령을 내던져 버리고 의기양양하게 편안한 삶을 즐긴다. 이는 위선적 언어로부터 정신을 자유롭게 하라는 새뮤얼 존슨의 충고를 받아 들여야 비로소 우리가 자유를 얻을 수 있다는 인상을 심어준다. 그러나 우리의 정신이 모든 위선적 언어로부터 자유로워져도, 우리는 대부분 세상에 필요한 일을 정확히 이전에 하던 그대로 계속 할 수밖에 없음을 알아야 한다. 우리가 세상에 필요한 일을 하기 위한 자유로운 방법을 새로 찾아 체계적으로 적용할 때까지는 그럴 수밖에 없다.

많은 사람들이 비데일즈[1] 같은 학교를 설립하기 전에 남녀 공학 중등학교가 좋다고 믿었다. 사실 초등학교와 스코틀랜드[2]에서는 남녀 공학 관행을 따르는 곳이 아주 흔했다. 그러나 남녀 공학 중등학교가 좋다는 믿음은 비데일즈 학교와 성 조지 학교[3]가 체계적으로 운영되기 전까지는 도움이 되지 않았다. 또 대학교에 갈 때까지 설령 별도의 수업료를 지불하더라도 남녀 공학이 좋다고 믿은 수많은 부모의 아이들을 전부 수용하기에는 남녀 공학 학교의 수도 턱없이 모자랐다.

공립 학교들의 구조와 운영 방법이 모두 잘못되어 있다고 말하는 공작이 한 사람 있고, 거리 모퉁이에 자리한 초등학교처럼 아이들을 다루지 말고 괴테의 『빌헬름 마이스터의 수업시대』[4]처럼 아이들을 다루어야 한다고 말하는 상인이 있다. 두 사람의 주장은 우리에게 교훈을 줄 수도 있다. 그러나 공작과 상인은 무엇을 해야 하는가? 두 사람 가운데 아무도 아이들을 어떻게 다루어야 하느냐는 문제에 대해 효율적으로 충고하지 못한다. 그들에 따르면 아이들은 학교에 가야 하거나 학교에 전혀 가서는 안 된다. 게다가 공작은 이성적으로 자기 아들이 학교에 가지 않으면, 막돼먹은 놈이 되거나 물렁하고 나약한 사내가 되거나 잘난 체하는 사람이 될 것이라고 생각하고, 상인은 자기 아들이 거리를 활보하게 놓아두면 무식한 불량배가 될 것임을 잘 알기 때문에 두 사람 모두에게 적합한 현실적 대안은 없다.

아이의 생활은 사회 조직에 편입되어야 한다. 부유하든 가난하든 어떤 부모도 지금 여기에 실제로 있지도 않은 제도를 선택할 수는 없다. 특정한 부유층 부모들의 마음을 사로잡은 개별 지도 교사들이 소속된 민간 교육 사업은, 새로운 교육 방법에 열광하는 사람들이 운영하더라도, 대다수 아이들에게는 아무 영향도 주지 못한다. 현실적으로 평범한 부모나 아이는 기존 관행established practice 말고는 아무것도 따를 수 없다. 바로 이것이 기존 관행은 건전해야 한다는 주장이 중요한 이유다. 또 영리한 개인들이 새로운 관행을 대안으로 제시하고 체계적으로 준비해 일반적으로 따르게 만들 수 없다면, 기존 관행을 깔보며 비난하는 짓이 아무 소용도 없어지는 이유기도 하다.

---

1 비데일즈 학교Bedales School는 영국 햄프셔 주의 스팁 마을에 있으며, 정부의 보조를 받지 않는 남녀 공학 주간 기숙 학교다. 1893년 빅토리아 시대의 진부한 학교 교육의 한계에 맞선 반동으로 설립되었고, 영국에서 학비가 매우 비싼 공립 학교 가운데 하나다.

2 스코틀랜드Scotland는 유럽의 북서쪽에 위치하며 영국 영방을 구성하는 네 지역, 잉글랜드와 웨일스, 스코틀랜드, 북아일랜드 가운데 하나다. 그레이트브리튼 섬의 북쪽 삼분의 일을 차지하며 남쪽으로는 잉글랜드와 마주하고 있고, 동쪽에는 북해에 면해 있으며, 북쪽과 서쪽은 대서양에 면해 있다. 또한, 남서쪽은 노스 해협과 아일랜드 해와 마주한다. 스코틀랜드와 잉글랜드는 1707년 연합법을 제정해 당시 서로 자치권을 보장하며 합병했다. 1999년 스코틀랜드 의회가 부활하면서, 스코틀랜드는 외교권과 국방권을 제외한 대부분의 국정 운영 권한을 영국 중앙 정부로부터 받아냈다. 2007년 스코틀랜드 의회 총선에서 승리하고 2011년 총선에서 단독으로 과반 의석을 차지한 스코틀랜드 국민당은 당론으로 스코틀랜드를 영연방에서 완전 분리한 독립을 추진했다. 2014년 실시한 국민투표에서 찬성 44.7%, 반대 55.3%로 독립안은 부결되었다.

3 성 조지 학교St George's School는 영국의 허트퍼드셔 하펜든에 있는 주간 기

숙학교로 11세부터 18세 사이 남녀 학생들을 가르치며 그리스도교 윤리를 강조한다. 1907년 설립되었으며, 영국 최초로 남학생과 여학생을 모두 수용하는 기숙 학교를 운영했다.

4 독일의 대문호로 추앙받는 괴테가 1796년 출간한 소설 『빌헬름 마이스터의 수업 시대*Wilhelm Meisters Lehrjahre*』는 주인공 빌헬름에게 연극은 거쳐야 할 수업이고, 연극 수업을 마치고 좀 더 넓은 세계로 나아간다. 한 인간이 사회 속에서 자신의 정체성을 구축해 나가는 과정을 묘사한 독일 특유의 문학 양식, 교양 소설의 모범을 보여 준다. 개인이 시민으로 성숙하는 과정과 더불어 당시 독일의 계급, 정치, 교육, 예술, 경제 상황을 구체적으로 묘사했다.

예의 찾기

앞서 말한 공작과 상인을 교차 점검하면, 그대는 두 사람이 아이들의 학업 성취에 관심이 없다는 점을 알아차릴 것이다. 공작에게 열두 살 아이들이 치르는 표준 학력 평가 시험을 통과할 수 있을지 물어보라. 잔잔한 미소를 지으며 창피스럽게도 낙제가 거의 확실하다고 인정할 것이다. 게다가 그는 표준 학력 평가 시험 제도를 개선하려고 단 한 시간도 쓸 준비가 되어 있지 않으므로, 조금 창피스럽거나 불리한 처지에 있다. 상인은 표준 학력 평가 시험을 재미있어 하지 않고 조사를 달가워하지 않을지도 모르지만, 사실 상인의 대답도 공작과 같을 것이다.

공작과 상인은 둘 다 자식들이 공동체 생활을 훈련하고, 사회 생활을 위해 견습생으로서 실무를 익히고, 집에서 지낼 때처럼 특권이 주어진 사이가 아니라 낯선 사람들 틈에서 자신의 것을 지키기 위해 주장하는 법도 배우기를 바란다. 두 사람이 바라는 것은 세상이 얼마나 사악하든 세상 속에서 사람들과 섞여 살아야 배울 수 있다. 부모들은 자식들이 라틴어 6보격 시행을 쓸 수 있는지, 혹은 정복자 윌리엄[1] 이후 영국 군주의 즉위 날짜를 외울 수 있는지 전혀 개의치 않는다. 그러나 모든 부모는 자식들이 예의가 바른지 진심으로 걱정한다.

카스파 하우저[2]보다 클로드 뒤발[3]이 더 낫다. 경멸적으로 종교 단체가 행사하는 교권의 개입에 강력한 반대 의사를 표현하는 노동자들이 딸들은 수녀원 부속 학교로 보내려 할 것이다. 수녀들이 딸들에게 상냥하게 말하고 처신하는 법을 가르치는 까닭이다. 그대에게 우리의 공립 학교들이 속속들이 썩었다고, 우리의 대학교들은 주춧돌까지 없애 버려야 한다고 말하는 사람들이 아들들은 이튼 학교와 옥스퍼드 대학교로, 해로 학교와 케임브리지 대학교[4]로 보낸다. 여기로 보내는 까닭은 아들이 불한당이자 무식쟁이고 얼간이라도, 학교에서 습관과 예의를 배우기 때문이다. 그렇게 습득한 예의는 여러 면에서 나쁘지만 예의가 아예 없는 것보다 낫다. 아마도 개인이나 가족은 학교에서 배우는 예의를 가르칠 수 없을 것이다. 학교에서 배우는 예의는 특정한 목적에 맞춰 구성된 공동체 속에서 살아야 비로소 배울 수 있고, 이렇게 배운 예의는 전통으로 이어진다.

요컨대 가족 안에서 부모와 자식은 분리될 수 있는데, 아이

들이 골칫거리라는 생각이 가난한 집이든 부유한 집이든 가혹할 정도로 압박하는 요인은 아니다.[5]

---

1 정복자 윌리엄William the Conqueror(1028년경~87)은 노르만 왕조의 시조이자 잉글랜드의 1대 국왕이다. 그는 노르망디 공국을 서프랑크 왕국과 대등할 정도로 발전시켰다. 1066년 도버 해협을 건너 잉글랜드를 침략해 헤이스팅스 전투에서 잉글랜드 왕 해럴드 2세를 상대로 승리했다. 정복자 윌리엄이 잉글랜드를 점령함으로써 잉글랜드의 왕조는 노르만 왕조가 되었다.

2 카스파 하우저Kaspar Hauser(1812~33)는 독일에서 발견된 고아다. 카스파 하우저의 정확한 출생과 정체는 밝혀지지 않았다. 1828년 바이에른 왕국의 뉘른베르크 거리에 나타난 십대 소년 하우저는 창백한 얼굴에 농부의 옷을 입고 '몰라요'라는 말밖에 하지 못했다. 혼자서 먹고 입을 줄도 몰랐다. 이름과 출생 연도, 아버지가 죽은 기병 장교라는 사실이 기록된 편지를 갖고 있었다. 하우저의 이야기는 여러 희곡과 소설, 시의 소재로 쓰였다.

3 클로드 뒤발Claude Du Vall(1643~70)은 프랑스에서 태어났으며, 왕정 복고 시기의 영국에서 역마차를 털었던 노상강도다. 신사처럼 행동하여 신사 노상 강도gentleman highwayman라는 별명이 붙었다.

4 케임브리지 대학교University of Cambridge는 영국 잉글랜드 케임브리지에 위치한 영어권에서 오랜 전통을 가진 대학 가운데 하나로 공립 연구 중심 대학이다. 1209년에 설립되었으며, 31개 단과 대학colleges이 모인 대학교다. 단과 대학마다 특정한 연구에 강한 면모를 보이며, 강의는 학부에서 하는데, 출석 점검은 하지 않고 학생의 자유 의사에 맡긴다. 3,000만 권 장서와 각종 자료가 114개 도서관에 비치되어 있으며, 8개의 박물관이 있고, 식물학 농원을 운영하고 있다.

5 예의는 공동체 생활에서 형성되는 것이며, 공동체가 놓인 상황, 공동체를 구성하는 사람들의 성격에 따라서도 달라질 수 있다. 버나드 쇼는 가족 안에서 부모와 자식이 언제나 붙어 있을 필요가 없으며, 부모와 자식이 분리될 필요가 있다고 주장한다. 그의 주장에는 가족이든 사회든 존속하려면,

또 구성원들이 각자 자신의 의지를 발휘해 잘 살아 내려면 적합한 예의를 찾아서 지켜야 한다는 취지가 담겨 있다.

형제여,
황야에서 바람을 너무 오래 쐬지 말지니!

그러면 무엇을 해야 하는가? 지금은 불행히도 아이의 권리라는 구상을 널리 퍼뜨리는 것 말고 할 수 있는 일이 거의 없다. 사회주의[1]로 경제적 평등을 이루어야 비로소 공동체 전체의 이익이라는 관점에서 문제를 철저히 다룰 수 있다. 공동체는 언제나 다 자란 아이들이 모여 이끌어 나갈 수밖에 없다. 단순하고 명백한 모든 처리 방식이 그렇듯, 경제적 평등은 지금 아이들이 자라 국민으로서 공동체를 이끌어도 가능할 것 같지 않지만, 계급의 한계가 존재하더라도 대단한 일을 해낼 수 있다.

오늘날 계급이 같은 아이들이 모인 대규모 공동체를 구성하는 일은 가능하다. 아이들의 야외 생활outdoor life을 위한 자발적 조직은 이미 소년 정찰대[2]와 이런저런 짧은 단체 여행으로 시작되었다. 아이들이 어떤 단체 활동이든, 감옥 같은 학교 생활까지도 가정 생활보다 낫다는 것을 알면 취미 활동을 지나치게 많이 하게 될 것이다. 그러면 당장 우리는 어떤 활동이든 야영 생활조차 학교 생활보다 낫다고 말하는 변덕쟁이들도 만나게 될 터다. 이렇게 엉터리로 시작된 몇몇 단체 활동이 벌써 눈에 띈다. 영국의 아이들을 맨발의 작고 건방진 방랑자들로 만드는 운동이 일어나고 있다. 아이들은 모두 바보처럼 인도 주둔군 장군 조지 배로우[3]의 이야기를 나누며, 자신들이 굉장히 건강하다고 생각해서 창문이 닫혔거나 심지어 지붕이 있는 방에서 자느니 차라리 죽겠다고 말할 정도다.

방금 말한 활동은 어리석지만 건강에는 꽤 좋은 편이다. 덧붙여 해럴드 콕스 선생[4]이 주장한 돌아다닐 권리Right to Roam를 훨씬 필요한 법률의 기초로 세우려는 일도 할 수 있을지 모른다. 지금처럼 가시 철조망 담장 사이 먼지가 풀풀 날리거나 질퍽한 통로에 인종을 가두지 않고, 토지 소유주들이 담장에 문을 아주 많이 달아서 피해를 입을 농작물이 자라지 않거나 황소들과 마주치지 않는 시기에 열어두게 하는 법률이 필요할 테니 말이다.

방랑 생활에 반대하는 움직임은 아이들로부터 생겨날 것이다. 아이들에게 자유는 지금 '단순한 생활'이라고 부르는 비용이 아주 많이 드는 야만적 행위를 의미하지 않을 터다. 아이들은 런던 동부 지역 노동자 계급에 속하며 책을 좋아하는 토박이들이 그린 미래상과 무정부주의자들이 그린 미래상을 자연스럽게 혐오할뿐더러 역겨움을 느낀다. 노동자 계급 런던 토박이들은 황야의 바람으로 형제를 날려 버린다. 무정부주의자들은 너무 허약해서 인간이 사회에서 견딜 수 있는 압박과 수행할 준비가 된 책무의 복잡성에 비례하여 강인하고 자유로워진다는 사실을 이해하지 못하거나, 혹은 너무 강해서 자신들이 누리는 자유가 다른 사람들을 공포에 떨게 하거나 당황하게 만들 수도 있다는 사실을 깨닫지 못한다. 집과 학교에서 아이들이 독립된 인간이며 어른과 똑같은 권리를 가진다고 가르치면, 아이들은 집과 학교로 돌아올 것이다.

---

1 사회주의社會主義 socialism는 생산 수단의 개인 소유에 반대하고 공동체주의와 최대 다수의 행복 실현을 최고 가치로 추구한다. 자원을 효율적으로 분배하기 위해 생산 수단을 공동으로 운영하는 협동 경제와 인민이 노동의 대가를 정당하고 평등하게 분배받는 사회를 지향한다. 근대 사회주의는 영국의 로버트 오언Robert Owen이 1826년 최초로 제안했는데, 프랑스의 생시몽이 제시한 공산주의와 토머스 모어의 그리스도교 평등 사상이 결합되었다. 만인이 평등하고 자유롭고 행복하게 사는 이상 사회를 꿈꾸는 진보주의자들이 사회주의 사상을 발전시켰다. 오늘날 사회주의는 민주 사회주의, 사회 민주주의, 공산주의와 같은 뜻으로 쓴다. 쇼는 영국 사회주의를 표방한 페이비언 협회Fabian Society의 회원으로 활동했다. 페이비언 협회의 설립 목적은 영국에 민주 사회주의 국가를 건설하는 것이었다. 페이비언 협회의 회원들은 혁명보다 점진적 사회 개혁을 신봉했으며, 그들의 사회주의는 영국 노동당의 형성과 발전에 기여했다.

2 소년 정찰대Boy Scouting는 '보이스카우트Boy Scouts'를 가리킨다.

1908년 영국 기병대 장교였던 육군 중장 베이든 파월Robert Baden-Powell(1857~1941)이 창설했다. 보이스카우트는 규칙에 따라 야영과 수영, 항해, 등산, 동굴 탐험, 카누 타기 같은 야외 활동을 하며 협동심도 기른다. 훈련 과정에 따라 휘장이 수여되며, 일상적 선행도 장려한다. 20세기 후반 보이스카우트가 있는 나라는 110개국에 달하며, 1920년부터 국제 스카우트 모임 '세계 잼버리'가 4년마다 열린다.

3 조지 배로우George Barrow(1864~1959)는 인도 주둔 영국군 장교로 제4기마 사단을 지휘하는 장군이 되었다. 부친도 인도 식민지 군대의 장군으로 복무했으며 형제들 가운데 두 사람도 장교로 근무했다.

4 해럴드 콕스Harold Cox(1859~1936)는 1906년부터 1909년까지 잉글랜드 랭커셔Lancashire 주의 주도 프레스턴Preston의 자유당 하원 의원을 지냈다. 케임브리지 대학교에서 학위를 받았고, 이후 케임브리지 공개 강좌 연구회에서 정치 경제학을 강의했다. 영국 노동자들의 삶을 있는 그대로 알기 위해 거의 1년 동안 켄트Kent와 서리Surrey에서 농업 노동자로 일했으며, 집단 농장을 운영했으나 실패했다.

급구:
아이 대헌장

현재 우리가 아이들의 권리를 규정한 조항을 헌법에 포함시킬 방법이 청소년소녀 대헌장Juvenile Magna Charta[1]이냐, 권리 선언Declaration of Rights[2]이냐는 다른 사람들이 생각할 문제로 남겨 두겠다. 그러나 언젠가 아이가 어른과 똑같이 불편한 장소와 불쾌한 모임에서 밖으로 나갈 권리를 가진다는 법률이 제정되고, 아이들의 변호인이 교육자를 비롯한 다른 어른을 폭행과 감금을 이유로 고소할 수 있다고 하자. 그러면 교사들의 행동, 학교 교과서의 질, 학교 생활에 딸린 편의 시설에 놀라운 변화가 일어날 법하다. 현재 기만적이고 미숙한 민주주의가 저속하고 우둔하고 적의에 사로잡히고 기량이 부족하고 무지를 드러내면서도 전제 군주제를 축출할 수 있었다고 의식적으로 동의하는 절차는, 지금 성년들만큼 강하게 미성년 아이들에게도 민주주의의 가치를 인식시켜 줄 것이다.

틀림없이 교사들은 재빨리 민중 선동가로 변신한 다음, 여러 선동 기술을 써서 학생들의 지지를 얻으려 애쓸 터다. 그러나 이런 선동 기술은 매질하는 기술만큼 불명예스럽고 해를 많이 입히지 않는다. 무엇보다 자유를 늘리는 일이 지식 획득과 맞물리고, 곱셈 구구표와 가격표를 모르면 바닷가로 놀러 갈 수도 없다는 사실을 알아차리면, 아이는 지금보다 더 열심히 곱셈 구구표를 배우려고 할 것이다.

---

1 최초의 대헌장Magna Carta은 1215년 영국의 존 왕이 제후들의 요구로 왕의 권한이 법으로 제한될 수 있음을 인정한 문서다. 이후 기존 권력이나 기득권 세력에 저항하는 신흥 세력이 스스로 새로운 권리를 주장할 때 널리 사용된다.

2 서양 정치사에서 최초의 권리 선언Declaration of Rights은 1689년에 나온 영국의 권리 장전Bill of Rights이다. 권리 장전은 중세와 절대 왕정 시대를 거치며 출현했고, 제1조에서 왕은 의회의 동의 없이 법률을 만들거나 과세할 수 없고 상비군을 유지할 수 없으며, 의회의 청원권을 비롯한 언론의 자유를 보장한다고 명기되어 있다. 이후 미국 독립 선언Declaration of Independence(1776)과 프랑스 인권 선언Declaration des droits de I'homme et du citoyen(1789)에서 모든 사람은 양도하거나 침해할 수 없는 생명과 자유, 그리고 행복을 추구할 천부 인권을 주장했다. 프랑스 인권 선언에서는 자유권과 평등권, 재산권, 저항권, 의사 표현과 결사의 자유를 보장하고, 무엇보다 모든 권력은 국민에게서 나온다고 명시했다.

학습 추구

학습 추구가 회초리를 들고 아이가 학습하도록 만든다는 뜻이 아니라 아이가 학습을 추구한다는 뜻이라면, 아이의 지성이 너무 일찍 발달할 위험이 있을 텐데, 지성의 조숙은 감정이 나이에 비해 빨리 발달하는 것 못지않게 바람직하지 않다. 아직도 마치 지성은 기계적 과정이지만 감정과 욕구는 기계적 과정이 아닌 것처럼 말하고 생각하는 어리석은 습관이 남아 있다. 독일인 개별 지도 교사들은 시험을 치르기 위해 지도한 아이들 다섯 가운데 셋은 평생 다리를 절며 걷는다고 공개적으로 떠벌리고, 디킨스가 『돔비와 아들』에서 어린 아들 폴 돔비가 학업 때문에 어떻게 죽었는지 묘사했는데도, 자라는 아이들과 사춘기 소년들, 소녀들에게 피타고라스[1]라면 줄였을 법한 과제를 끈질기게 내준다.

게다가 이렇게 과중한 학습은 강요로 빚어진 결과가 전혀 아니다. 평범한 교사는 자기 학생들에게 학습을 강요하지 않기 때문이다. 그저 학교에 갇힌 죄수들이 좋아하지 않으면 배울 필요가 없어지는 그물 효과를 내지 못하면, 그들에게 잔소리를 늘어놓거나 호통을 치고 벌을 줄 따름이다. 아니, 차라리 때로는 학교에 다닐 때 열등생이 나중에 잘된다고, 마치 게으름이 기량과 성격의 표시인 것처럼 말하는 경우도 있다. 학교에서 열등생은 과제를 좋아하지 않는 학생을 의미할 뿐이다. 상식에 훨씬 부합하는 재치 넘치는 설명에 따르면, 이른바 열등생들은 진지한 인생살이를 시작하기 전에 지쳐 버리지 않는다. 남자 아이들은 소년다울 테고, 우리는 그들이 바라는 소망들이 이루어지를 바란다고 덧붙일 따름이다. 남자 아이들은 현실적으로 남자다워지기를 원하지만, 불행히도 학교와 가정에서는 아주 위험하고 무리한 포부를 가지라고 부추긴다. 예컨대 허버트 스펜서[2]처럼 실제로 노동했던 사람들은 모두 술을 마시지 말라고 충고하듯 진지하게 노동하지 말라고 경고한다.

자발적으로 운동하면서 학습할 때, 교사는 매일 "뛰어 놀아, 너희들에게 좋을 만큼 운동했으니까."라고 말할 것이다. 아이들이 학교를 그만두게 하려는 시도는 아이들을 잠자리에 들게 하려 애쓰는 상황과 비슷할 터다. 가르치는 일이 노동이고, 교사도 피곤하면 놀러 가거나 쉬거나 먹어야 한다는 놀라운 사실을 아이들도 알게 할 필요가 있다. 그릇되게 남을 속이기로 악명이 높은 교사는 언제나 일어날 수 있는 일들을 감추고 숨긴다. 수준이 낮은 교사는, 숙녀들이 목표 지점에 도달할 힘이 없다고 속이듯, 자신은 인간이 아니라고 아이들을 속여서 겉으로만 그럴싸한 신성과 주술사의 권위를 얻는다.

---

1 피타고라스Pythagoras(기원전 582년경~497년경)는 소크라테스 이전 그리스 철학자다. 수에 근거한 철학을 세웠으며, 지성주의 경향을 띤 종교 단체를 만들어 플라톤의 이상주의 철학에 영향을 크게 미쳤다. 그는 "만물은 수다."라는 격언을 남겼는데, 피타고라스의 정리를 포함한 기하학 발전에 기여했고, 수학이 물리학과 음악, 미학, 심지어 종교의 기초라고 믿었다. 피타고라스가 만든 종교 단체는 남녀가 모두 같은 규정에 따라 동등하게 가입했고, 재산을 공동으로 소유하며 금욕적으로 살았다. 수학이나 과학 분야에서 발견한 사실들도 공동체에 속한 것으로 신비적 의미를 부여했다. 콩을 먹지 말라는 금기도 모두 같이 지켰다.

2 허버트 스펜서Herbert Spencer(1820~1903)는 빅토리아 시대에 활약한 영국의 철학자이자 사회학자, 생물학자다. 그는 10대 후반에서 20대 초반까지 철도 노동자로 일하면서 지역 신문의 논객으로 글을 기고했다. 자유 무역을 옹호하는 잡지 『이코노미스트*The Economist*』의 부편집장을 지내면서 1851년 첫 저서 『사회 정학*Social Statics*』을 출판했는데, 여기서 인류는 진보할수록 사회 상태에 적합해지며, 국가의 역할이 감소할 것이라고 예측했다. 당대 진화론을 수용하고 응용하여 사회 진화론을 제시했다. 그는 진화가 생명체와 우주의 원리라고 생각하여, 인간 사회에도 강한 사람만이 살 수 있다는 '적자 생존설'과 '사회 유기체설'을 주창했다.

아이들과 놀이: 제안

기존 사회 질서에서 야만적이고 부조리한 현상들이 많이 생겨난다. 아마도 가장 기괴한 현상은 사슴 사냥터와 꿩 사육장 같은 대규모 지역을 비용이 많이 드는데도 강제로 지정하는 현상이다. 반면에 아이들을 위해 마련한 공간은 너무 좁다. 나는 아이들을 총으로 쏘는 놀이를 운동 경기로 도입하면 어떨지 한 번 이상 생각해 보았다. 그러면 아이들은 일 년 가운데 열 달 동안 보호받을 수 있어, 아동 사망률은 두 달 동안 운동 선수들의 빗발치는 총알에 맞아 죽은 아이들의 수 정도로 줄어들 테니 말이다.[1]

현재 여우 사냥개 무리를 제외하고 여우를 죽일 경우 공포를 느끼며 바라보지만, 그대는 총으로 쏘거나 개 무리에게 공격하라는 명령을 비롯해 수십 가지 방식으로 아이들을 죽일 수도 있고 실제로 죽게 내버려둔다. 여우들이 여우 사냥 놀이에서 이익을 제일 많이 본다는 사실을 인정해야 한다. 정말 꿩들, 사슴들, 아이들을 얼핏 훑어보기만 하면 극단적 회의론자조차 아이들이 단연코 손해를 제일 많이 본다고 확신할 것이다.

그렇더라도 현 상황에서 큰 희망을 끌어낼 수 있다. 현 상황, 곧 현실이 너무 환상적이고 광기에 사로잡히고 불가능해 보여서, 개혁안은 환상에 빠졌다거나 광기에 사로잡혔다거나 불가능한 것처럼 보인다는 근거로 신뢰를 잃지 않는다. 불행히도 그것은 영국에 희망이 없다는 건전한 상식에 부합하는 개혁안이다. 그런 까닭에 나는 근본적으로 건전한 상식에 부합하는 나의 견해가 기회를 잡을 만큼 충분히 환상적으로 보이기를 간절히 바란다.

우선 백치가 아닌 누구에게나 명백해 보이는 건강한 사회의 최우선 조건은 제대로 된 공동체의 아이들이 조국의 어느 지역에 있든 먹을 것, 입을 것, 잠잘 곳을 찾고 교육을 받으며 부탁만 하면 친절하게 들어줄 부모 같은 사람을 만날 수 있어야 한다는 것이다. 어른들도 마찬가지다. 그러나 두 경우는 필요한 상품과 용역이 덤불에서 자라지 않기 때문에 다르게 생각해야 한다. 어른들은 스스로 공급하는 과정에 조직적으로 참여하고, 장만하지 않으면 필요한 상품과 용역을 얻을 수 없다. 반면에 아이들은 마법처럼 알라딘[2]이 그랬듯 램프를 비비기만 해도 필요한 상품과 용역을 제공받고, 아이들의 필요나

욕구는 충족되어야 한다.

---

1 세계 인구는 20세기 초부터 획기적으로 늘어났다. 1804년 세계 인구는 10억을 넘었고, 1927년 20억을 넘어섰다. 1960년 30억, 1974년 40억, 1987년 50억을 넘었다. 1999년 60억, 2011년 70억을 넘었다고 한다. 19세기 말부터 20세기 초반까지 경제, 과학기술, 의학 등 여러 분야에서 앞서 나갔던 영국에서도 아동 사망률이 매우 높았다. 공중 보건이나 의료 혜택이 전 국민에게 고르게 미치지 못했고, 아이들의 권리가 어른들의 권리만큼 보장되지 않았던 탓이다.

2 「알라딘과 마법의 램프」, 줄여서 「알라딘Alā'ad-Dīn; Aladdin」은 『천일야화』에서 가장 유명한 이야기다. 서양 번역본에는 포함되어 있지만 아라비아어 원전에는 수록되어 있지 않다. 알라딘은 우연히 얻은 마법의 반지와 마법의 램프 속에 갇힌 지니djinni의 도움으로 소원을 성취하고 잘살았다는 이야기다. 지니는 이슬람 문화권에서 정령을 가리키는 말이다.

부모의 과도한 부담

아이들은 언제나 필요한 것을 얻어야 할뿐더러 아이들의 필요는 늘 충족되어야 한다는 주장이 새로울 것은 없다. 부모는 알라딘의 지니 같은 역할을 해야 한다. 아이를 돌보는 일이 부담스러운 부모는 여러 차례 주저앉기도 한다. 우리가 새롭게 해야 할 일은 각기 다른 아이를 기생하는 존재처럼 부모에게 따로따로 묶어두지 않고, 아이들 전체가 부모들 전체뿐 아니라 결혼하지 않았거나 아이가 없는 어른들에게도 의지할 수 있도록, 양육 부담을 조직적으로 나누는 것이다. 결혼하지 않고 아이가 없는 성인들은 현재 아이들을 돌보는 사회적 부담을 충분히 분담하지 않고 있는데, 분명히 부당하고 건강해 보이지 않는다.[1]

오늘날 고통과 위험, 장애를 감수하며 자식을 여섯이나 여덟까지 낳은 과부를 쉽게 찾을 수 있다.[2] 같은 도시에서 부유한 노총각들과 노처녀들, 자식이 없거나 자의自意 voluntarily로 자식을 둘이나 셋만 낳은 부부들을 만나게 될 것이다. 여덟 자식들은 현실적 의미로나 법적 의미로나 과부에게 소속되지 않는다. 과부가 자식들을 길러냈을 때, 자식들은 독립된 사람들이 모여 사는 공동체와 지역 사회의 일원이 되어 낯선 사람과 결혼하고 낯선 사람을 위해 일한다. 아이들은 그녀가 희생한 덕분에 공동체와 지역 사회에서 일평생 살아간다. 홀어미가 혼자서 자식들에 대한 양육 부담을 떠맡고, 결혼하지 않은 사람들과 이기주의자들에게는 양육 부담을 지우지 않는 것보다 더 기괴한 부정의는 상상할 수 없으리라.

이제까지 아이가 가는 곳마다 자신을 위한 학교와 자신을 강제로 학교에 보낼 사람도 있다는 사실은 알려졌다. 점점 더 많은 학교들이 사실의 논리에 따라 아이들에게 끼니와 신발, 안경, 치과 의사와 박사들을 제공한다. 실제로 아이의 부모들은 궁핍하거나 생필품을 갖추고 있지 못할 때 양식과 숙소, 의복을 제공받는다. 사실 그들은 날마다 우리 위로 하늘에서 불을 내릴[3] 만한 범죄와 질병과 악행이 난무하는 형편없는 상황에 놓여 있다. 그래도 공동체와 지역 사회가 책임지고 아이들을 빠듯하게라도 살도록 조처하는 관행은 확실히 자리를 잡았다. 이것에 대해 논쟁할 필요는 없다.

나는 이러한 관행에 두 가지 확충 방안만 덧붙인다. 하나는 아이가 인간으로서 사리에 맞게 원하는 모든 것을 제공하라는 것이다. 첫째 확충 방안에 대해 그대가 나와 견해가 다르다면, 실례를 무릅쓰고 사회적으로 바보일뿐더러 인격적으로 인간 같지 않은 비열한 놈이라고 말하겠다. 다른 하나는 아이가 원하는 것을, 의무 교육이나 범죄에 대한 규제를 제외하고 아무 강제 없이 완전히 자유롭게 제공해야 한다는 것이다. 하지만 아이가 원하는 것은 사회 조직만이 공급할 수 있으므로, 아이는 사회 조직의 상황을 의식하고 상황에 따르지 않으면 안 된다. 사회 조직은 아이에게 아이의 나이에 맞게 감당할 만한 수준으로 성인이 부담하는 책임과 의무를 일부 부과할 수도 있다. 어느 경우든 사회 조직은 아이가 방랑자와 무정부주의자가 퍼뜨린 습관에 물들지 않게 해야 한다.

예외가 하나 더 있을지도 모른다. 바로 의무로 강제되는 자유다. 나는 아이가 학교에 감금되어서는 안 된다고 확신한다. 아이가 이따금 야외로 나가서는 안 되는지, 이를테면 숲 속이나 산에 가라고 강제하면 안 되는지는 확실치 않다. 자유를 원치 않는 고리타분한 어른들이 있듯 퀴퀴한 냄새가 풍기는 집 안에만 머물려는 아이들이 있는 까닭이다. 지나친 길들이기, 지나친 가축화의 결과로 생겨난 병든 성향이 원인과 함께 곧 사라지기를 희망해 보자.

1 자본주의를 맹신하는 자유주의와 개인주의로 기운 민주주의 사회에는 쇼의 견해에 동의하지 않는 사람들도 있을 것이다. 그러나 개인의 자유와 평등을 모두 중시하는 민주주의 사회에서 양육 부담을 사회 전체가 나눠서 진다는 생각은 일반적으로 수용될 수 있다. 부모에게 또는 보육원에 아이마다 양육 수당을 지급하고 저렴하고 적당한 탁아 시설을 마련하고, 육아휴직 정책을 실천하고, 모든 아이들이 무상으로 적성에 맞는 교육을 필요한 만큼 받는 사회는 진정한 정의 사회로 나아가는 필요조건이다. 아이를 낳은 어른이든 아이를 낳지 않은 어른이든 모든 어른이 아이들 전체에 대한 양육 부담을 공동으로 져야 한다는 생각은 사회 전체의 발전을 위한 바탕이다.

2 이는 19세기부터 20세기 초반까지 영국의 이야기다. 지금도 자식을 많이 낳는 가정이 있겠지만 현재 자식을 다섯 이상 낳은 과부를 찾기는 쉽지 않을 법하다. 현재 영국을 비롯한 국민 소득이 높은 나라들은 대부분 인구 증가율이 둔화되어 출산 장려 정책을 마련하여 실시한다. 우리나라도 현재 아동 수당을 지급하고 있다.

3 하늘에서 불을 내리는 존재는 야훼다. 성경에서 야훼는 이스라엘 민족이 야훼를 섬기는 제사를 지낼 때 희생 제물을 바치면 거기에 불을 내려 태움으로써 자신의 존재를 알렸다. 또 이스라엘 사람들이 죄에 빠지거나 오만에 빠졌을 때 응징하기 위해 불을 내렸다. 탈출기 9장, 민수기 11장, 레위기 9장을 비롯해 17곳에 하늘에서 불을 내린 이야기를 전한다. 여기서는 빈곤층 부모들과 아이들이 사는 곳의 상황이 그만큼 좋지 않다는 점을 성경 구절에 빗대어 표현한 것이다.

이동의 자유

앞날을 내다보지 못하는 사람들은 이동의 자유를 보장할 때 아이들이 다 어슬렁어슬렁 돌아다니는 야만인들의 나라가 등장할 것이라고 주장한다. 이들은 첫째로 장래의 아이들이 오늘날 작은 우리에 갇힌 야만인들의 상황보다 더 나쁠지, 둘째로 아이들이나 어른들이 야성을 쉽게 드러내서 사회 전반의 해체를 막기 위해 이웃 사람과 단단히 묶어둘 필요가 있는지 생각해 봐야 한다. 내가 관찰한 바에 따르면, 우리는 절반 이하만 이동의 자유를 충분히 누리고 있다. 이전보다 이동의 자유를 더 많이 누린다는 사실을 부정할 수는 없지만 말이다.

그대가 지방에 위치한 고향 마을에 가면 여전히 런던에 한 번도 가본 적 없고, 윈체스터[1]나 세인트 올번스[2]에 한 번 가본 적은 있다고 마치 남극[3]에라도 갔다온 것처럼 말하는 노인들을 만날 수 있을 것이다. 그렇게 말하는 노인들조차, 파리[4]나 아름다운 루체른[5]에 가본 적이 있을뿐더러 쉬는 날이면 '어딘가로 멀리 떠나는' 성직자만큼 흔하지는 않다. 그대의 할아버지는 한 번도 쉬어본 적이 없고, 쉬는 날이 있었더라도 오페라[6] 특별석을 예매하고 관람하러 가지 못하듯 영국 해협[7]을 건너는 여행은 꿈도 꾸지 못했을 터다.

런던 기술 전문 대학교 유람과 관광 업체의 여행 알선이 허용되었는데도, 이동을 꺼리는 우리의 타성은 아직도 끔찍한 수준이다. 나는 한때 런던에서 아홉 해 동안 살면서도 코를 바깥으로 내밀지조차 않았다. 나의 태도가 어쩌면 게으른 부자들이 쉬지 않고 세계 여행을 하며, 호텔을 전전하지만 현실에 충실하지 못한 방랑벽vagabondage보다 나았을 테지만, 내가 어린 시절에 이동의 자유를 제대로 누렸더라면 런던에서 사는 동안 똑같은 옷 한 벌만 입고 다니고 집구석에 처박혀 답답하게 지내지 않았을 것이다. 그나저나 당시에 나는 전업 작가 생활을 막 시작했던 터라 수입이 없어 그랬던 면도 있다. 적어도 마게이트[8]로 잠시 여행을 떠날 수 있는 사람들이 아주 많고, 세계 일주 여행을 할 수 있는 사람들도 꽤 많지만, 그들은 알드게이트 펌프[9]보다 확고부동하게 꼼짝도 하지 않는다. 어떻게 이동할지 알 법한 사람들에게도 여행은 상상으로 꾸며낸 어려운 문제와 알 수 없는 공포를 불러일으킨다.

요컨대 어려운 문제는 사람들을 고정시키는 것이 아니라 사람들의 뿌리를 뽑는 것이다. 우리는 "구르는 돌은 이끼가

끼지 않는다."라는 어리석은 격언을 이끼가 바람직한 기생물이라도 되는 것처럼 외우고 뜻을 새긴다. 방금 말한 격언의 의미는 방랑자로 살면 번영하지 못한다는 것이다. 그것도 번영이 책임과 돈뿐 아니라 즐김을 뜻한다고 풀이하면 사실이 아니다. 방랑 생활은 현실에서 아무것도 할 일이 없고 아무데도 갈 곳이 없어진 비참한 느낌을 초래할 따름이다. 신과 인간에게 버림받은 비참한 느낌, 가난하든 부유하든 게으른 사람에게 닥쳐올 비참한 느낌 말이다.

방금 말한 비참한 느낌은 직업이 없던 어린 시절에 맞닥뜨린 느낌들 가운데 하나다. 직업이 없는 성인은 주위 사람들에게 시달려서 주의를 딴 데로 돌리려 애쓰는 경우가 많은데, 주의를 딴 데로 돌리는 행동distraction은 아이들에게 어울리지 않는다. 그러나 세상을 알려고 주의를 돌리는 행동은 순진무구하고 유익하다. 부모가 주목하라고 말한 것에 계속 주의를 기울임으로써 경험하고 배운다. 요즘 마흔다섯이 넘은 늙수그레한 남자들과 여자들이 열다섯 살이 되기 전에 했어야 할 여행과 관광을 하는 꼴은 가엾고 애처로워 보인다.

그저 사물을 궁금하게 생각하고 응시하는 행동은 아동 교육의 중요한 일부다. 그것이 바로 아이들을 방랑자로 만들지 않으면서 아이들이 이동의 자유를 충분히 누릴 수 있어야 하는 이유다. 방랑자는 떠돌기 때문에 아무데서도 집에 있는 것처럼 편하지 않다. 반대로 아이는 어디서나 집에 있는 것처럼 편해야 하기 때문에 돌아다녀야 한다. 더욱이 아이가 신분증명서와 여권을 가지면, 아이는 필요한 것을 구걸과 좀도둑질로 구하는 것이 아니라 공동체와 지역 사회의 책임 있는 행위 주체들로부터 정당하게 얻을 것이다. 그러니까 공동체와 지역 사회는 아이들에 대한 책무를 공식적으로 인정하고, 어른들이 책무를 잘 이행하는지 점검한다. 나아가 아이가 자신의 다리로 걸을 수 있는 거리의 허가부터 이동을 위한 기계 보조 장치를 사용하는 것에 이르기까지 일정한 자격 조건을 명확하게 밝히면, 아이는 훨씬 위험한 집시 생활gypsification[10]에 현혹되지 않고 어슬렁거리며 돌아다닐 수 있다.

꼼꼼하게 점검한 상황이라면 소년이나 소녀는 언제든 도망칠 수 있지만, 결코 길을 잃지 않는다. 어떤 상황에 부딪쳐도 아이는 집도 없이 버림받은 사람의 처지가 되지 않고 자유롭게 돌아다닐 수 있다.

부모들도 마음에 들지 않는 자식들로부터 도망치거나, 자식들을 문 밖으로 쫓아내지 않고도, 심지어 몰인정하다는 비난을 듣지 않고도 자식들과 인연을 일시적으로 또는 영구히 끊을 수 있으리라. 그러면 부모와 자식은 서로 착하게 행동하고, 현재 자유가 허용되지 않는 경우에 모든 행동이 그렇듯 대부분 못되게 구는 자식들이나 부모들은 거의 사라질 터다.

다른 결과가 어떻게 따라 나올지는 기다려 보는 편이 나을 것이다. 지금 살아 있는 이들은 아무도, 자유로운 아이들이 모여 만든 사회에서 어떤 관습과 제도가 성장하게 될지 모르는 까닭이다. 아이를 위한 법률, 아이가 만드는 유행, 아이가 지켜야 할 예절, 아이에게 어울리는 도덕은 지금 용납되지 않지만, 자유로운 아이들은 놀라운 발전을 확실히 이룩할 것이다. 자유로운 아이들은, 자유로웠던 적이 없어서 악행을 저지르는 어른들만큼 위험하지는 않다. 어떻든 자유로운 아이들이 지금의 어른들보다 더 나쁘게 행동할 리는 없다.

---

1 윈체스터Winchester는 영국 잉글랜드 남부 햄프셔Hampshire 주에 있는 도시로 예전 웨식스Wessex 왕국과 잉글랜드 왕국Kingdom of England의 수도였다. 윈체스터 대성당으로도 유명하다.

2 세인트올번스St Albans는 영국 하트퍼드셔 주 남부에 위치한 도시로 런던 북쪽으로 약 22킬로미터 지점에 있다.

3 남극南極 Antarctica은 지구의 최남단에 있는 대륙으로, 대부분 얼음으로 덮여 있고, 지구상에서 가장 추운 곳이다. 인간이 정착한 거주지는 없으며, 세계 여러 나라 사람들이 연구 기지를 세우고 생활하고 있다. 추위에 적응한 펭귄과 물개, 지의류 식물, 조류가 살고 있다. 1959년 남극 조약이 체결되어 남극 대륙에서 군사 행동과 광물 자원 채굴을 금지하고, 과학 연구는 허용

하되 생태 환경을 보존하도록 규정하고 있다.

4 파리Paris는 프랑스의 수도로 프랑스 북부 지역 중앙에 위치한다. 센 강 중류에 있으며 센 강의 오른쪽 구역은 정치, 경제의 중심지로 정부 기관, 사무실, 백화점, 주요 기차역 들이 밀집해 있다. 센 강의 왼쪽 구역은 교육의 중심지로 발전했다. 소르본을 비롯한 대학교와 프랑스 특유의 소수 정예 고등 교육 기관인 그랑제콜Grandes Écoles이 들어서 있다.

5 루체른Luzern; Lucerne은 스위스 중부 루체른 주에 있는 도시로 루체른 호의 서안에 위치하고 로이스 강이 시내를 흐른다. 8세기에 수도원과 대성당이 건립되었고, 알프스 산맥을 넘는 교통로의 요지로 발전했다. 알프스 산맥과 루체른 호의 경치를 감상할 수 있는 유명한 관광지다.

6 오페라Opera는 이탈리아에서 유래한 예술 양식으로 줄거리를 가진 대본이 있으며 음악과 노래가 중심 역할을 하는 연극이다. 독창, 합창, 관현악을 사용하고, 발레도 포함된 대규모 가극이다. 18세기부터 19세기에 자본주의 경제의 발전과 더불어 등장한 자본가 계급을 비롯한 부유한 신흥 중간 계급의 오락물로 각광을 받아 번성했고, 오늘날에도 세계 각국에서 오페라 축제가 정기적으로 열린다.

7 영국 해협English Channel을 가리킨다. 프랑스 북해안과 영국 남해안을 분리시키는 대서양의 지류이며, 서쪽의 너비는 길지만 동쪽으로 가면서 좁아져 영국의 도버 해협과 프랑스의 칼레 사이 너비는 34킬로미터 정도고, 도버 해협의 동쪽 끝에서 북해와 이어진다. 1994년 영국 포크스턴에서 프랑스 칼레에 이르는 해저 터널이 완공되어, 고속 열차로 파리-런던 간 왕복 시간이 기존보다 절반 이상 줄었다.

8 마게이트Margate는 영국 잉글랜드 켄트 주 템스 강의 하구 남쪽에 위치한 도시다. 모래가 많은 해변이 있어 여름철에 관광객이 많이 몰려드는 휴양지고, 근처에 규모가 꽤 큰 경공업 단지가 있다.

9 알드게이트 펌프는 런던에 있는 역사적으로 중요한 양수기water pump다. 펜처치 가Fenchurch Street와 리덴홀 가Leadenhall Street가 만나는 교차로에 있다.

10 집시Gypsy는 현재 유럽을 중심으로 전 세계에 퍼져 있다. 대부분 인도 북부

에서 사용하는 인도 유럽어에서 유래한 집시어Romany를 쓰며, 거주 지역에서 통용되는 언어를 함께 사용하기도 한다. 집시는 인도를 떠나 11세기에는 페르시아에, 14세기 초에는 유럽 남동부에, 15세기에는 서유럽에 거주하게 되었다. 방랑 생활을 하는 집시들은 거주민들에게 핍박을 받는 일이 흔했고, 아리아인의 혈통을 내세운 나치 정권이 수많은 집시를 학살했다. 집시의 방랑 생활은 종종 문학과 예술의 소재가 되었고, 평범한 사람들의 낭만적 상상을 자극했다. 반면에 기존 공동체와 지역 사회의 결속을 해치는 집단으로 경계의 대상이 되기도 했다.

자식의 옳음과 부모의 그름

품격이 남다른 어떤 유명 인사는 언젠가 내가 아는 사람의 어머니에게, 그녀가 자식들에게 상처받기 전까지 상처를 받는다는 말의 의미를 결코 알지 못했을 것이라고 납득시켰다. 아이들은 의도하지 않지만 잔혹하기 이를 데 없다. 아이들 백 가운데 구십구가 잔혹해지는 까닭은 자기보다 나이가 많은 사람들도 인간적 감정에 흔들리는 존재라고 생각하지 않기 때문이다. 어쩌면 나이가 더 많은 사람들이 초인[1]인 척한 태도에 대한 인과응보일 것이다. 초인을 사칭한 사람에게 내려질 처벌은 발각되는 것이 아니다. 발각되는 일은 아주 드물다. 그는 초인인 척한 것에 속아 넘어가고 초인으로 대우받음으로써 처벌받는다. 그대가 현실의 자신이 아닌 존재로 대우받는 상상은 그대가 실제로 지닌 장점을 뛰어넘을 때 즐거울 것 같지만, 사실은 정반대로 나타난다.

내가 꼬마였을 때, 일찍 읽은 여러 편의 소설에 자극받은 낭만적 상상력에 휩싸여 나보다 어린 소년에게 터무니없는 이야기를 떠벌렸다. 어수룩한 아이는 정말 내가 천하무적 영웅이라고 믿었다. 내가 아주 즐거워했는지 기억나지 않지만, 하나는 또렷이 기억한다. 어느 날 나의 어린 숭배자는 자신이 키우던 애완 염소를 우리 둘보다 덩치가 큰 소년에게 빼앗겼다. 그 소년은 놀리며 애완 염소를 주인에게 돌려주지 않았다. 당연히 나의 숭배자는 울며 내게 와서 애완 염소를 구조하고 공격자를 물리쳐 달라고 말했다. 나의 공포심은 이루 다 말할 수 없었다. 불행하게도 나에게 사기를 당한 가엾고 불쌍한 소년이 보는 앞에서 소름끼칠 만큼 겁에 질려 필사적으로 용감한 척했다. 나는 무서운 표정을 지으며 섬뜩한 목소리로 "너, 그 염소 풀어줘."라고 외쳤고, 적은 염소를 두고 달아났다. 그때 안도하면서 숨을 몰아쉬던 기억은 지금도 잊히지 않는다. 이후 나는 단 한 번도 몸싸움 능력을 과장하지 않았다.

내가 어린 시절 애완 염소의 모험으로 겪었던 일을, 이제 부모들이 아주 흔하게 겪는다. 학교의 감옥 문이 인생의 실험과 시련을 차단하지 않으면 교사들도 겪게 될 터다. 언젠가 학교에 상주하던 교장의 부인이 병에 걸렸던 일이 기억난다. 잇따라 혼란이 빚어지고, 교실들 가운데 하나는 교사가 들어갈 수 없게 되었다. 바로 내가 소속된 학급이었다. 우리를 집으로 돌려 보내면 학교가 무슨 수를 쓰든 한나절 동안 아이들을 반드시 보호하기로 부모들과 합의한 약속을 어기는 셈이었다. 따라서 교장은 우리의 좋은 감정, 다시 말해 우리가 공통으로 지닌 인간성에 호소하여 떠들지 말라고 했어야 한다. 그러나 교장은 우리의 공통된 인간성을 결코 인정하지 않았다. 우리는 길들어 교장을 우리와 멀리 떨어져 있거나 우리를 넘어선 존재, 오류나 괴로움, 죽음이나 병, 또는 생자필멸의 영향을 받지 않는 존재로 여겼다. 그래서 교장의 고통을 함께 느끼는 일도 불가능했다. 나는 그때 교장의 운이 나쁜 부인이 죽지 않은 까닭은, 그녀가 자신의 고통에 사로잡혀 너무 크게 소리를 지르는 바람에 아래층의 대혼란을 미처 알아채지 못했기 때문이라고 추측하며 그나마 위안을 얻는다.

남학생들의 사악한 행동과 아이들이 어른들에게 보이는 잔혹한 행위에는 그럴 만한 사정이 있다. 어른들은 초인이면서 동시에 괴로워하는 인간일 수 없다. 그대가 아이들 앞에서 작은 신 행세를 하면, 그대는 좋을 때나 나쁠 때나 작은 신처럼 행동해야 한다.

---

1 초인超人 superman은 평범한 사람보다 능력이 훨씬 뛰어난 사람, 자신의 기존 한계를 넘어선 사람을 가리킨다. 자식에게는 부모가, 아이에게는 어른이 초인처럼 보일 수도 있고, 자신보다 능력이 뛰어난 사람을 초인으로 여

길 수도 있다. 분야마다 초인으로 평가받는 사람도 있기 마련이다. 예수, 베토벤, 이순신, 안중근이 초인이라는 평가에 이의를 제기할 사람은 거의 없을 것이다. 니체가 새롭게 의미를 부여한 초인은 모든 기존 가치를 뒤집고 새로운 가치를 창조하는 존재다. 니체의 초인이 현실적으로 가능한 존재가 되기는 어려워 보인다. 인간은 모두 전통 속에서 태어나고 자라고, 기존 전통에 새로운 가치를 더하는 것이지 기존 전통을 완전히 폐기하지 못하는 까닭이다.

부모에 관해 거의 모르는 우리

부모와 자식의 관계는 돈이 동기가 아니고 물질에 관한 자잘한 걱정을 하인들과 교사들이 위임받을 때조차 잔혹한 순간을 맞는다. 자식과 부모는 나이 차이가 아주 커서 필연적으로 서로에게 낯선 존재다. 괴테의 자서전을 읽어보라. 그는 부모님와 함께 살 때 행복했고, 관찰력과 앞날을 내다보는 능력, 이야기를 지어내는 능력이 남달랐지만, 다른 대부분의 사람들에 관해 알았던 수준에 비하면 정작 자신의 아버지와 어머니에 관해 조금밖에 알지 못했다. 나도 어머니와 사이가 나빴던 적이 단 한 번도 없었고, 전혀 갈등을 빚지 않고 마흔두 살까지 함께 살았다. 하지만 어머니가 돌아가시고 곰곰이 생각해 봐도, 어머니에 관해 아는 것이 거의 없다는 사실을 깨달았다.

내가 아이였을 때 아이였고, 내가 소년이었을 때 소녀였으며, 내가 사춘기 젊은 남자였을 때 사춘기 젊은 여자였던 낯선 여자를 내게 소개해 보라. 우리가 자연스럽게 서로 호감을 갖고 끌려 마흔 번을 만나면, 마흔 해 넘도록 같이 살면서 어머니에 대해 알았던 것보다 더 많이 알게 될 것이다. 우리 시대에 이방인은 신기한 사람이자 풀어야 할 수수께끼, 가능성을 지닌 사람이다. 그러나 어머니는 빗자루처럼 늘 집에 있는 존재이자 하늘에 떠 있는 태양 같은 존재여서 얼마나 아느냐는 전혀 중요한 문제가 아니다. 빗자루는 거기에 있고 태양도 거기에 있을 따름이다. 아이가 빗자루로 매를 맞든, 태양이 아이를 따스하게 감싸고 비추든, 아이는 빗자루와 태양을 자연의 일부이자 사실로 받아들인다. 게다가 빗자루와 태양이 어린 시절, 욕구와 감정, 나약한 성질이 있다거나, 성장하고 갈망하면서 괴로워하며 배우고 익힌다고도 생각하지 않는다.

나는 어떤 홀어미를 만나 그녀의 결혼 생활에 관해 모든 것을 시시콜콜 물어볼 수 있다. 하지만 세상에 어떤 아들이 자기 어머니의 결혼 생활에 관해 물어볼 꿈을 꾸겠는가? 아들과 어머니가 오래도록 이어 온 성스러운 관계를 난폭하게 깨뜨리지 않고, 어떻게 어머니의 결혼 생활에 관한 이야기를 참으며 들을 수 있겠는가?

이런 점에서 자식은 부모가 인간성을 실현하도록 도울 수 없어도, 부모는 자식이 인간성을 실현하도록 도와줄 수 있다. 인생을 경험한 부모는 자식이 부모에 관해 가진 환상들 가운데 어떤 환상도 자식에 관해 갖지 않는 까닭이다. 그래서 부모가 자식에게 상처를 입히는 정도보다 자식이 부모에게 상처를 주는 정도가 더 심각할 수 있다. 아이들이 어른들에게 이용당하는 계획적 위선이 끼어들지 않을 때조차, 자식은 부모를 같은 인간으로 생각할 수 없지만, 부모는 자식들이 처음부터 인간 자체임을 아주 잘 아는 까닭이다.

자식은 부모에게 상처를 줄 수 있다는 생각을 할 수 없어서 비난과 경멸이 섞인 말과 관심 부족에서 비롯된 말을 쏟아낸다. 여기서 무서운 아이[1]라는 말이 생겨났는데, 관련된 농담이 많아도 비극이 숨어 있는 말이다. 그런데 다른 누구도 아닌 자식에게서 얕잡아 보고 비난하는 말을 들은 부모는, 자식을 대단히 사랑하지 않을 때조차 괴로워할 수 있다. 왜냐하면 자식은 실수 없이 진지하게 비난의 말을 쏟아내기 때문이다.

---

1 프랑스어 '앙팡 테리블Enfant terrible'은 부모나 다른 사람들을 당황시키는 말을 함부로 하여 놀라게 하거나 무섭게 만드는 아이를 가리킨다. 이 표현은 미술계, 예술계, 의류업계, 음악계를 비롯한 창의적 예술 분야에서 성공을 거둔 천재이면서 전통을 따르지 않거나 반항적 성향이 강한 사람을 가리킬 때도 쓴다.

우리의 버림받은 어머니들

고통스러운 부조화를 보여준 아주 흔한 사례를 들어보자. 홀어미는 아들을 성인이 될 때까지 기른다. 성인이 된 아들은 낯선 여자를 만나 눈이 맞아 결혼하고, 자기 어머니를 외롭고 쓸쓸하게 버려둔다. 아들은 버림받은 어머니가 힘들 것이라는 생각은 전혀 하지 않는다. 어머니의 희생을 당연하게 여기고, 실제로 어머니가 자신을 버리게 만든 여자조차 며느리로 받아 주리라고 기대한다. 자신이 저지른 일에 담긴 의미를 깨닫고 아들이 회한을 보여 주었다면, 어머니와 함께 눈물을 흘리며 자신이 아버지와 어머니를 떠나 아내를 맞는 것이 남자의 피할 수 없는 운명이니 자기 생각을 너무 많이 하지 말라고 다정하게 말했다면, 어머니는 아들의 결혼을 축복하고 품위를 지키며 비난하지 않고 이별을 받아들였으리라.

하지만 아들은 어머니를 배려할 생각은 꿈속에서도 하지 않는다. 그에게 어머니의 감정은, 어머니가 자신의 기대를 저버릴 때 불합리하고 우스우며 심지어 밉살스럽고, 자신의 사랑스러운 신부에 대한 편견을 보여줄 따름이다.

나는 극단적이고 명백한 사례로 홀어미가 아들에게 버림받은 이야기를 들었다. 그런데 배우자에게 지치거나 실망하고 신의를 저버려 멀어진 남편들과 아내들도 많다. 이런 부모들은 결혼 생활 중에 아들이나 딸을 잃을 때, 사랑하는 모든 것을 잃게 될지도 모른다. 부모의 사랑은 자식의 사랑만큼이나 순진무구하지 않다. 자식에 대한 사랑에서 의식적 성감性感 sexual feeling을 전부 배제한다고 해서, 성욕性慾 sexual passion의 특성으로 간주되는 쓰라린 감정, 질투심, 상실에 따른 절망감까지 배제되는 것은 아니다. 사실에 비추어볼 때 순수한 사랑은 육체가 얽힌 사랑보다 더 쉽게 이기심과 질투심에 휘말려들 수도 있다. 어떻든 이기심을 소박하게 드러내는 사람들이 때때로 격렬한 질투심에 사로잡혀 자식들의 결혼을 막으려고 한다는 것만큼은 분명한 사실이다.

가족애

우리가 아는 가족이 소멸할 때까지, 아무도 감히 부모의 애정을 인간이 일반적으로 드러내는 공감[1]과 구별되는 감정으로 분석하지 못할 것이다. 인간이 일반적으로 지닌 공감 능력 덕분에 고아는 낯선 사람의 집에서 실제 부모에게 받았던 것보다 애정 어린 보살핌을 많이 받았다. 톨스토이[2]조차 『크로이체르 소나타』[3]에서 가족에 관한 의혹을 전부 말하지 못했다. 가족은 아동의 복지에 필요한 시기를 지나면 병들기 쉽다. 또 가족이 튼튼하게 유지되어야 한다는 생각을 주입하려는 계획은 잘못일 개연성이 높다.

부모와 자식이 더는 서로 필요하지 않을 때가 오면, 특수한 부모와 자식 관계에서 벗어나는 것이 자연의 흐름에 맞는다. 자식은 부모와 자식 관계에서 벗어나야 새로운 유대 관계 속에서 더욱 가깝고 매혹하는 인연을 쉽게 만난다. 부모들이 새로운 인연을 만나지 못하라는 법도 없다. 자식들이 문 밖으로 나갈 때, 창문으로 연인이 들어오는 일이 때때로 일어난다. 이런 일이 정말 예전보다 흔해진 까닭은, 요즘 사람들이 성을 교류하는 활동 무대에 훨씬 오래 머물기 때문이다. 교양 있고 배운 유대인 여자는 결혼할 때 머리카락을 더는 자르지 않는다. 영국의 나이 지긋한 부인은 모자와 볼품없는 양심을 버렸고, 어떤 주교의 아내는 쉰의 나이에 할머니 시대의 서른 살 여배우보다 매춘부 티를 많이 낸다.

하지만 사람들은 나이가 들어서 결혼하고 나이를 먹으며 함께 나눈 시간 탓에, 여전히 자식이 결혼할 때 부모는 고독감을 많이 느낀다. 이러한 고독감은 박탈감일 수도 있고, 안도감일 수도 있다. 아마도 몸과 마음이 건강한 상황이라면 습관의 변화가 유익하듯 나쁜 일은 아닐 것이다. 그렇더라도 당장은 쓰라린 일이다. 부모와 자식은 서로 싫을 때도 있지만, 도움을 주고받으며 살고 유아기부터 서로 의존하고 기대하는 습관이 형성된 까닭이다. 유아기 아이는 본성적으로 부모나 보모, 양부모에게 아주 독특한 방식으로 애착을 느끼며 따른다. 아이에게 이익이 되는 일이 부모에게는 부담일 수도 있다. 그러나 사람들은 때때로 자신들이 져야 할 부담을 단지 부담으로 여기지 않고 애착을 갖는다. 마침내 '작은 아이들을 참고 견디는 일'은 우리의 본성에 깊이 뿌리박힌 애정 충동이 되었다.

이제 자매와 형제, 이모와 삼촌을 참고 견딜 애정 충동은 남아 있지 않다. 사촌은 말할 것도 없다. 친척들을 선택할 수 있으면, 우리는 마음이 맞는 친척들을 선택함으로써 그들을 좋아해야 할 책무와 친밀감이 드러난 말과 행동을 허락하는 데서 비롯된 반발 효과를 줄일 수 있을지도 모른다. 우리에게 주제넘게 굴며 참견하는 어떤 사람을 우연히 부모가 같다는 이유만으로 형제라고 인정하는 일은 참을 수 없다. 이런 경우는 자주 발생한다. 우리는 주제넘게 굴고 참견하는 사람이 다른 사람의 형제였다면, 틀림없이 피했을 터다.

가족이 아니라 씨족을 사회 단위로 여기는 스코틀랜드를 제외한 유럽의 모든 나라는 가족의 한계가 정해지는 선을 육촌에 긋는다. 개신교[4]는 사촌을 결혼할 수 있는 낯선 사람으로 만듦으로써 가족의 한계가 정해지는 선을 더 가깝게 긋는다. 가족의 한계가 정해지는 선을 자매들과 형제들에 긋지 않는 유일한 이유는, 자매와 형제가 어린 시절을 함께 살도록 강요하는 가족 제도가 그들 사이에 생길 낭만적 매력을 파괴하고 특별히 따뜻한 애정을 기대하는 이상한 관계를 조성하기 때문이다. 여기서 말하는 이상한 관계는 당파심을 조장할 위험이 높을 뿐더러 부자연스럽다. 실생활에 유용한 도덕은 집에서 특별한 가족애를 적게 들먹일수록 좋다는 것이다.

아이들은 성인들과 마찬가지로 서로 괴롭히지 않을 경우

충분히 잘 지낸다. 혈연 관계를 이용하지 못하도록 분리해서 보살피는 정도에 비례하여, 성인 친척들은 서로 잘 지낼 것이다. 우리는 재촉하지 말고 아이들의 감정을 자연스러운 과정에 맡겨 두어야 한다. 엄마가 나갔다 돌아왔을 때 과장되게 애정을 표현하며 기쁘게 반기지 않았다는 이유로 정이 없다고 야단맞는 아이를 본 적이 있었다. 가짜 가족 정서가 만들어지는 방식을 보여주는 전형적 사례다. 따지고 보면 우리는 모두 사회적 동물이다. 애정을 나눌 사람 없이 혼자 지내지만 다른 점에서 잘 자라면, 우리는 깐깐하고 특별한 사람들과도 나쁘게 지낼 일이 없을 터다. 그들이 바로 우리의 형제이자 자매이고 사촌이 될 수도 있는 까닭이다. 위험은 오히려 우리가 조금이라도 더 잘 지낼 것이라고 가정하는 데 도사리고 있다.

여기서 우리가 포착해야 할 주요 논점은, 현재 가족들이 가족의 감정이 아니라 인간의 공통된 감정에 따라 한데 모인다는 것이다. 인정에 기초하여 결성된 다른 모든 단체나 협회가 그렇듯, 가족은 공감 능력과 서로 돕는 습관, 위로하는 능력을 가꾸고 기른다. 그러나 명령으로 강제된 애정을 가까운 혈연 관계의 속성으로 추가하는 것은 불필요할 뿐만 아니라 분명히 해롭다. 그리고 현대 사회의 발전이 가족을 해체한다고 주장하는 경향에 아무도 불안해 할 필요가 없다. 우리는 혈연관계를 끊어버릴 수도 없고, 거기서 자연스럽게 생기는 감정을 뿌리째 없애버릴 수도 없다. 우리가 할 수 있고 해야 하는 일은 사람들이 자연스럽게 행동할 자유를 주어, 상황의 변화에 따라 스스로 행동을 바꾸게 하는 것이다. 18세기 스코틀랜드 산악 지대에 살던 산적이 가족에게 졌던 의무를, 지금 런던의 시민에게 지우는 것은 우산 대신 쌍날 검과 표적을 휴대하라고 강요하는 것만큼 어이없는 일이다.

교양 있는 사람은 사촌이 특별히 필요하지 않다. 곧이어 형제와 자매도 특별히 필요하지 않게 될지도 모른다. 부모는 없어서는 안 될 존재로 남을 듯하다. 그러나 자연적 유대가 가족 안에서 자행되는 부자연스러운 악행들을 무마시킬 핑계로 이용되어서는 안 된다. 가족 안에서 자행되는 악행은 아이를 억압할 뿐만 아니라 부모도 짓밟기 때문이다. 어머니와 아버지는 아버지의 땅과 어머니의 땅을 지탱하고 있는 아틀라스[5]의 어깨에 달려들어 짊어져야 할 부양 부담을 언제까지나 져야 하는 것은 아닐 터다.

가족 제도의 개혁과 해방을 미결로 남겨둘 때, 부모의 집이 박살이 나서 무너지는 일은 결혼 생활에서 정상적으로 일어나는 사건들 가운데 하나다. 부모는 홀로 남겨지고, 자식은 비정하게 떠나고 없다. 비개인적 관심도 없고, 확신도 없고, 진보로 나아가려는 공적 대의도 없고, 취향도 취미도 없는 늙은 이들에게 화가 있을진저! 어머니가 되는 것은 좋지만 장모나 시어머니가 되는 것은 좋지 않다. 남자들도 여자들처럼 지식과 공공 생활에 대한 관심을 인위적으로 접어야 했다면, 장인이나 시아버지도 민간 전통 속에서 장모나 시어머니처럼 비통한 인물로 묘사되었으리라.

혈연 관계는 사람들에게 비밀로 해야 하며, 이런 점에서 가장 행복한 상황에 놓인 사람은 업둥이라고 주장하는 이들도 있다. 별로 놀랍지도 않은 사실이다. 업둥이는 부모나 형제, 자매를 만나도 알아채지 못하고 지나칠 테니 말이다. 이러한 견해에는 다음과 같이 응수해야 한다. 우리의 가족 제도는 의문의 여지 없이 같은 가족에 속한 구성원들의 자연적 결속을 인정한다. 가족 구성원들의 자연적 결속은, 다른 자연적 결속과 마찬가지로 풀지 못할 정도로 강하지 않다. 가족에게 강요되고 주입되고 암시된, 불필요한 애정과 책임에 따른 고통스런 부담을 초과해서 지우지도 않는다. 우리는 친척들을 가능하면 서로 독립적으로 살게 함으로써 가족 구성원에게 지운 초과 부담을 잘 처리하게 될 것이다.

1 공감共感 sympathy은 다른 생명체가 겪는 아픔이나 괴로움, 필요를 지각하고 이해하고 적합하게 반응하는 정신 능력이다. 이렇게 감정을 다른 생명체에게 이입하는 작용은 관점을 바꿈으로써, 개인이 자신만의 관점에서 벗어나 다른 개인이나 다른 생명체, 자신이 소속되지 않은 다른 집단의 관점으로 뚫고 들어가야 일어난다. 공감 능력은 신경계를 가진 모든 생명체의 공통된 특징이고, 두뇌가 발달한 인간이 대부분 가지고 있다. 물론 두뇌 구조와 환경의 차이에 따라 공감 능력이 매우 뛰어난 사람도 있고 거의 없는 사람도 있다.

2 톨스토이Lev Nikolayevich Tolstoy(1828~1910)는 러시아가 낳은 위대한 작가이자 사회 개혁가, 도덕 사상가로서 치열하게 살았다. 『전쟁과 평화*Voyna i mir*』, 『안나 카레니나*Anna Karenina*』 같은 소설은 세계 명작으로 꼽힌다. 말년에 성공한 작가로 안주하지 않고 사회 개혁가이자 도덕 사상가로서 소박하고 순결한 삶을 지향했다. 서양의 이천년 역사가 개인의 도덕적 성장과 정권의 도덕적 타락으로 점철되었다고 진단하고, 소수 권력자들이 다수 민중을 억압하는 전 세계적 상황을 해결할 궁극의 방법이 인류에 속한 모든 개인의 도덕적 성장이라고 제안했다. 마르크스주의자들의 경제 결정론과 폭력적 계급 투쟁에 반대하면서, 그리스도의 사랑 같은 인간에 대한 사랑에 근거한 도덕적 완성만이 개인과 인간 전체를 구원할 수 있다고 믿었다.

3 『크로이체르 소나타*Kreytserova Sonata*』는 톨스토이가 도덕 사상가로서 투쟁하던 시절에 쓴 소설이다. 성性문제를 집중적으로 다루며, 사회의 미성년 성교육과 질투에 대한 논쟁을 예술적으로 연구한 작품으로 평가되며, 인간의 도덕적 건강은 순결이라는 이상에 접근할 수 있는 능력에 따라 좌우된다는 교훈을 담았다.

4 개신교改新敎 Protestantism는 16세기 부패한 로마 가톨릭교회를 비판하고 복음을 중심으로 교회를 개혁하자고 외친 종교 개혁 운동의 결과물이다. 오직 성경, 오직 은혜, 오직 믿음을 중심으로 교회를 바로 세우려 했다. 교황 제도와 로마 가톨릭교회의 권위를 부정한 루터와 츠빙글리, 칼뱅 같은 종교 개혁가들이 개신교를 주도하여 여러 종파로 발전했다. 감리교파, 장로교파, 재세례파를 비롯해 영국국교회, 성공회도 개신교파에 포함된다. 유

럽에서는 흔히 개신교를 복음주의 교회라고도 부른다.

5 아틀라스Atlas는 호메로스의 서사시에서 하늘과 땅 사이를 받치는 기둥을 짊어진 채 버티는 존재로 등장한다. 이 기둥은 가장 서쪽의 수평선 바로 너머에 있는 바다에 있다고 전한다. 그리스의 다른 시인 헤시오도스Hesiodos에 따르면, 아틀라스는 티탄족의 한 사람으로 제우스와 벌인 전쟁에 참가했다가 벌로 하늘을 떠받치게 되었다. 여러 미술 작품에서 하늘과 천상계를 떠받치고 있는 모습으로 그려졌다. 쇼는 어머니와 아버지가 자식을 부양하는 부담을 아틀라스가 하늘을 떠받치고 있는 고생에 비유했다.

가족의 운명

가족에 관한 분별력 있는 대화의 자리로 사람들을 이끌 때 부딪치는 어려운 문제는, 내가 이전에 펴낸 책에서 결혼에 관한 혼란스러운 논의라고 지적한 것과 똑같다. 결혼은 불변하는 단일 제도가 아니다. 결혼은 문명과 종교에 따라, 시민법에 따라, 사람들이 새로 펼쳐내는 영역에 따라 변화를 겪는다. 가족 제도는 결혼 제도보다 변화를 훨씬 많이 겪을 수 있다. 가족을 구성하는 사람의 수가 결혼을 성립시키는 사람의 수보다 많은 까닭이다. 가족 구성원의 수는 적으면 하나에서 많으면 스물까지 다양하다. 정말 가족이 있는 홀아비가 가족이 있는 홀어미와 결혼하면, 두 가족이 모여 제삼의 가족이 만들어지고, 가족을 구성하는 최대 수는 더 많아질 수 있다.

더욱이 상황은 정반대 환경에 따라서도 달라질 수 있다. 예컨대 런던이나 파리의 빈민가에 태어난 아이는 빈곤을 가중시켜, 부모와 다른 자식들이 굶주리게 만든다. 반면에 식민지 개척자들의 정착지에 태어난 아이는 가족 단위 산업을 도울 정도로 자란 시기부터 산업에 투입할 자본이다. 이때 유일한 위험은 일시적으로 나타나는 일종의 과잉 자본 상태가 발생할 수 있다는 것이다. 그러면 가족의 정서적 분위기family sentiment는 가지각색으로 바뀐다.

가족 조직은 이따금 군대나 산업 조직처럼 정치색을 노골적으로 드러내기도 한다. 이때 아버지들은 자식들을 대할 때 감상에 젖지 않는다. 장군들이 병사들에 관해, 공장주들이 고용한 노동자들에 관해 감상에 빠지지 않는 것과 마찬가지다. 어머니는 성격이 나약할 경우 조금 다정다감하게 자식들을 대할 수도 있다. 로마의 아버지는 전제 군주이자 독재자이고, 중국의 아버지는 숭배의 대상이다. 현대 서양의 감상에 젖은 아버지는 흔히 장난감과 용돈을 주는 놀이 친구다. 농부는 자식들을 매일 만난다. 지방의 지주들은 휴일에만 자식들을 만나고, 휴일에 만날 때도 필요 이상으로 자주 만나지 않는다. 전차 운전사는 주식회사에 고용되면 자식들을 전혀 만나지 못할 때도 있다.

이러한 상황에서 가정 생활의 영향, 가족, 단란한 가정 따위의 문구는 포유 동물이나 서민이나 평민과 마찬가지로 구체적 현실과 동떨어져 있다. 감상적 도덕주의자들이 입심 좋게 경건한 체하며 가족에 관해 세운 일반화는 쓸모가 없다. 식구 수가 평균 열둘이고 남성과 여성의 비율이 같은 세대들은 결과가 꽤 좋을 수도 있다. 식구 수가 평균 셋인 세대들은 실제로 결과가 아주 나쁘게 나타난다. 둘을 가족이라는 일반 명사 아래 하나로 묶으면 문제는 어찌 해볼 도리 없이 혼란스러워진다. 현대의 핵가족은 너무 답답해서 숨이 막힌다. 핵가족 '집안에서 자란 아이들은' 사회에 부적합하다.

여기서도 상황은 가지각색으로 다르다. 부모가 도시 주변 지역의 전원 주택지에서 살고 사회 교류도 한다고 치자. 그곳에서는 사악한 옛 속담이 말하듯 자기는 스스로 지키지 않아도 되고, 또 길게 뻗은 도심 거리의 창문에 친 발 너머로 언짢은 표정을 지으며 이웃을 노려보지 않아도 된다. 도시에서는 아무도 이웃이 누구인지 모르고 저마다 수입과 사회적 지위를 이웃에게 속이기를 바라서 인간미가 사라진다.

하지만 전원 주택지에 사는 가족은 사실상 학교 생활로, 집 밖에서 노는 습관으로, 음악회나 연극이나 소풍을 통해 이웃들과 솔직하게 교류함으로써 해체된다. 그러면 4인 가족의 구성원들이, 이웃끼리 굴뚝 연기가 보여서는 안 된다는 보어인[1]의 이상을 마침내 실현한 10인 가족의 구성원들보다 야만성을 훨씬 덜 드러내는 시민들로 밝혀질 수도 있다.

대체로 가정이 더 가정다워지고, 가족이 더 친밀해질수록,

모든 사람에게 나쁜 영향을 더 많이 준다는 것이 우리가 말할 수 있는 전부다. 이상적 가족family ideal은 엉터리 속임수이자 성가시고 귀찮은 개념에 지나지 않는다. 누구든 이상적 헛간, 이상적 갑판, 아니면 사회 조직을 이루는 기구를 그것의 목적으로 대체한 다른 이상에 대해 합당하게 말할 수도 있으니 말이다. 이상적 대체물은 언제나 완전하고 가장 유능한 삶, 요컨대 가장 신성한 삶이어야 한다. 가장 신성한 삶에는 중요한 의미가 담겨 있는데, 대중이 생각하는 천국이 성가족[2]을 포함한다는 점이다.

하지만 성가족에는 따로 사는 가정, 혹은 민간 보육 시설이나 부엌, 시어머니나 장모, 혹은 우리가 아는 가족을 구성하는 어떤 것도 추가되지 않는다. 혈연 관계도 성령으로 잉태되는 기적으로 제거되었다. 성부는 모든 아이들의 아버지고, 성모는 모든 어머니들과 아기들의 어머니며, 성자는 인간의 아들[3]이자 자기 형제들의 구세주다. 인간의 아들이라는 표현은 관습적 가족이라는 주제에 중요한 의미를 던져준다. 우리 모두에게 우리의 가족을 남겨두고 구세주를 따르라고, 죽은 자는 묻히게 두라고, 암울한 축제에서 가족 장례식을 거짓으로 꾸미거나 병들고 흉측한 애도와 비탄으로 우리 자신을 더럽히지 말라고 초대한다.

1 보어인Boer은 아프리카 지역으로 이민하여 정착한 네덜란드계 사람들의 후손들을 가리킨다. 이들은 현재의 남아프리카 공화국의 국민들 가운데 가장 초기에 정착한 유럽 출신 이민자들이다. 보어는 네덜란드어로 농부를 뜻하는 말이다.

2 성가족聖家族 Holy Family은 그리스도교 미술의 중요한 소재로 아기 예수와 가족을 그린 그림을 가리킨다. 성 요셉과 성모 마리아와 아기 예수를 묘사한 그림도 있고, 성모 마리아와 그녀의 어머니 성 안나와 아기 예수를 묘사한 그림도 있다. 중세 말기에 성가족은 복음의 정서적 측면을 자극함으로써 대중의 신앙심을 독려하는 수단으로 쓰였다. 대부분 회화로 표현되며 르네상스 시대에는 제단화에도 많이 등장한다.

3 인간의 아들the Son of man이라는 표현은 네 복음서 그리스어 번역본에 예순한 번 나오고, 히브리 성경에는 백 번 이상 나온다. 수세기에 걸쳐 그리스도에 관해 연구한 학자들에 따르면, 인간의 아들은 신의 아들을 가리킨다. 신의 아들은 예수의 신성을 드러내려는 표현이고, 인간의 아들은 예수의 인간성을 드러내는 표현이다. 사도 시대 이후 예수를 신의 아들로 공언하는 것이 그리스도교 신경의 본질을 이루지만, 예수가 인간의 아들이라는 선언이 그리스도교의 신조였던 적은 한 번도 없었다.

가족 애도

나는 진저리나도록 애도하는 풍습이 프랑스에서 얼마나 오래 갈지 잘 모른다. 프랑스인들의 행태로 판단하건대 어떤 프랑스 여자는 사촌에게 애도를 표현하려고 열일곱 번 찾아간다는 말도 할 수 있겠다. 내가 영국 해협을 가로질러 전쟁과 전염병으로 황폐해진 지역에 갔을 때 얻은 결과다. 그 지역은 실제로 가족 때문에 시달리고 있다. 누가 영국에 이처럼 눈에 확 띄는 차이점이 없다고 가식을 떨 수 있겠는가?

하지만 애도와 관련된 무의미하고 부자연스러운 관습들 때문에, 우리는 가족 같은 느낌과 가족적 분위기를 참아낼 수 없는 지경에 이른다. 애도하는 관습에 나타나는 참기 힘든 가식적 행동은 제외하더라도, 기존 가족 제도를 기운차게 불신할 필요가 있다. 가족 제도의 취약한 면은 어떤 것이든 장점을 보유하는 동시에 제거할 수 없는 까닭이다.

예술 교육

여기서 말하는 예술 교육은 아이들에게 연필이나 붓으로 그리기와 원근법을 가르친다는 의미가 아니다. 그저 순수 예술 혹은 미술[1]이 고문과 다름없는 고통을 수반하지 않는 유일한 스승이라는 사실에 주목할 따름이다. 고문하겠다고 위협하지 않으면 아무도 교과서를 읽을 수 없다고 나는 이미 지적했다. 이유는 바로 교과서가 예술 작품이 아니기 때문이다.

비슷하게 그대는 교사나 설교자가 예술가가 아니라면 수업도 설교도 자유롭게 듣고 교훈을 얻지 못할 것이다. 문학이라는 예술 양식을 이해하지 못하면 성경도 제대로 읽을 수 없다. 대륙의 유럽인들이 영국인이나 미국인들에 비해 성경에 무지한 까닭은 바로 권위 있는 영어 번역본이 위대한 문학 작품으로 예술성이 뛰어나지만, 대륙의 번역본들은 상대적으로 예술성이 모자라기 때문이다.

병에 걸렸을 때가 아니면 따분한 책 읽기, 지루한 연극의 대사나 고리타분한 설교나 강의 듣기, 전혀 흥미롭지 않은 그림이나 꼴사나운 건물 구경하기보다 지독한 경험은 없다. 지독한 경험이 우리의 영혼에 가한 폭력은 상처를 남기고 미묘한 병폐를 만들어 내지만, 정신 병리학자들은 적절하게 연구한 적이 단 한 번도 없었다. 그래도 우리는 학교에서 따분하고 지루한 일을 익힌다. 모든 교사들이 예술가의 작업을 해보려 애쓰지만 지겨울 따름이고, 모든 교과서는 예술성이라고는 털끝만치도 없어 우리는 지루함을 참아내는 참으로 놀라운 능력을 기른다.

교회에, 하원[2]에, 공청회나 공개 회합에 참석할 때 우리는 지겨운 사람들과 허튼소리를 하는 자들의 말을 참아내며 침통한 얼굴로 앉아 있다. 우리는 걷고 말할 수 있게 되었던 시기부터 지루함을 견뎌야 했던 탓이다. 또 허튼소리를 듣는 일이 억울하다고 말하고, 지겨운 사람이나 허튼소리를 지껄이는 사람을 참아낼 수 없어 자연스럽게 조롱할 때마다, 무시당하고 야단을 맞고 왕따가 되고 매를 맞고 감금당했던 탓이다.

충분히 강한 영혼을 지닌 어떤 사람이, 볼테르[3]나 디킨스처럼 전통으로 주입된 공손한 태도의 질곡을 깨려고, 사기꾼들과 높은 양반들의 헛소동을 폭로하고 조롱하고 조금 고치려고 일어나면, 사람들은 충격을 받고 괘씸하게 생각한다. 소리 내어 웃을 수밖에 없을 때도 말이다. 더 나쁜 일은 우리가 대부분 진리를 보고 진실을 말하는 특별한 사람들을 두려워하고 박해한다는 것이다. 진리를 보고 진실을 말하는 사람들은 불굴의 성실성과 번뜩이는 통찰력으로 우리의 망상과 맹목성을 드러내며 반성하라고 촉구하는 까닭이다. 우리는 모두 넬 그윈[4]의 평판을 방어하려 주먹을 휘두른 그녀의 하인과 비슷한 상황에 놓여 있다. 넬 그윈의 하인은 그녀가 정숙한 여자라고 믿지 않았으나, 자신이 부도덕한 여자의 하인으로 비웃음을 당하는 것은 질색하며 이의를 제기했다.

지루함을 견디는 끔찍한 능력이 때때로 순수 예술에 다가서는 길을 터주는 것처럼 보이기도 한다. 사람들은 두 시간 동안 따분한 설교를 끝까지 앉아서 듣거나 의회에서 일을 미루어 나라가 위기에 빠졌는데 입도 뻥긋하지 않는 맨 앞자리의 정치가를 끝까지 앉아 지켜볼 때처럼, 베토벤의 「9번 교향곡」[5] 연주와 바그너[6]의 「니벨룽겐의 반지」[7] 공연을 끝까지 앉아 감상할 것이다.

그런데 사람들의 참을성은 「9번 교향곡」에 이르면 아주 나쁜 영향을 주는 것 같다. 「9번 교향곡」은 엉망으로 연주되어도 청중이 야유를 보낸 적이 단 한 번도 없으니 말이다. 지금은 고인이 된 어떤 이탈리아 지휘자가 「9번 교향곡」의 아주 느린 악장을 밝고 명랑하게 조금 빠르기로 연주했고, 더 열광적으로 연주해야 할 주요 악장은 베르디의 오페라에서 여주인공이 죽으면서 부르는 노래에 어울릴 법한 속도와 분위기로 느려졌다. 청중은 분노에 차 고함을 치고 연주 목록 책자와 극장용 쌍안경을 한심한 지휘자에게 던져서, 내가 겪은 극심한 고통을 줄여 주기는 커녕, 리히터[8]가 「9번 교향곡」을 지휘할 때처럼 행동했다.

이렇게 무지와 자포자기에 가까운 참을성을 악용하는 사기 행각은 헤아리기 힘들 정도로 자주 발생한다. 어린 시절부터 지루한 것을 참아 내도록 훈련받아서 학교 규율이 몸에 밴 사람들은, 문이 열려 있고 교사가 더는 막지 못하는데도 연주나 오페라 공연이 끝나고 집으로 가도 좋다는 허락이 떨어질 때까지 무력하게 앉아 있다. 더욱이 그대는 대도시에서 예술을 빙자한 오락을 공공연히 즐기는 한창 때 밤마다 수십만 파운드를 소비할 터다. 하지만 예술을 빙자한 오락은 이미 영국에서 남몰래 드러내는 순수 예술에 대한 증오심을 더하는 것 말고 어떤 영향도 미치지 못한다.

다행스럽게도 수준 낮은 공연이 영향을 줄 수 없는 예술이 있다. 우리는 스스로 책을 읽을 수 있고, 자동 피아노[9]의 도움으로 다수의 순수 음악을 연주할 수 있다. 우리와 회화의 대가들 사이에 거리를 빼고 아무것도 놓여 있지 않다. 게다가 현대 사진 재생 방법은 어떤 경우 예술가의 의도를 확실하게 전달하고, 여러 경우에 거의 완벽하게 전달하는 효과를 낸다. 셰익스피어의 희곡들을 편집한 현대 판본은 셰익스피어가 처음 친필로 담은 취지를 거의 완벽하게 전달한다. 위대한 음악 작품을 재생하는 작업은 이미 진행 중이다. 축음기는 쌕쌕거림과 그르렁 소리, 시끄럽게 울리는 소리가 꾸준히 개선되고 있다. 한편으로 축음기의 결점을 개선하고 다른 한편으로 수많은 불쾌한 소음을 무시할 수 있는 축복받은 선택 능력도 가진 덕분에, 교회에서 듣는 음악이 유일한 음악이고 몇몇 숙녀들이 풍금으로 음악을 연주하는 영국의 촌락에 사는 사람도 웬만큼 연주되는 팔레스트리나[10]의 미사곡을 들을 수 있게 되었다. 이런 변화가 영국국교회의 『신구 찬송가』가 어쩌면 신을 아름답고 예법에 맞게 찬양하는 최종 결과물이 아닐 수도 있다는 사실도 밝혀졌다.

간단히 말해 이제 방대한 양의 예술이 누구나 손을 뻗으면 닿을 수 있는 거리에 있다. 우리는 이제 예술을 통해 혼자서 신체와 영혼을 우아하게 가르치고 가꿀 수 있고, 혼자서 과거의 역사가 우리 앞에 밝고 또렷이 펼쳐지도록 만들거나 미래의 희망을 우리에게 불어넣고, 혼자서 우리의 조잡한 욕망을 섬세한 감성과 고결한 정신으로 달랠 수 있다. 예술은 우리에게 영감을 주는 수단이자 성자들saints과 교감하는 방법이다.

그런데도 예술은 실제 생활 속에서 사악한 것으로 취급되곤 한다. 예술이 생겨나는 곳마다 폭정에 맞선 저항이 일어나 족쇄를 끊어내고 자유가 확대되는 경향이 나타나는 까닭이다. 예술을 억누르려는 시도는 결단코 성공하지 못한다. 차라리 산소를 없애는 편이 성공 확률이 높을 것이다. 예술을 억누르려는 시도는 수많은 사람들을 예술에 굶주린 아주 해로운 상태로 이끌고, 참을 만한 많은 예술까지 타락하게 만든다.

그대는 영국의 부유한 가족들 가운데 상당수가 그들이 소유한 개들이나 말들만큼 문화가 없다는 사실을 알아챌 것이다. 가난한 가족들은 빈곤과 도시 생활 탓에 나무들이 울창하고 구름이 멋지게 드리운 언덕과 계곡들이 펼쳐진 대지의 아름다움을 명상할 시간이 없다는 사실도 알아챌 터다. 그들은 확실히 가축보다 행복할 테지만, 문화를 효과적으로 창출하는 유일한 도구이자 수단, 바로 예술로 인간성을 가꿀 기회가 없다.

예술을 경험하지 못하는 상황은 결핍을 메울 수 있을 때조차 인위적으로 유지된다. 이야기책도 금지, 그림엽서도 금지, 극장도 금지, 오페라도 금지, 서커스도 금지, 사탕과자도 금지, 예쁜 색도 금지다. 이런 것들을 정확히 악습이라고 낙인을 찍어 금지한다. 날마다 창조주는 명시적으로 사람들이 기도를 올리는 존재고, 암시적으로 무례를 범하는 존재로 유죄 판결을 받는다. 악습과 죄는 기쁘고 즐거운 모든 것과 연계되고, 선은 야비하고 가증스러운 모든 것과 연계되기 시작한다. 위험하기 짝이 없고 지독한 모든 욕구와 경향성은 결핍으로 걷잡을 수 없이 일어나 예술로도 길들지 않는다. 그러면 예술이 욕구에 영향을 미치는 건전하고 유익한 조건은 모두 보류된다. 수천 가지 산해진미를 앞에 두고도 식욕을 억누르고, 흉측한 것을 보고 역겨워하며, 상스럽고 음란한 것을 보면 소름이 돋고, 거칠고 나쁜 태도를 끔찍하게 여기며, 예술이 싹을 틔워서 키운 우아한 작품을 보면 깊이 달콤하게 즐기는 교양 있는 남자들과 여자들도 길러내지 못한다. 그래서 우리는 닥치는 대로 쾌락을 추구하고 쾌락을 얻기 위해 비대한 자극에 노출된다.

우리는 계속 좋은 것과 착한 것, 아름다움, 덕, 성스러움을 부르짖는다. 그러나 순진한 사람들에게 사기를 치려고 그들이 저축한 돈을 빼내 기업체를 수십 개 설립하는 것보다 위대한 예언자나 시인으로 사는 것이 위험해지는 때를 알아차리거나 좋게 평가하는 데는 끔찍하리만치 무능하다. 잠시라도 교양이 없는 사람들이 고상한 자질에 단지 무관심할 뿐이라고 가정하지 말라. 교양이 없는 사람들은 고상한 자질을 혐오한다. 그들에게 고상한 자질은 기껏해야 희귀하고 아름다운 새와 비슷하다. 희귀하고 아름다운 새가 날아오면, 온 나라가 총을 내려 놓는다. 하지만 새는 죽은 다음 박제되어 진열된다.

더욱이 예술을 즐기지 못하는 상황은 모두 아이들이 귀찮은 존재, 골칫거리가 되는 것을 막는 습관에서 생겨난다. 그대는 아들의 몸가짐이 말썽을 일으킬 수도 있다는 것을 알기에 잡도리[11]한다. 그래서 아들이 밀로의 비너스 조각상에 가까이 가지 못하도록 부엌방 하녀나 훨씬 좋지 않은 누군가의 품에 맡겨둔다. 그대는 프락시텔레스[12]의 헤르메스[13]와 바그너의 트리스탄[14]이 한창 젊은 딸들에게 부적절하다고 결정한다. 그리하여 딸들은 오로지 부모에게 보호받는 처지에서 탈출하려고 헤르메스도 트리스탄도 닮지 않은 끔찍한 남자와 결혼한다. 그대는 정념을 단 하나도 억누르지 못했고, 위험을 단 하나도 피하지 못했다. 말하자면 그대는 정념을 없앰으로써 타락시켰고, 자유롭게 자란 아이들을 효과적으로 보호할 모든 방어벽을 허물어 버렸다.

이때 그대는 자신이 성직자라고 상상하면서 포장된 도로를 만들자는 유혹에 넘어가지 않으려고, 거리를 지날 때 바퀴 달린 교통 수단을 이용하지 않겠다고 공개적으로 선언한 사람과 다를 바 없다. 그대는 예술가라면 몸서리치지 않고서 도저히 건드리기 힘들 법한 여자가 유혹하며 다가올 때 사냥할 계획을 세우는 남자와 다를 바 없다. 그대는 신체를 본래 모습이 드러나지 않게 꾸미고 숨기려고 옷이 더 많이 필요하다고, 또 그림과 조각, 극장과 예쁜 색을 없애 버리자고 아우성치며 요구하는 사람과 다를 바 없다. 믿기지 않을 테지만 불행한 미치광이들은 대부분 책망을 듣지 않을뿐더러 심지어 감탄의 대상이 되어 추앙까지 받지만, 예술가들은 관용과 예술의 자유를 위해 투쟁해야 한다.

불행한 미치광이들에게 인간의 벗은 몸은 우주에서 가장 기괴하고, 어둡고, 외설스럽고, 참을 수 없는 광경이다. 예술가들에게 인간의 벗은 몸은 좋게 보면 자연에 존재하는 가장 감탄스럽고 찬미할 만한 광경이고, 평균적으로 보면 대수롭지 않게 넘어갈 무관심한 대상이다. 내일 오후 기적이 일어나 최후의 심판[15]에 앞서 런던에 사는 사람들이 걸친 옷을 한꺼번에 홀딱 벗겨도, 예술을 이해한 사람들은 눈썹 하나도 까딱하지 않을 것이다.

그러나 예술을 모르는 사람들은 미쳐 날뛰다 벗은 몸을 숨기려 산으로 달려갈 터다. 벗은 몸이 예술가들에게는 더할 나위 없이 건강한 상태를 나타내지만, 예술을 모르는 사람들에게는 병든 상태로 보인다고 말할 수 있다. 게다가 영국처럼 추운 나라에서는 그림과 조각상, 극장에서 상연되는 연극을 통해 벗은 인물에 익숙해져야만 건강한 상태에 이를 수 있다. 벗은 몸은 자연에 가까우며, 환상을 불러일으킴으로써 예술 작품을 창조하고 시도 지어 노래하게 만든다.

간단히 말해 우리는 모두 예술적으로 교육받지 않는 한, 자라서 멍청이가 되고 정신 나간 사람이 된다. 우둔함과 광기라는 오점은 일반적으로 퍼졌고 심지어 영국의 특성이라고 떠벌리기에 관용할 수밖에 없는 현실이 상황을 더욱더 악화시킨다. 상황은 바야흐로 대단히 위험하고 심상치 않은 방향으로 흘러갈 터다. 예술을 비추는 마지막 빛마저 종교 교육을 중단함으로써 학교에서 차단될 위기에 빠진 탓이다.

---

1 미술美術 fine art은 미를 표현하는 예술을 가리킨다. 좁은 의미로 시각과 연관된 미를 추구하는 예술을 가리키는데, 조형 미술이라고도 부른다. 여기에 회화와 조각, 건축이 포함된다. 넓은 의미로 희곡과 음악, 문학 작품까지 포함하는 미술은 '순수 예술'이라고 해야 할 듯하다. 미술 또는 예술이 무엇이냐는 질문에 한 마디로 답하기는 거의 불가능하다. 아름다움의 기준이 시대와 장소, 사회 조건에 따라 변하듯 미술이나 예술의 의미도 다양하다. 쇼가 생각한 예술은 자유로운 정신으로 생명력을 증진하고 표현하는 양식으로 넓게 이해할 수 있다.

2 영국은 입헌 군주제를 기초로 근대적 의회 제도와 의원 내각제를 전 세계로 전파시켰다. 영국 의회는 상원과 하원으로 구성되고, 양원은 둘 다 웨스

트민스터 궁전을 국회 의사당으로 사용한다. 하원이 강력한 권한을 행사한다. 하원House of Commons은 각각 하나의 선거구를 대표하는 650인의 선출된 의원으로 구성되고, 하원에서 다수를 차지한 당이 정부 곧 내각을 구성한다. 하원은 발의된 모든 법안에 대해 논쟁을 벌임으로써 정치 환경과 새로운 의견의 발전에 영향을 미친다. 상원House of Lords은 세습 의원들과 국가에 봉사한 공적을 인정받아 임명된 의원들로 구성된다. 상원은 발의된 법안을 개정할 수 있는 제한된 권한만 행사할 수 있다. 왕실이 있고, 양원제도가 엄존하는 영국의 정치 체제가 진정한 의미에서 민주 공화국인지는 숙고해볼 필요가 있다.

3 본명은 프랑수아 마리 아루에François Marie Arouet(1694~1778)이고, 볼테르는 필명이다. 18세기 프랑스 계몽주의를 이끈 사상가다. 비판력과 재치, 풍자가 넘치는 작품을 남겼고, 지식의 대중화를 위해 백과전서를 펴내는 일을 주도했다. 『캉디드』는 오늘날까지 읽히는 철학 소설로 당대에 일어난 참상을 풍자적으로 보여줌으로써 세계는 가능한 최선의 세계라는 라이프니츠의 신정론을 비판하고 이성에 입각해 세상을 바꾸어야 한다는 사상을 담고 있다. 『철학 서간*Lettres philosophiques*』(1734)에서는 18세기 유럽의 전제 정치와 종교의 타락상을 비판하고 맹신과 무지에서 벗어나 기존 질서에 저항하고 진보 이념을 고취했다.

4 넬 그윈Nell Gwynne(1650~87)은 가난한 집안에서 태어나 생계를 위해 희극배우가 되었고, 영국의 찰스 2세의 관심을 받아 첩이 되었다. 그녀는 왕정복고기 영국에서 가장 유명한 배우였고, 재능도 뛰어났다. 찰스 왕은 그녀가 낳은 두 아들에게 공작의 작위를 내렸다. 천한 출신의 여자가 왕실로 들어가는 신데렐라 이야기의 주인공으로 희곡과 오페라로 극화되었다.

5 교향곡 9번은 합창 교향곡이라고 부르기도 한다. 베토벤이 작곡한 마지막 교향곡으로 연말연시에 자주 연주되는 곡이다. 독일 낭만주의 철학자이자 시인 실러Johann Christoph Friedrich von Schiller(1759~1805)의 송시 「기쁨에 부쳐An die Freude」에 곡을 붙인 합창을 포함한 교향곡이다. 기악곡으로 편성된 고전 교향곡에 성악을 포함시킨 최초의 시도이자 낭만주의의 문을 연 혁신적 작품으로 평가받는다.

6 바그너Wilhelm Richard Wagner(1813~83)는 독일의 피아노 연주자, 작곡가이자 지휘자, 음악 이론가이자 작가다. 오페라에 포함되는 음악극 형식은

이후 오페라 역사와 음악사에 지워지지 않을 족적을 남겼다. 주요 작품은 「방황하는 네덜란드인Der fliegende Holländer」(1843), 「탄호이저Tannhäuser」(1845), 「로엔그린Lohengrin」(1850), 「트리스탄과 이졸데Tristan und Isolde」(1865), 4부작 「니벨룽겐의 반지Der Ring des Nibelungen」(1869~76)가 있다.

7 「니벨룽겐의 반지」는 바그너가 작곡한 4개 악장의 서사 악극이며 오페라 역사상 가장 위대한 걸작으로 평가받는다. 저주받은 반지를 둘러싸고 벌어지는 다양한 이야기를 펼쳐 보인다. 보탄이 주축이 되는 신들의 세계, 난쟁이 니벨룽족의 세계, 지크프리트가 주축이 되는 인간의 세계를 배경으로 신들의 세계가 몰락한 다음 인간의 세계가 새로이 탄생되는 과정을 묘사한다. 반지를 둘러싸고 펼쳐지는 권력을 향한 인간의 욕망, 사랑, 배신, 복수, 종말을 통해 권력의 허망함, 인생의 덧없음을 보여준다. 4개 악장은 각각 라인의 황금Das Rheingold, 발퀴레Die Walküre, 지크프리트Siegfried, 신들의 황혼Die Gotterdammerung이다.

8 리히터Hans Richter(1843~1916)는 헝가리 태생의 작곡가로 당대 최고의 지휘자로 평가받는다. 특히 바그너와 브람스 음악 연주의 권위자였다. 빈 음악원에서 공부했으며, 1867년 바그너의 추천으로 뮌헨 오페라단의 지휘자가 되었다. 바이로이트에서 「니벨룽겐의 반지」를 지휘했으며, 바이로이트 바그너 음악 축제의 수석 지휘자를 지냈다. 1897년에 맨체스터 할레 오케스트라 지휘자가 되어 오케스트라의 명성을 높였다.

9 자동 피아노pianola는 음악을 자동으로 연주하는 기계 장치를 가진 피아노다. 음악은 키의 움직임을 공기 판으로 전달하는 나무 막대기 위를 지나가는 두루마리로 만 종이에 구멍을 뚫어 기록했다. 공기 장치를 통제하는 페달과 레버를 움직이면 압축된 공기가 뿜어져 해머를 움직이며 그 해머는 피아노의 건반을 두드리게 된다. 20세기 초 클로드 드뷔시 같은 뛰어난 작곡가들의 작품을 상당히 정확하게 연주하는 자동 피아노가 제작되었다. 1930년대에 라디오와 축음기가 발명되어 인기를 끌게 되자 자동 피아노는 거의 사라졌다.

10 팔레스트리나Giovanni Pierluigi da Palestrina(1525~94)는 이탈리아의 종교 음악가로 미사곡과 성악곡을 작곡한 대위법 양식의 대가다. 가톨릭교회의 반종교개혁이 일어난 시기, 16세기 교회 음악의 보수적 경향을 대표한다. 종교 음악가로서 명성이 높았다.

11 '잡도리'는 잘못되지 않도록 단단히 주의하여 다룬다는 뜻의 우리말이다. '잡도리하다'는 단속하다, 주의하다, 조심하다는 의미로 맥락에 따라 각각 바꿔 쓸 수 있다.

12 프락시텔레스Praxiteles는 태어나고 죽은 날이 알려지지 않은 고대 그리스의 조각가로 이전과 구별되는 섬세하고 우아한 조각 양식을 창조했다. 조각가의 아들로 태어났고, 두 아들도 조각가로 활동했다. 독특한 조각 양식은 당대 그리스와 이후 헬레니즘 시대의 조각가들에게 영향을 크게 미쳤다. 「어린 디오니소스를 안은 헤르메스Hermes Carrying the Infant Dionysus」만 진품으로 전하고, 다른 작품들은 대부분 로마 시대에 만들어진 모작들이다. 모작들 가운데 가장 유명한 작품은 「크니도스의 아프로디테Aphrodite of Cnidos」가 꼽히는데, 여신을 전라로 묘사한 첫 번째 조각 작품이다.

13 헤르메스Hermes는 그리스 신화에서 제우스와 마이아 사이에서 태어난 아들이다. 아르카디아에서는 다산의 신으로 숭상했으며, 문학과 제사에서는 소와 양의 수호자이자 식물의 신으로 묘사되고, 『오디세이아』에서는 신들의 사신이자 죽은 사람을 하데스로 인도하는 안내자로 나온다. 기원전 5세기 후반부터 수염이 없고 알몸인 젊은 남자로 그려졌다. 꿈의 신이기도 하여 그리스인들은 잠들기 전 마지막 헌주를 그에게 바쳤다. 신들의 사자로서 헤르메스는 길이나 문간의 신, 여행자들의 수호자로 풀이되었다. 우연히 발견한 보물은 헤르메스가 선물한 것이었고 뜻밖에 얻은 행운도 헤르메스 덕분이라고 여겼다. 여기서는 프락시텔레스가 빚은 헤르메스의 나체 조각상을 가리킨다.

14 바그너의 음악극 「트리스탄과 이졸데Tristan and Isolde」의 남자 주인공이다. 「트리스탄과 이졸데」는 켈트족의 전설에서 따온 트리스탄과 이졸데의 사랑 이야기를 토대로 만들었다.

15 최후의 심판the Great Last Judgement은 신들이나 인과율에 따라 인간의 행동을 총체적으로 심판하는 일을 가리킨다. 서양의 예언 종교들, 예컨대 조로아스터교, 유대교, 그리스도교, 이슬람교는 각각 최후의 심판 개념을 발전시켰다. 환생을 믿는 아시아 종교들, 예컨대 힌두교, 자이나교, 불교에도 윤회설 같은 최후의 심판 개념이 들어 있다.

세속 교육의 불가능성

이제 아이들은 종교 교육을 받아야 한다. 세속 교육이 불가능한 이유는, 세속 교육이 부조리한 결과로 이어지는 탓이다. 세속 교육에 따르면 악행을 멈추고 선행을 배우는 이유는 네가 그렇게 하지 않으면 너는 회초리로 맞으리라는 것뿐이다. 이것은 교회 부설 학교에서 너는 반대자가 되면 지옥에 갈 것이라고 가르치는 상황보다 더 나쁘다. 적어도 지옥은 영원하고 신성하며 불가피한 것을 드러내는 도구이자 수단인 까닭이다. 다시 말해 그대는 교사에게 등을 돌리는 순간을 피할 수 없다.

여기서 중요한 쟁점을 혼동하여 대단히 총명하고 종교심이 깊은 사람들에게도 세속 교육만이, 서로 개종시키려 경쟁하는 종교인들이 벌이는 투쟁 상황에서 아이들을 구할 수단이라고 설득하는 것은 문제가 아닐 수 없다. 이런 문제는 개인 차원에서 어린 아이가 종교를 믿어야 할 주관적 필요와, 모든 신경信經 creeds과 교회의 역사를 불편부당하게 전달하는 객관적 지식에 접근할 권리를 구별하지 못해서 생긴다.

아이는 자신의 인종과 피부색이 어떠하든 하얀 사람, 검은 사람, 검붉은 사람, 노란 사람이 있다는 것과 정치적 신념이 무엇이든 군주제 지지자, 공화주의자, 실증주의자, 사회주의자, 반사회주의자가 있다는 것을 알아야 한다. 마찬가지로 아이는 그리스도교도, 이슬람교도, 불교도를 비롯해 종교를 믿는 여러 집단이 있을뿐더러 수많은 종교인들이 평균적으로 자기 아버지만큼 정직하고 품행이 바르다는 사실을 알아야 한다. 예컨대 알라[1]는 터키 사람들과 아랍 사람들이 세운 가짜 신이고, 그들은 모두 지옥에 떨어질 것이라고 말해서는 안 된다. 그런데 영국 사람들 가운데 그렇게 생각하는 사람이 많고, 많은 터키 사람들과 아랍 사람들은 영국 사람들에 관해 반대로 생각한다. 알라는 터키 사람들과 아랍 사람들에게 알려진 신의 다른 이름일 뿐이며, 그들도 그리스도교도와 마찬가지로 구원받을 자격이 있다는 것을 배워야 한다.

게다가 터키의 아이는 이슬람 사원[2]에서, 영국의 아이는 교회에서 기도해야 하는 현실적 이유는 터키에서는 무함마드[3]의 이름으로 이슬람 사원에서 예배를 보고, 영국에서는 그리스도의 이름으로 교회에서 예배를 보기 때문이다. 영국국교회에 들어간 터키의 아이나 무함마드를 따르는 영국의 아이는 손이 미치는 아무 데서도 예배를 볼 곳과 어울리는 종교 단체를 찾지 못할 것이다. 종교의 역사와 현재 일어난 사실들에 비추어볼 때 가르침은 거짓을 말하는 셈이고, 섬나라에 사는 대다수 동포들이 영국국교회에 소속되어 있지 않은 대영제국에서 다른 가르침을 말하는 것은 정치적으로 대단히 위험하다.

방금 말한 객관적 태도는 지적으로는 정직하지만 아이에게는 다른 사람들이 무엇을 믿는지 말해 줄 따름이다. 아이가 스스로 무엇을 믿어야 하느냐는 다른 문제다. 아이에게 "너는 종교를 선택할 만큼 나이를 먹기 전까지 판단을 미루어야 해."라고 말하는 합리론[4]은 실성한 사람들이나 동의할 견해다. 아이에게는 양심과 명예 규율[5]이 반드시 있어야 하며, 명예 규율은 종교의 본질이다. 설령 명예 규율이 확인確認 confirmation을 거쳐 개정될 잠정적 규칙일 뿐이라고 해도 말이다. 확인은 정신적으로 성년이 되었다는 신호이자 거부拒否 repudiation일 수도 있는 까닭이다. 현실적으로 능동적 영혼을 지닌 사람들은 삶이 깊어지고 인식의 폭을 넓힐 때 수많은 확인 과정을 밟고 거부하는 일도 잦다.

그런데 아이가 최초로 확인하기 전에 아이를 지도하는 것은 무엇인가? 뜬금 없는 명령은 아니다. 명령은 어떤 종류의 제재制裁 sanction를 받거나 아이가 명령에 복종해야 할 이유가 있어야 하는 까닭인가? 그대가 세속주의자로서 전혀 제재하지 않고 제재가 무엇이고 왜 필요한지 가르치지 않으면, 그대는 "복종하지 않으면 벌을 받게 될 거다."라고 말하는 수밖에 없다. 그러면 아이는 이렇게 혼잣말을 한다. "그래, 내가 들킨다면 말이지. 하지만 등을 돌릴 때까지 기다렸다가 내가 좋을 대로 하고 거짓말을 할 거야." 아이가 사기를 치는 데 성공할 경우, 객관적 처벌은 불가능하다. 아이의 모든 행동을 정탐할 수는 없는 노릇이므로, 최종 결말은 아이가 거짓말쟁이가 되고 양심이 위축된 모사꾼이 되는 것이다. 결국 아이에게 아무리 많은 명령을 내려도 아이는 복종하지 않는다.

요컨대 세속주의자는 바보가 아니라면, 아이의 생명 충동 vital impulse이 완벽성, 곧 신성한 불꽃을 향해 나아가도록 이끌 수밖에 없다. 이러한 생명 충동을 성령의 친교에 충실하려는, 혹은 신의 의지에 복종하려는, 혹은 다른 어떤 표준적 신학 용어와 어울리는 충동으로 부르지 않겠다고 결심해도, 세속주의자는 세속주의[6]에서 일탈하여 아이를 종교적으로 교육하고 있다는 사실을 바꾸지 못한다. '종교적으로'라는 부사를 거부하고 '형이상학적으로'라고 바꾸더라도 사실은 그대로다.

1 알라Allah는 아랍어로 '신'을 의미하며 이슬람교는 알라에게 복종하라는 뜻이 담겨 있다. 이슬람교도는 알라의 뜻이나 명령이 아니면 어떤 일도 일어나지도 이루어지지도 않는다고 믿으며 알라에게 절대 복종하라고 가르친다. 이슬람교의 경전은 꾸란Quran이다. 이슬람교도는 꾸란이 신의 말씀으로, 가브리엘 천사가 알라의 명을 받아 문맹인 예언자 무함마드를 통해 인류에게 전했다고 믿는다. 꾸란의 중요한 교리는 셋이다. 첫째, 알라는 창조주이자 심판자이며 상을 주는 존재다. 둘째, 알라는 유일한 존재다. 셋째, 알라는 전능하고 자비로운 존재다. 이슬람교의 알라와 유대교의 야훼, 그리스도교의 하느님은 같은 유일신을 가리키는 이름이다.

2 이슬람 사원mosque은 모스크라고도 부르며 이슬람교도가 예배를 드리는 건축물이다. 이슬람교Islam는 우리나라에서 회교라고도 부른다. 유일신, 알라를 믿고 엄격한 종교 의례를 발전시켰다. 이슬람교 국가는 종교와 세속을 구분하지 않아 대부분 신정일치 국가로 분류한다. 이슬람교도는 알라를 믿고, 어디에 있든 하루 다섯 번씩 메카를 향해 예배한다. 또한 매년 수백만 이슬람교도가 메카로 순례를 떠난다. 알라와 꾸란을 매개로 형성된 공동체 의식이 매우 강해서 이슬람교도의 정치적 독립과 주권 회복을 위해 투쟁할 때 강한 추진력을 제공했다. 20세기 말 팔레스타인 독립 투쟁이 좌절되면서 이슬람교 국가 건설을 위한 투쟁이 과격해졌다. 현재 수많은 이슬람교도는 정치적 요구를 관철하기 위해 자살 폭탄 공격을 할 수밖에 없는 상황으로 내몰리고 있다.

3 무함마드Muhammad(570~632)는 이슬람교의 창시자이자 알라의 뜻을 전한 예언자다. 무함마드를 영어로 표기한 이름이 마호메트Mahomet다. 6세에 고아가 되어 친척의 손에 자랐다. 610년 대천사 가브리엘을 통해 알라의 말씀을 계시 받았다고 전한다. 613년부터 전교에 나서 이슬람교를 세웠다. 그는 유일신을 정성을 다해 믿고 섬기는 것을 강조했으며, 예로부터 내려온 그리스도교의 예언자들을 따른다고 천명했다. 630년부터 군사 원정에 나서 아라비아 반도를 통일하고 이슬람 제국을 건설했다.

4 합리론rationalism은 개인의 이성이 지식의 근원이자 검증 수단이라고 주장하는 견해다. 합리론자들은 현실 자체가 논리 구조를 가져서 이성으로 파

악할 수 있는 진리가 존재한다고 주장한다. 모든 지식은 감각 경험에서 비롯된다고 주장하는 경험론empiricism에 맞서 이성이 감각에 기초한 인식의 한계를 초월한 진리를 파악할 수 있다고 생각한다. 합리론과 경험론은 둘 다 비합리주의, 다시 말해 의지주의나 감정주의와 대립한다.

5 명예 규율a code of honor은 특정한 단체의 명예를 위하여 구성원들이 반드시 지켜야 할 기본 규칙을 가리킨다. 구성원의 도덕성과 윤리 의식에 근거하여 정해지며, 구성원들의 절대적인 신뢰에 기초한다. 명예 규율을 위반한 구성원은 집단의 존속을 위협한 것으로 간주하여 강력히 처벌한다.

6 세속주의世俗主義 secularism는 사회를 이루는 여러 제도나 관습, 가치관, 사상이 종교적 믿음과 분리되어야 한다는 견해다. 국가는 종교의 자유를 허용하지만 국가 자체는 어떤 종교에도 특권을 부여해서는 안 되고, 중립을 지켜야 한다. 다시 말해 종교는 개인 생활의 영역으로 남겨두고, 사회 생활과 정치적 의사 결정은 종교와 분리하여 객관적 증거와 사실에 기초해야 한다는 것이다. 예컨대 세속주의자는 교육과 종교를 분리하자는 견해를 지지한다. 극단적 세속주의자는 종교 단체가 학교를 운영하는 것에 반대한다.

자연 선택을 믿는 종교

비국교회파 자유 교회와 영국국교회를 비롯해 여러 교회에 소속되어 신도를 모집하는 종교인들이 학교에 출입할 수 있는 독점권을 갖지 못하도록 조치를 하더라도, 우리는 학교에서 종교를 배제할 수 없을 것이라고 마음을 정리해야 한다. 모든 종교는 자연 선택에 따른 진화론을 경계한다. 특히 우리가 자연 선택으로 우연히 일어나는 연속된 과정의 무력한 희생자라는 가르침이, 이른바 세속주의를 표방하는 학교에서 허용되어 환영받는 상황에 공포를 느끼며 끔찍한 일로 여긴다.

학교의 목적을 달성하기에 적합한 종교는 품행에 영향을 미치는 믿음이다. 우주가 자연 선택의 결과로 생겨났다는 믿음은 품행에 급진적 변화를 초래할 뿐만 아니라 종종 기존 질서를 여러 방면에서 파괴한다. 자연 선택에 대한 믿음보다 품행에 영향을 크게 주는 믿음은 달리 없다. 게다가 자연 선택 이론은 학교에서 가르치지 않을 수 없다. 왜냐하면 가장 그럴듯하게 설계된 것처럼 보이는 수많은 자연 현상이 자연 선택으로 설명될 수 있기 때문이다. 진화의 강력한 힘을 가리고 아이를 속여서 무지한 상태로 두는 처사는 방사능과 방사선[1]의 효과나 모세 혈관의 흡인력[2]에 대해 무지한 상태로 두는 것만큼이나 불합리하고 어리석다.

그대가 자연 선택을 믿는 종교의 창시자가 되어 아이가 자신을 아무 책임도 질 수 없는, 환경과 신체적 욕구, 혹은 유전의 지배를 받을 뿐인 희생자로 여기도록 가르쳐도, 아이의 욕구는 그대의 격려로 고무되고 그대의 방해로 기가 죽는다는 사실은 변하지 않을 터다. 아이에게 완벽해지려는 욕구가 엄연히 있다는 사실도 드러난다. 그대가 아이의 욕구를 방해함으로써 기를 꺾어놓고 거칠기 짝이 없는 상황에서 획득한 욕구를 북돋워 기를 살려주면, 아이는 물건을 훔치고 거짓말을 일삼아 그대의 골칫거리가 될 것이다. 반대로 그대가 완벽해지려는 아이의 욕구를 북돋워 기를 살려주면서 아이에게 고유한 신성한 느낌에 애착을 갖고 다른 여러 욕구보다 앞세우도록 가르치면, 아이는 더욱 착하고 바른 아이가 되어 그대가 애를 먹는 일은 훨씬 줄어들 것이다.

이렇게 볼 때 그대가 유사 과학의 용어를 써도 와츠 박사의 찬송가만큼 깊은 구식 종교의 가르침으로 돌아간 듯 느끼고, 사실은 생명력을 더 깊이 헤아리게 될 것이다.

1 방사능radioactivity은 라듐, 우라늄, 토륨 같은 방사성 원소의 원자핵이 붕괴하면서 방사선을 방출하는 성질이나 현상이고, 방사선radioactive ray은 방사성 원소가 붕괴하면서 방출하는 입자선 또는 복사선인데, 알파선, 베타선, 감마선이 있다. 알파선은 헬륨 원자핵으로 질량과 전하가 비교적 크기 때문에 물질 속에서 에너지 감소가 현저하여 공기 중에서 투과력이 약하다. 중성자, 중양성자와 함께 인공적으로 가속시켜 핵반응을 일으키는 포격 입자로 많이 쓴다. 베타선은 핵의 베타 붕괴 때 방출되는 전자의 흐름으로 알파선보다는 투과력이 훨씬 강하며 질량이 작다. 감마선은 전자기파로 핵의 알파, 베타 붕괴 후 일시적으로 들뜬 상태에 있던 핵이 안정된 에너지 상태로 돌아갈 때 방출되며, 투과력이 매우 강해 차단을 위해서는 두꺼운 납판이 필요하다. 방사선의 공통된 성질은 전리 작용, 사진 작용, 형광 작용이다. 핵 발전소와 핵무기 개발, 엑스레이 촬영 등에 활용되었고, 일정한 수치 이상 방사능과 방사선에 노출될 경우 인체를 비롯한 모든 생명체에 치명적이다.

2 모세 혈관 운동, 모세 혈관 효과라고 부르기도 한다. 중력처럼 외부에서 작용하는 힘의 도움으로 좁은 공간에서 체액이 흐르는 능력이다. 모세 혈관은 소동맥과 소정맥을 연결하는 그물 모양의 얇은 혈관으로 한 층의 내피 세포로 이루어져 있다. 혈관과 조직 사이에서 산소, 대사 물질, 노폐물 등을 교환한다. 동맥의 혈관 끝에 위치한 모세 혈관은 영양분과 산소를 조직에 공급하는 동맥혈에서 이산화탄소와 노폐물을 받아 정맥혈로 순환한다. 부종은 모세 혈관 내의 체액이 혈관 밖으로 빠져나와 간질 조직에 고여 있는 경우를 말한다. 신장 질환, 간 질환으로 혈액 내의 알부민 수치가 감소하면서 모세 혈관이 좁아지고, 염증으로 모세 혈관의 투과성이 증가하면 부종이 발생한다. 얼굴의 피부가 붉거나 피부 표면에 실핏줄이 보이는 경우 모세 혈관이 확장된 피부일 수 있다. 특히 얼굴, 목, 머리, 가슴 부위의 피부가 붉게 변한다. 온도 변화에 민감하기 때문에 갑작스러운 온도 변화나 직사광선, 자극이 심한 음식물, 카페인은 피하는 것이 좋고, 비타민 섭취로 모세 혈관 벽을 강화하는 것이 건강에 좋다.

도덕 교육 연맹

이제 도덕 교육 연맹에 가입한 사람들은 목소리를 크게 내며, 완벽해지려는 욕구는 왜 과학의 언어를 써서 합리적으로 길러져서는 안 되느냐, 요나와 고래 이야기[1] 같은 종교를 둘러싼 수천 가지 이야기와 결합되어야 하느냐, 그럴 만한 이유라도 있느냐고 물을 것이다. 그럴 만한 이유는 아주 많다. 한 가지 이유는 아이들이 모두 요나와 고래 이야기를 좋아한다는 것이다. 성경에 쓰여 있는데도 아이들은 고래가 되어 정색을 하고서, 아주 커다란 목구멍을 가진 고래에게나 일어날 수 있다는 듯 요나가 고래의 목구멍에 맞지 않을 것이라고 주장한다.

세상의 어떤 아이도 도덕 교과서나 교리 문답서, 혹은 추상적인 용어로 진술된 종교적 믿음을 참아낼 수 없다. 도덕 교과서가 달성해야 할 목표는 합리성과 과학적 신빙성, 정확성, 논쟁에 맞선 증명이 아니며 신뢰성도 아니다. 아이들이 착하게 행동하도록 만드는 것이 목표다. 아이들을 지겹게 만드는 도덕 교육서가 있어야 할 자리는 쓰레기통뿐이다.

엘리사와 곰에 관한 이야기[2]를 예로 들어보자. 도덕 교과서의 저자들에게는 더할 나위 없이 비난받아 마땅한, 도덕적으로 부끄러운 이야기로 보인다. 사실의 기록으로 보면 분명히 참이 아닐뿐더러 이야기에서 그려낸 하느님의 기질은 어른 독자의 흥미를 끌지 몰라도 충격적이고 신성을 모독하는 것처럼 보인다. 그러나 아이에게는 아주 중요한 이야기다. 아이는 이야기에 곰이 나오기 때문에 흥미를 느낀다. 늙은 신사를 조롱하고 대머리라고 무례하게 말하는 아이들은 착하고 바르지 않다는 인상을 아이에게 남긴다. 이것은 매우 바람직한 인상이고, 아이가 엘리사와 곰에 관한 이야기에서 도덕적 교훈을 얻는다고 볼 충분한 근거다. 하느님과 아이에 관한 이야기로 읽을 때, 하느님을 당연하게 받아들이고, 아이들이 잘못했다고 여긴다. 어른들은 반대로 행동함으로써 성경 속의 이야기들이 유아기에 나쁜 영향을 주는지에 관해 무의미한 말잔치를 벌인다.

그러나 아이를 비롯해 다른 누구든 교사나 책이나 학교를 통해 종교를 배울 수 있다고 아무도 생각하지 못한다고 하자. 그러면 순수 예술 전체, 다시 말해 영감으로 받은 계시 전체에 대해 아무 제한 없이 접근할 수 있어야만, 우리는 모든 덕이 염원하는 신성함이라는 개념을 구성할 수 있다. 하지만 한물가거나 위험하거나 흉악하거나 욕정에 사로잡힌 모든 것이 정화된 순수 예술을 찾아내거나, 모든 아이들은 말할 것도 없고 특별한 아이에게 무엇이 좋은 것인지 골라내 선택하려는 희망은 얄팍한 허영심을 보여줄 따름이다.

방금 말한 선택은 학교 선생이나 할 법하고 가능하지도 않고 바람직하지도 않다. 악에 대한 무지는 덕이 아니라 바보짓이다. 악에 대한 무지를 칭찬하는 처사는 그대의 시계를 훔친 사람에게 그대의 시계인 줄 몰랐다는 이유로 정직하다고 상장을 주는 꼴이다. 덕은 선과 악을 구별하고 선을 선택하는 능력이다. 또한 지식이 없으면 선택도 할 수 없다.

이러한 주장 역시 실제로 일어난 사실에 대한 위험한 단순화다. 우리는 선택하지 않고 그냥 성장한다. 그대가 악이라고 생각한 모든 것을 아이가 모르게 차단하면, 아이는 갑자기 닥친 상황에 대처하지 못해 죽을지도 모른다. 아이가 열 살이 되어 인간의 꼴을 갖출 때까지 아이가 악한 것들을 전혀 모르게 두면, 그대는 어리석게도 아이를 양쪽으로 잡아당겨 매달린 채 이러지도 저러지도 못하게 두는 셈이다. 부모들과 교사들이 날마다 하듯 그대가 도덕의 이름으로 아이가 악을 모르는 상태로 두려고 애쓸 때, 그대 역시 이러지도 저러지도 못한 채

허둥댈 수밖에 없다.

우리가 악의 문제에 대해 분별 있는 견해를 갖게 될 시대에 살게 되면, 그대는 아이에게 부모로서 직무를 유기한 혐의로 고소를 당하게 되리라. 아이는 좋은 천사와 나쁜 천사 사이에서 벌이는 갈등을 견뎌내지 못한다. 아이는 선과 악의 중간에 자리한 천사와 함께 감당해야 한다. 건강하고 정상적인 경우에 중간에 자리한 천사는 위험한 과정에 접어들 때 아이를 죽기 직전으로 몰아넣지 않고 재빨리 착한 천사가 되도록 이끌어 준다.

그러므로 아이가 좋은 예술을 체험하도록 주의 깊게 규제하는 문제는 생기지 않는다. 절대적 의미로 좋은 것은 아무 데도 없다. 마찬가지로 절대적 의미로 좋은 예술도 없다. 아이에게 너무 좋은 예술은 아무것도 가르치지 못하거나 아이의 정신을 이상하게 만들 것이다. 수준이 훨씬 낮은 문학 작품을 읽었더라면 제정신을 유지할 수도 있었던 많은 사람들이 성경이라는 뛰어난 최고 문학 작품을 읽고 광기에 사로잡혔으니 말이다. 실제 삶에 유용한 도덕은 우리가 좋아하는 어떤 이야기든 읽어야 하고, 어떤 그림이든 봐야 하고, 어떤 노래와 교향곡이든 들어야 하고, 어떤 연극이든 보러 가야 한다는 것이다. 우리는 말할 것이 아무것도 없는 사람들을 좋아하지 않을 터다. 누구나 우리의 선택에 대해 편견을 품을 권리는 있지만, 아무도 우리가 어떤 예술 작품이든 감상하지 못하도록 규제함으로써 아무 선택도 하지 못하게 만들 권리는 없다.

이제 오해받을 위험 없이 쿠퍼 템플주의[3]라는 영국의 대중적 합의는 겉보기와 달리 어리석지 않다고 주장할 수 있다. 어느 종파에도 속하지 않은 성경 교육이 가능한 까닭이다. 사실 성경에서 여러 종교가 생겨났다. 어떤 종교는 야만성이 두드러지고, 어떤 종교는 냉소와 염세 성향으로 기울며, 어떤 종교는 사랑이 넘치고 낭만적이며, 어떤 종교는 회의적이고 도전 정신에 투철하다. 어떤 종교는 친절하고 단순하며 직관을 중시하고, 어떤 종교는 궤변을 늘어놓고 지성을 강조한다. 그러나 어떤 종교도 마침내 예수의 십자가형[4]에서 영감을 얻은 그리스도교로 귀착되지 않으면, 서양 문명의 고유한 성격과 어울리지 않을뿐더러 서양 문명이 발전한 조건도 제대로 설명하지 못한다. 서양 문명에 속한 어떤 나라에서도 예수의 십자가형 같은 사건은 전에도 없었고 이후로도 일어나지 않았다.

그런데 성경에는 동양 인종이 쓴 고대 문학도 분명히 들어 있다. 거짓과 가식이 포함된 성경을 아이들이 문학으로서 읽는 일은 문학을 전혀 알지 못하는 것보다는 훨씬 낫다. 성경 읽기는 실제 삶에 쓸모가 있는 대안이었다. 더욱이 우리의 흠정역 성경[5]도 위대한 예술 작품인 만큼, 흠정역 성경을 읽는 일은 예술을 아예 모르는 것보다 훨씬 낫다. 이것도 실제 삶에 쓸모 있는 대안이다. 성경은 적어도 교과서가 아니고, 나쁜 이야기책도 아니지만, 성경 속의 몇몇 이야기는 무섭고 두려움을 느끼게 만든다. 그러므로 성경이냐, 속이 텅 빈 세속 교육이냐를 두고 선택해야 한다면 성경을 선택하는 것이 쓸모가 있다.

---

1 요나와 고래 이야기는 고대 이스라엘 유대교 성경의 요나서에 기록되어 있다. 요나Jonah는 기원전 8세기경 북쪽 이스라엘 왕국의 예언자로 히브리어 성경에 기록된 이름이며, 요나서는 요나가 이스라엘의 부족신 야훼와 자신의 삶을 연결하여 경험한 내용을 기록했다. 요나는 이방인들의 도시 니네베로 가서 죄로 가득한 그 도시가 천벌을 받을 것임을 예언하라는 야훼의 계시를 받는다. 요나는 예언을 하면 이방인들의 도시 니네베가 회개하여 구원받을 것이므로 예언을 꺼린다. 야훼의 명령을 어기고 니네베와 반대 방향으로 가는 배를 탔을 때, 거센 풍랑을 만나자 자신의 탓임을 깨닫고 선원들에게 자신을 바다로 던지라고 말한다. 그가 바다에 던져지자 풍랑이 가라앉고, 고래가 요나를 삼킨다. 요나가 사흘 동안 고래 뱃속에서 야훼에게 기도를 하자, 고래가 요나를 육지로 뱉어냈다. 다시 야훼의 계시를 받은 요나는 니네베로 가서 야훼의 예언을 전했고, 니네베의 왕과 모든 사람들이 회개했다.

2 엘리사Elisha는 고대 이스라엘의 유대교 성경에 예언자로 엘리야의 후계자로 정확한 초기 생애는 알려져 있지 않지만, 851년경 엘리야가 야훼의 계시로 엘리사에게 겉옷을 물려주어 후계자로 세웠다고 전한다. 예후가 오므리 가문에 대항해 반란을 일으키도록 부추기며 주도했는데, 이 사건은 이

즈르엘의 대학살로 기록되었다. 엘리사와 곰 이야기는 열왕기하 2장 23절부터 25절에 기록되어 있다. 엘리사가 베텔로 가고 있을 때 아이들이 성에서 나와 "대머리야 꺼져라, 대머리야 꺼져라."라며 놀려댔다. 엘리사는 야훼의 이름으로 저주했다. 그러자 암곰 두 마리가 숲에서 나와 아이 마흔둘을 찢어 죽였다.

3 쿠퍼 템플William Francis Cowper-Temple(1811~88)은 1869년부터 1880년까지 영국 자유당에 소속된 정치가였다. 그는 1870년 기숙 학교를 영국 전역에 세우는 교육 법안 상정에 참여했고, 부모들이 아이들에게 종교 교육을 하지 못하게 허용하는 수정안, 곧 쿠퍼-템플 조항을 책임지고 제출했다. 쿠퍼-템플주의는 아이들이 특정 종파에 치우친 종교 교육을 금지하는 견해를 가리킨다.

4 십자가형crucifixion은 페르시아, 알렉산드로스 대왕을 계승한 셀레우코스 왕조, 이스라엘과 카르타고, 로마에서 기원전 6세기경부터 4세기에 걸쳐 널리 사용된 처형 방법이다. 로마 제국의 첫 그리스도교도 황제 콘스탄티누스 대제는 십자가형을 받은 예수 그리스도에 대한 존경심 때문에 337년 로마 제국 안에서 십자가형을 폐지했다. 예수의 십자가형 이야기는 신약성서의 마태오, 마르코, 루카, 요한 복음서에 기록되어 있다.

5 흠정역 성경Authorized Version은 킹 제임스 번역본 성경The King James Version 또는 킹 제임스 성경The King James Bible이라고도 부른다. 1604년에 제임스 왕의 명령으로 번역을 시작하여 1611년에 마친 그리스도교 성경의 영어 번역본이다. 흠정역 성경의 절반 이상이 윌리엄 틴데일William Tyndale(1494~1536)의 성경 번역본에 근거한다. 윌리엄 틴데일은 앞서 라틴어 성경을 영어로 번역한 존 위클리프John Wycliffe(1320년경~84)에게 영향을 받아 성경을 영어로 번역했고, 라틴어 성경을 영어로 번역했다는 이유로 당국에 체포되어 화형 당했다. 아름다운 문체로 번역되어 최고 문학 작품으로 찬사를 받는다.

성경

성경만으로 충분하지 않다. 현대 유럽의 진짜 성경은 히브리 성서에 담긴 영감과 계시가 현재까지 이어진 위대한 문학작품이다. 니체의 『차라투스트라는 이렇게 말했다』[1]는 병들고 불행한 사람들에게 구약 성서의 시편[2]보다 위안을 더 주지 않는다. 그러나 니체의 『차라투스트라는 이렇게 말했다』가 진리에 더 가깝다. 미묘한 경구들이 많아 이해하기 훨씬 어렵지만 인간을 교화시키는 측면에서 배울 점은 더 많다.

우리는 욥기the Book of Job의 화려한 문체와 혼란에 빠져 방황하는 영혼의 비극적 초상에서 위안을 얻는다. 그렇다고 하여 신의 앙갚음에 드러난 비열하고 엉뚱한 측면까지 감출 수는 없는 노릇이다. 욥기는 신, 하느님에게 다가가는 이야기다. 혹은 셸리의 「해방된 프로메테우스」[3]와 바그너의 「니벨룽겐의 반지」 같은 현대판 계시가 필요함을 보여주는 이야기다. 성경에서 받은 영감이 베토벤의 「9번 교향곡」보다 더 크게 나타난 사례는 찾기 어렵다. 더구나 근대 음악이 성경에서 받은 영감을 근대인과 현대인에게 전달한 권능은 엘리자베스 1세[4] 재위 시기의 영어가 누린 권세보다 훨씬 더 위대하다. 엘리자베스 1세 재위 시절의 영어는 월터 스콧 경[5]과 러스킨처럼 어린 시절부터 성경에 푹 빠져 지낸 사람들을 제외하면 아무도 쓰지 않으므로 죽은 언어다.

게다가 문학 작품을 이해하지 못하고 음악을 들을 줄 몰라도 건축과 그림, 조각상, 옷, 무대 예술을 쉽게 이해할 수 있는 사람은 많다. 예술을 창작하고 즐기는 방법은 어느 것이나 다 젊은이들에게 집중되어야 마땅하다. 젊은이들은 자신들에게 맞는 예술 양식을 발견하고 자연스럽게 즐겨도 된다. 젊은이들은 모두 사춘기를 거쳐 완전히 성숙한 어른으로 성장한다. 이때 예술을 경험함으로써 얻는 쾌락과 감정은 그들의 갈망을 충족해 줄 것이다. 그들은 굶주리거나 모욕을 당하면, 병든 갈망에 휩쓸려 불명예스럽고 수치스러운 방법으로 만족을 추구할지도 모른다. 시를 배워 갈망을 충족하지 않고 너무 빨리 다른 방법을 쓰면, 인류를 위한 정력은 파괴될 수도 있다. 여기서 필요한 목적에 가장 위험한 예술은 종교적 황홀경을 표현한다고 자처하는 예술이다.

젊은 사람들은 종교 생활을 하기 오래 전에 사랑할 기회를 잡아야 한다. 아주 어리석은 사람만 『그리스도를 본받아서』

[6] 를 대신하여, 소년과 소녀에게는 『보물섬』[7]을 선물하고, 또는 총각과 처녀에게는 바이런의 『돈 주안』[8]을 선물할 터다. 플로베르[9]의 『성 앙투안의 유혹』[10]은 쉰 살 먹은 남자에게 알맞은 탁월한 책이다. 아마도 환영이 얽힌 황홀경에 대해 건전하게 연구한 걸작으로 우리가 손에 넣을 수 있는 최고 작품일 것이다. 그러나 열다섯 살 먹은 소년과 소녀에게는 『아이반호』[11]와 성전 기사단[12]이 훨씬 더 좋은 성자이자 악마다. 더욱이 열다섯 살 먹은 소년과 소녀는 좋은 책들이 잘 비치된 도서관에서 정원을 거닐 듯 마음에 드는 책을 꺼내 읽고, 악단이 연주하는 음악을 듣고, 영화를 보려고 용돈을 쓰게 되면, 스스로 깨닫게 될 것이다. 연장자들은 소년과 소녀가 준비가 되기도 전에 최선을 선택하기를 바랄 때, 소년과 소녀의 선택이 종종 꼴도 보기 싫어지고 정나미가 떨어질 수도 있다.

내가 아는 한 지금까지 가장 위대한 개신교 선언문은 체임벌린의 『19세기의 토대』[13]다. 능력이 있는 사람이라면 누구나 읽어야 할 책이다. 아마도 몽크의 『진짜 역사』[14]는 정반대의 극단을 보여줄 것인데, 추측일 뿐이고 나는 그녀의 책을 직접 읽어본 적은 없다. 어떤 소년이 도서관에서 마음대로 돌아다니게 두면 몽크의 책을 골라잡을 테지만, 체임벌린 선생의 책은 전혀 좋아하지 않을 터다. 내가 『천일야화』나 내가 더 재미

있어 할 만한 책을 읽지 않았더라면, 몽크의 책도 읽었어야 할 것이다. 아이들은 어른들과 마찬가지로 예술을 발견할 자유를 보장받고 어른들이 자신들에게 좋다고 생각한 것에 구속받지 않으면, 각자 자신의 수준에 맞는 예술을 찾아낼 터다.

바로 지금 우리의 젊은이들이 래그타임[15] 음악 양식에 열중하는 까닭은 분명히 당김음 율동이 그들에게 신선한 느낌을 선사하기 때문이다. 젊은이들이 베토벤의 「레오노레 서곡 3번」[16]에서 비롯한 당김음으로 무엇을 할 수 있는지 배웠다면, 래그타임을 더 재미나게 즐기게 될 터다. 그러나 젊은이들은 래그타임을 각자 취향에 따라 마치 음란물을 즐기듯 체험한다.

---

1 『차라투스트라는 이렇게 말했다*Also sprach Zarathustra*』는 망치를 든 철학자로 자처한 니체가 쓴 4부로 구성된 철학 산문시다. 1883년부터 85년 사이에 출판되었다. 차라투스트라는 이란 북부 지방에서 태어난 예언자로 조로아스터교를 세운 자라투스트라Zarathushtra의 독일식 표현이다. 영어식 표현은 조로아스터Zoroaster다. 산에 올라가 십 년 동안 깨달음을 얻으려 수양하던 차라투스트라는 마흔 살에 깨달음을 얻는다. 그는 "신은 죽었다."라고 선언하고 산을 내려와 여행하며 자신이 깨달은 지혜를 전하려 애쓴다. 여기서 니체는 자신의 독창적 사상을 경구와 비유, 상징, 시적 감성이 충만한 문장으로 서술했다. 권력 의지, 초인, 영겁회귀 사상은 기존 그리스도교 도덕을 뒤집어엎고 현대인을 위한 새로운 도덕을 예언적으로 제시했다. 이 책은 후대 철학자, 시인, 작가뿐 아니라 현대의 대중들에게도 영향을 크게

끼쳤다.

2 시편the Psalms은 히브리어 성경, 곧 구약 성서의 일부로 150편의 시로 구성되어 있다. 시들은 신앙심을 노래하는데, 주제는 기쁨의 찬양부터 엄숙한 찬송, 비통한 항의까지 다양하다. 찬송, 탄식, 신뢰, 감사를 시로 표현하다. 야훼를 유대 나라, 곧 이스라엘의 제왕이라 부르기도 했다. 그리스도교 의 전례와 예배 의식에 영향을 크게 미쳤다. 초기 교회는 사도 바오로의 "시와 찬미와 신성한 노래를 부르라"는 명령에 따라 예배 의식에서 시편의 시들을 노래했다. 16세기 종교 개혁 이후 시편을 가사로 써서 찬송가를 만들었다.

3 셸리Percy Bysshe Shelley(1792~1822)는 영국에서 유명한 낭만주의 시인 가운데 한 사람으로 급진주의 사상가였다. 메리 고드윈Mary Gordwin과 사랑의 도피 행각을 벌여 결혼했다. 메리 고드윈 셸리는 낭만주의 문학을 대표하는 『프랑켄슈타인*Frankenstein*』(1818)을 쓴 작가다. 셸리의 시극 『해방된 프로메테우스*Prometheus Unbound*』(1820)는 그리스 신화에서 불을 훔쳐 인간에게 주었다는 이유로 결박된 채 독수리가 심장을 쪼아 먹는 형벌을 받은 프로메테우스의 이야기를 바탕으로 썼다. 제1막에서 제우스가 내린 형벌로 코카서스 낭떠러지 바위에 결박된, 인류를 사랑하는 프로메테우스가 증오심을 버리고 사랑을 간직한 채 압력에 굴복하지 않으며, 인류에 대한 희망을 끝까지 잃지 않는다는 내용을 담고 있다. 제2막에서 사랑의 화신 에이시아와 우주의 근원적 힘을 상징하는 데모고곤이 프로메테우스의 해방을 위해 애쓴다. 제3막에서 마침내 데모고곤이 제우스를 물리치고 프로메테우스가 해방되어 자유와 사랑의 신세계가 펼쳐진다. 제4막에서 시간을 상징하는 요정과 인간의 마음을 상징하는 요정이 환희의 노래를 부르고 달과 지구가 화답하고, 끝으로 데모고곤이 만물의 요정을 축복한다.

4 엘리자베스 1세Elizabeth I(1533~1603)는 1558년부터 1603년까지 44년간 잉글랜드 왕국과 아일랜드 왕국을 다스린 여왕이다. 본명은 엘리자베스 튜더Elizabeth Tudor다. 열강의 위협과 극심한 경제난, 종교 전쟁으로 혼란스럽던 16세기 초반 유럽의 후진국이었던 영국을 세계 최대 제국으로 발전시키는 데 이바지했다.

5 월터 스콧 경Sir Walter Scott(1771~1832)은 영국의 시인이자 소설가다. 1805년 『마지막 음유 시인의 노래*The Lay of the Last Minstrel*』를 발표해 명성을 얻

었다. 1814년 『웨이벌리*Waverly*』를 시작으로 소설을 쓰기 시작했는데, 27부 70권에 이르렀다. 대부분 역사적 사회 소설의 성격을 띠며 당시 대중에게 인기가 있었다. 1819년에 발표한 『아이반호』가 유명하다.

6 『그리스도를 본받아서*De Imitatione Christi*』는 15세기의 종교 서적으로, 독일의 신비주의 사상가 켐피스Thomas à Kempis(1380~1471)가 썼다고 전한다. 그리스도교, 특히 로마 가톨릭교회에서 중시하는 신앙 서적이다. 그리스도교 초기 역사부터 현재까지 그리스도의 삶을 본받는 것은 그리스도교의 신학, 윤리학, 영성에서 가장 중요한 요소다.

7 『보물섬*Treasure Island*』은 스티븐슨Robert Louis Stevenson(1850~1894)이 쓴 소설이다. 아들에게 모험 이야기를 들려주기 위해서 지었다고 한다. 우리나라에도 여러 번역본이 나와 있다.

8 바이런George Gordon Byron(1788~1824)은 영국의 낭만주의 시인이다. 「돈주안Don Juan」은 바이런이 쓴 장편 서사시로 1819년부터 1824년까지 발표했다. 1824년 바이런이 죽음으로써 미완성작으로 남았다. 돈 주안은 영어식 표기이고, 스페인어로는 돈 후안이라고 읽는다. 젊은 돈 주안이 시끄러운 연애 사건을 계기로 국외로 망명하여 그리스와 러시아, 영국을 비롯해 여러 나라를 여행하며 겪는 이야기가 소재다. 작가 자신의 체험을 기초로 사회를 풍자했고, 8행을 1연으로 약강 5음보를 지킨 시 형식을 철저히 지켰다. 완벽한 시 형식을 구사하고 표현력이 뛰어나 영국을 대표하는 풍자시로 평가받는다.

9 플로베르Gustave Flaubert(1821~1880)는 프랑스 출신의 19세기 소설가로 『보바리 부인*Madame Bovary*』을 발표하여 프랑스 사실주의 문학을 이끌었다. 자유로운 공간과 자연의 감정을 중시하는 낭만주의 경향도 나타나며 사물을 있는 그대로 그리는 사실주의, 곧 자연주의 문학의 길을 열었다. 돌 하나를 묘사할 때도 최고로 적합한 단 하나의 낱말을 찾았다는 말로도 유명하다.

10 플로베르가 쓴 희곡 소설 『성 앙투안의 유혹*La Tentation de saint Antoine*』(1849)은 19세기 사실주의 문학이 시작되었음을 알린 작품으로 평가받는 희곡 소설이다. 수도자 앙투안이 수행을 하면서 무의식과 분열되는 경험을 하고, 일곱 가지 원죄와 관련된 욕망이 얽힌 환영을 각각 그린다. 앙투안의 삶을 통해 플로베르는 19세기 문화의 화두로 등장한 육체와 정신, 무의식과 의

식, 종교와 과학의 대립과 관계에 대해 쏟아진 방대한 지식을 검토하고 여러 각도로 조명한다.

11 1819년 월터 스콧이 펴낸『아이반호*Ivanhoe*』를 가리킨다. 노르만 귀족들에 점령당한 앵글로색슨족의 저항과 기백을 그린 작품이다. 흑기사로 활약하는 사자왕 리처드 1세와 로빈 후드, 아이반호와 로위너 공주 같은 등장 인물을 통해 12세기 잉글랜드 역사와 당대 사람들의 삶을 역동적으로 묘사한다.

12 성전 기사단Templars은『아이반호』에서 리처드 왕과 기사 아이반호가 십자군 원정에 참여한 배경을 보여주는 장치로 등장한다. 성전 기사단은 십자군 원정 때 생긴 종교 기사단으로 정식 이름은 '그리스도의 가난한 기사들과 솔로몬의 기사단Poor Knights of Christ and of the Temple of Solomon'이다. 그리스도교의 기사 수도회 가운데 가장 유명한 조직으로 1139년 교황청의 공인을 받았고, 1312년경까지 활동했다. 십자군 원정The Crusades의 목적은 예루살렘과 그리스도의 성묘를 이슬람교도로부터 탈환하는 것이었다. 십자군은 1098년 안티오크를 점령한 데 이어 1099년 예루살렘을 점령하면서 이슬람교도와 유대인을 학살했다. 이단자 처단과 정치적 목적으로 소집한 십자군 원정은 15세기까지 이어지다 가톨릭교회의 지배력이 약해지면서 소멸했다.

13 체임벌린Houston Stewart Chamberlain(1855~1927)은 영국계 독일 작가로 정치 철학과 자연 과학에 해박한 저술가다. 바그너의 사위이자 19세기 인종주의를 주도한 인물이다. 체임벌린의 두 권짜리 책『19세기의 토대*Foundations of Nineteenth Century*』는 인종주의를 체계적으로 옹호했다. 여기서 순혈 인종을 보존하는 수단이 민족 국가라고 주장했으며, 역사를 게르만족 아리아 인종의 신과 유대 인종의 악마가 치르는 싸움으로 그렸다. 이 저술은 20세기 초반 범게르만주의 운동에 영향을 크게 미쳤고 반유대주의와 결합되어 나치즘으로 왜곡됨으로써 세계사에 파란을 일으켰다. 쇼는 우생학을 지지한다고 선언하여 구설에 오른 적이 있다.

14 몽크Maria Monk(1816~49)가 쓴 책을 가리킨다. 그녀는 캐나다 출신으로 스무 살 나이에, 수녀원에 머물며 목격한 한 수녀의 비밀을 폭로한『끔찍스러운 이야기*Awful Disclosures*』를 펴냈다.『진짜 역사*True History*』라고 부르기도 하는 몽크의 책은 몬트리올에 위치한 수녀원에서 가톨릭교회 신부들이 수

녀들에게 저지른 성범죄와 그 결과로 빚어진 영아 살해의 실상을 폭로한다. 이 책은 출간되자마자 잘 팔리는 책으로 이름을 올렸다.

15 래그타임ragtime은 당김음syncopation 효과를 강조한 흑인 음악 양식으로 1899년부터 1917년까지 미국 대중음악계를 지배했다. 당김음은 같은 음높이의 센박과 여린박이 연결되어 셈여림의 위치가 바뀌는 기법이다. 19세기 말 미시시피와 미주리 강 유역에서 활동한 홍키통크honkytonk, 싸구려 술집이나 연예장에서 연주하던 소박한 즉흥 음악 양식으로 연주하는 피아노 연주자들에서 유래하며, 현대 재즈 음악에 영향을 크게 미쳤다.

16 레오노레 서곡 3번third Leonore Overture은 베토벤이 작곡한 유일한 오페라 「피델리오Fidelio」의 서곡이다. 베토벤이 오페라를 고쳐 쓸 때마다 서곡도 다시 써서 네 서곡이 있다. 서곡 3번은 피델리오 1막의 마지막이나 2막의 중간에 삽입된다. 주인공 레오노레가 역경을 헤쳐 나간 끝에 삶의 보람을 찾는 과정을 보여준다. 그래서 도입부는 고뇌에 찬 서주로 시작되지만, 중반은 멀리서 들려오는 트럼펫의 신호 나팔 소리와 현악기들의 현란한 연주가 뒤따른다. 이어서 지하에 갇혔던 플로레스탄이 마치 계단을 걸어 올라오듯 점점 상승하여 환희에 찬 레오노레의 외침을 묘사하듯 오케스트라 전체가 힘차게 연주하며 끝난다. 서곡만으로도 충분히 극적 감동을 느낄 수 있도록 구성되어 오페라와 독립적으로 따로 연주되곤 한다.

예술가 숭배

순수 예술에 무지한 상태로 자란 사람들에게 래그타임보다 위험한 영향이 있다. 청년기에 예술에 깃든 황홀한 마법을 한 번도 맛본 적 없는 사람들이 아무 예술가나 무턱대고 숭배하는 현상보다 더 한심하고 우스꽝스러운 일은 없다. 테너 가수와 오페라의 여자 주역을 맡은 소프라노 가수, 피아노 연주자, 바이올린 연주자, 남배우와 여배우는 중년기에 위험한 마법에 걸려들어 헤매게 만드는 성과 얽힌 유혹의 지배력을 연기하며 즐긴다. 하지만 그들은 노래와 연주, 연기로 유혹의 지배력을 행사하기 때문에 자신들 말고 아무도 크게 해치지 않는다. 그러나 예술 분야에서 권위자로 군림하는 뛰어난 사람들의 지배력은 훨씬 큰 위험이 따른다.

방금 말한 예술가들은, 예술의 빛이 전혀 비치지 않는 형편없는 가정에서 자라서 자연스러운 예술적 욕구를 충족하지 못한 젊은이들에게 영향을 미칠 수 있다. 이러한 영향력의 실상을 목격한 적도 없고 이해하지도 못하는 사람들은 여전히 믿기지 않을 수 있다. 예술의 세계를 계시한 남자 또는 여자 예술가는 젊은이들에게 천국의 문을 열어준다. 그들은 사도처럼 보이는 예술가의 추종자, 제자, 숭배자가 된다. 바야흐로 예술가는 양심이라고는 조금도 찾아볼 수 없는 주색을 탐하고 성적 쾌락에 탐닉하는 자로 타락할 수도 있다.[1]

자연은 예술가에게도 합리적으로 이해되는 환경에 만족하는 데 필요한 덕을 쌓을 수 있도록 허용했을 터다. 그런데 자연이 허용한 능력은, 예술가가 지극히 일상적인 문화로 받아들여야 마땅한 것에 힘입어 자신을 작은 신으로 여기려는 유혹과 풍기문란에 맞서 스스로 방어할 수 있을 만큼 충분하지 않을지도 모른다. 예술가는 교양을 갖추지 못한 사회의 모든 방면에서 자신보다 성격이 강한 사람들 가운데서 숭배자들을 찾아낸다. 그러나 숭배자들은 예술 교육을 받았더라면, 예술가에게 배울 점도 없고, 예술가로서 실제로 이룬 업적을 제외하면 유별나게 주목받을 만한 점도 없음을 알아챘을 것이다.

타르튀프[2]는 꼭 성직자라고 할 수 없다. 사실 꼭 악당이라고 할 수도 없다. 타르튀프는 종종 전능과 완벽성을 불합리할 정도로 신뢰하는 약한 남자의 모습을 보여준다. 그는 오로지 의지가 너무 약해서 거부하지 못하고 자신에게 주어진 부당한 이익을 취한다. 모든 사람이 타르튀프가 살았던 문화 공동체에서 살 기회를 얻었다고 치자. 그러면 아무도 타르튀프가 마땅히 받아야 할 것 이상을 그에게 주지 않을 터다.

우리는 예술가를 신처럼 떠받드는 우상 숭배에서 아이들을 구해낼 때, 예술에 깃든 황홀한 마법의 힘까지 파괴하지 않을 것이다. 반대로 우리는 아이들이 어디에서나 몸과 마음, 따뜻한 가슴을 가꾸고 기름으로써 이를 수 있는 상태로서 예술을 요구하라고 가르칠 터다. 모리스[3]가 말했듯 예술은 일과 노동 속에서 쾌락을 표현하는 것이다. 확실히 일과 노동이 노예 생활과 다르지 않은 상태에 놓여 혐오스러워질 때는 예술도 없다. 오로지 폭군 교사들이 학습을 노예 생활로 만들 때만 학생들은 예술을 지긋지긋하게 싫어한다.

---

1 예나 지금이나 예술가로 자처하는 사람들 가운데 예술을 빙자하여 성폭력을 비롯한 기행을 일삼으며 부끄러운 줄 모르는 파렴치한 자들이 있다. 예술이 인간다운 욕망의 표현과 자유로운 삶을 펼쳐 보인다는 점에서 기존 관습과 도덕을 넘어설 필요는 인정할 수 있다. 그러나 어떤 예술가도 예술을 빙자해 타인을 자신의 쾌락을 위한 도구로 취급할 권리는 없다. 최근 예술 분야에 종사하는 사람들 사이에서 성폭력에 관한 폭로가 이어지는 상황을 고려할 때 우리가 주의해야 할 대목이다.

2 타르튀프는 프랑스의 유명한 극작가 몰리에르Molière(1622~1673)가 전성기에 펴낸 희곡 『타르튀프*Le Tartuffe*』의 주인공이다. 사기꾼이라는 부제가 붙은 이 책은 사이비 악덕 성직자의 위선을 공격한 내용을 담고 있어 1664년

초연 당시 종교계의 반대가 거세어 이후 공연이 금지되었다. 1669년에 비로소 공개 상연이 정식으로 허가되었고, 전대미문의 대성공을 거두었다. 타르튀프라는 이름은 현대 프랑스어로 위선자를 나타내는 보통 명사로 사용될 정도로 널리 알려졌다.

3 모리스William Morris(1834~1896)는 화가이자 도안가, 건축가이자 작가, 시인이었으며, 사회주의 사상가다. 그가 다양한 분야에서 활동하며 추구한 것은 누구나 인간답게 살고 누구나 아름다운 환경에서 일상적으로 예술을 누리며 사는 것이었다. 최초로 '장식 예술' 개념을 고안했고, 벽지, 가구, 스테인드글라스를 일상생활에 도입했다. 1877년 장식 예술에 관한 강연을 시작했으며, 1882년 『예술을 위한 희망과 두려움』이라는 저술을 발간하면서 생활 속 예술 운동을 전개해 나갔다. 그가 일으킨 미술 공예 운동으로 현대적 '도안design' 개념의 창시자로 평가받는다.

자본주의 체제라는 '기계 장치'

우리는 아이들의 자유를 보장하기 위한 헌법 조항을 추가하려고 열심히 노력할 때, 수고한 보람 없이 아이들이 우리에게 전혀 고마워하지 않을 수도 있다고 생각하는 편이 낫다. 인간이 자유롭게 태어난다는 루소의 주장은 정말 대단할뿐더러 참다운 의미도 담겨 있다. 하지만 모든 인간이 자유를 갈망하고 자유가 주어질 때 기꺼이 자유를 맞이한다고 가정하는 오류에 빠지지 말자. 반대로 자유는 인간에게 강제로 주어지는 것이 분명하다. 그때도 인간은 자유를 버리고 달아나려 한다. 자유를 종교처럼 주입하여 강력하게 보호하지 않으면 말이다.

게다가 인간은 온순하게 태어나며, 세상이 자연적으로 그렇듯 인간은 만물을 전부 이해할 도리가 없다. 오늘날 인간은 정치학과 정부의 통치 기술을 제대로 이해하지 못하고 있으며, 현재로서는 쉽게 이해할 수도 없다. 우리가 현재 그렇듯 인간은 체제의 노예가 될 수 있다. 체제는 우연히 형성되어 존재하고, 아무도 체제가 어떻게 돌아가는지 전부 이해할 수 없는 까닭이다.

콩트가 알아보았듯 지능적으로 작동하는 자본주의 체제는 우리가 대부분 필요한 만큼 충분히 지능적으로 원하는 모든 것을 제공할 터다. 자본주의 체제가 말로 다 표현할 수 없을 만큼 야비한 결과를 만들어낸 까닭은, 자본주의 체제가 자동 기계 장치처럼 움직이기 때문이다. 자본주의 체제로 돈을 버는 사람들과 굶주리고 지위가 낮아지는 사람들은 똑같이 자본주의 체제가 어떻게 작동하는지 거의 이해하지 못한다. 경마에서 이길 것으로 예상되는 말에게 돈을 걸고 사는 표를 팔아 수익을 챙기는 마권업자가 수학자가 아니듯, 우리의 백만장자와 정치가는 분명히 '산업계의 거물'이 아니다.

얼마 전부터 특별한 의미를 지닌 낱말이 운명, 숙명, 섭리의 대체어로 사용되고 있다. 바로 '기계 장치'[1]다. 기계 속에 신은 없다. 국가의 통치권을 행사하는 기관, 곧 정부는 왜 가장 긴급하게 처리해야 할 자문 위원회의 보고를 받고도 아무 일도 하지 않는가? 우리의 박애를 실천해야 할 백만장자들은 왜 금화가 가득한 양동이들을 거리에 던질 준비가 되었는데도 아무 일도 하지 않는가? 자본주의 체제라는 기계 장치가 그들을 그대로 두지 않는다. 언제나 기계 장치가 문제다. 간단히 말해 정치가도 백만장자도 어떻게 해야 할지 모른다.

정치가들과 백만장자들은 나이 지긋한 여자가 고장 난 기관차를 뜨개질하는 바늘로 쿡쿡 찔러 고치려고 하듯 사회를 개혁하려고 애쓴다. 그들이 바보로 태어난 탓이 결코 아니다. 정치가들과 백만장자들도 부모와 교사에게 인간다움과 자유가 아니라 맹목적 복종과 노예 생활을 배운 탓에, 방향을 잘못 잡은 자본주의 체제라는 기계 장치의 희생자가 되었다. 그들은 자유를 원하지 않는다. 자유를 원하도록 교육받지 못했기 때문이다. 그들은 노예 생활과 불평등을 선택한다. 그리고 다른 모든 악은 기계 장치가 돌아가면서 자동으로 생겨난다.

그런데도 우리는 자본주의 체제라는 기계 장치가 필요하다. 우리의 기계 장치는 비숙련자의 손에 들어가 무지한 방향으로 나아갈 때만 위험하다. 우리는 산업용 기계 없이 현대 사회의 구성원들에게 식량과 옷을 제공할 수 없듯, 정치 체제라는 기계 장치 없이 현대 사회를 통치할 수 없다. 사회 제체라는 기계 장치를 부수면, 그대는 무정부 상태의 혼란을 겪게 될 터다. 그렇지만 사회 체제라는 기계 장치는 현재 끔찍하게 작동하고 있어 무정부 상태를 옹호하며 무정부주의자로 자처하는 사람들이 나타났다.

1 기계 장치The Machine는 기계와 비슷하게 움직이는 사회 체제를 가리키는 말이다. 일반적으로 기계는 화학, 열, 전기, 원자핵의 물리력energy을 기계 물리력으로 바꾸거나 반대로 진행되는 과정까지 포함한다. 힘과 운동을 바꾸거나 전달하는 기능도 한다. 모든 기계에는 입력과 출력, 변형과 변환, 전달 장치가 있다. 천연 자원의 물리력을 기계 물리력으로 바꾸는 장치를 '원동기motor'라고 하는데, 풍차와 수차, 터빈, 증기 기관, 내연 기관이 있다. 원동기와 발전기를 제외한 모든 기계를 조작자operator로 분류하며, 계산기와 타자기, 컴퓨터, 감지기가 포함된다. 근대부터 과학 기술 혁명이 계속 일어나면서 사물을 기계 장치로 이해하는 경향이 생겨났고, 오늘날 무생물뿐 아니라 생물도 기계 체계로 설명한다. 인간은 정교한 기계이고, 사회 체제도 일종의 기계 장치로 설명하는 실증주의가 발전했다.

무정부주의에 반대하는 이유

무정부주의에도 정당한 주장이 하나 있다. 모든 정부는 자유를 파괴함으로써, 일반적으로 정부의 권위를 미화하고 개별적으로 정부의 공적을 찬양함으로써 풀어야 할 과제를 단순화하려고 애쓴다는 주장이다. 그런데 법과 질서를 자유로운 기관[1]과 결합할 때 부닥치는 어려운 문제는 자연스러움에 관한 것이 아니다. 그것은 고취의 문제다. 사람들이 노예로 살도록 양육되면, 스물한 살에 풀어주며 "이제 너는 자유다."라고 말하는 것은 쓸모가 없을뿐더러 대단히 위험하다. 노예처럼 영혼이 길들어 정신이 파괴된 사람은 자유로울 수 없다. 그것은 주당 13실링의 소득으로 가족을 책임져야 하는 노동자에게 "여기 1만 파운드가 있으니 너는 부자다."라고 말하는 것과 마찬가지다.

찢어지게 가난한 사람을 현실적으로 부유하게 만들 방법은 없다. 자유와 부는 얻기 힘들뿐더러 책임이 따르는 상태다. 인간은 태어날 때부터 자유와 부에 익숙해져야 하고 사회적으로 책임지는 훈련도 받아야 한다. 스물한 살에 법률에 따라 자유로워진 국민은 전혀 자유롭지 않다. 쉰 살에 처음 부자가 된 사람은 일평생 가난한 사람처럼 산다. 설령 그가 난생 처음 좋아하는 만큼 신나게 즐길 수 있는 자연 그대로의 거친 황홀경 속에서 술을 진탕 마시고 죽음으로써 수명을 단축하지 않는다고 해도 말이다. 그대는 노예로 자란 사람을 노예가 지배당하는 방법과 다르게 지배할 수 없다. 그대는 대헌장[2]에 권리 장전[3]과 인신 보호법[4]을 추가해도 되고, 미국 헌법을 널리 알릴지도 모른다. 프랑스 대혁명 당시처럼 대저택을 불태우고 봉건 영주들을 단두대로 끌고 가서 목을 베고, 왕과 왕비의 머리를 잘라버린 다음, 봉건제도가 무너진 폐허 위에 민주주의를 세울 수도 있다.

우리 모두를 위한 민주주의가 잘못된 방향으로 흘러갈 때 맞이할 최후는 20세기에 이미 잔혹한 강압과 야만적 불관용을 드러냈다. 매질과 이러지도 저러지도 못한 채 매달린 상태로 혼란을 부추긴다. 판사석에 앉아 염치 없이 정의에 부합하지 않는 판결을 내리고, 설교단에 서서 욕정에 사로잡힌 악의를 드러내는 것과 흡사하다. 소박하게 고문과 처형, 언론과 출판의 자유에 대한 억압을 아무렇지 않게 용납하고, 수족 절단과 강탈을 일삼고, 무력한 민간인들을 늙은이든 젊은이든 무차별적으로 살육하며 날뛰고, 문학이든 정치든 전문적 재능을 명백하게 잘못된 주장을 옹호하는 데 쓰고, 방금 말한 모든 악행이 '굉장히 과장된 것'처럼 꾸밈으로써 비겁하게 아첨하는 태도를 숨긴다.

자유를 위해 투쟁하다 정치범으로 몰려 사형을 당하고, 진정한 민주주의가 무엇인지 생각조차 하지 못하던 시절에 대한 기록을 우리는 얼마든지 찾아낼 수 있다. 민주주의는 유럽 절대 왕정 시대를 상징하는 프랑스의 태양왕 루이 14세의 허영심, 봉건주의 러시아를 개혁해 제국을 건설한 표트르 대제의 야만성, 프랑스 대혁명의 정신을 등에 업고 황제로 즉위한 나폴레옹의 족벌주의[5]와 편협성, 예카테리나 2세[6]의 변덕스러움을 드러낸다. 간단히 말해 모든 독재자들은 유치한 행태를 보였으며, 동시대 사람들에게 환상을 심어주었을 뿐 지도자가 될 만한 자질을 하나도 갖추지 못했다.

민주주의에 붙어 이익을 챙기는 아첨꾼들은 군주제에 빌붙어 살아가는 아첨꾼들과 마찬가지로 성공한 자들에게 뻔뻔스러울 만큼 노예근성을 드러내며 아부하고, 정직하고 평범한 사람들에게는 오만불손한 태도를 보인다. 미국의 민주주의[7]는 평범하고 세련된 사람들을 정치판에서 물러나도록 만들었다. 민주주의가 미국만큼 빠르게 대중의 힘에 좌우되는 영국에서도 비슷한 일이 벌어지고 있다. 이것은 대중 종교에도 해당된다. 대중 종교는 끔찍스러우리만치 비종교적 특징을 나타낸다. 문화를 조금이라도 누리는 사람이나 위대한 예언자들이 대중에게 세계를 이해하게 만들려고 헛되이 애쓴 사연을 조금이라도 눈치 챈 사람은 순전히 세속적 이유 말고 종교가 필요한 이유를 하나도 찾아내지 못하리라.

---

1 기관機關 institutions은 특정한 목적과 역할을 위해 만든 조직이나 법인法人의 의사를 결정하고 결정한 대로 집행하는 지위에 있는 개인 또는 집단을 가리킨다.

2 대헌장Magna Carta; Great Charters은 영국의 존 왕이 귀족들의 강요로 서명한 국왕의 권리를 담은 문서다. 1216, 1217, 1225년에 각각 개정되었다. 대헌장은 당대 사람들보다 후대 사람들에게 의미가 더 컸다. 반포된 이래 압제에 항거하는 상징과 구호로 인식되었으며, 이후에도 사람들은 자신들의 권리가 위협받을 때마다 1215년에 반포한 최초 대헌장을 자신들의 보호 장치로 해석했다. 잉글랜드의 권리 청원(1628)과 인신 보호법(1679)은 "모든 자유민은 동등한 자격을 갖는 사람들의 법률적 판단이나 국법에 의하지 않고 구속되거나 재산을 몰수당하지 않는다."라는 대헌장 제39조항을 그대로 인용한다. 미국의 연방 헌법과 주州 헌법은 대헌장의 이념을 차용할뿐더러 구절을 직접 인용하기도 했다.

3 권리 장전Bills of Rights은 1689년 대헌장, 권리 청원과 함께 영국의 헌정사에서 가장 중요한 의미를 갖는 의회 제정법이다. 영국 의회가 명예 혁명으로 윌리엄 3세를 추대하면서 권리 선언을 제출하여 승인을 받았고, 이 권리 선언을 토대로 의회 제정법이 공포되었다. 권리 청원Petition of Rights은 1628년에 영국 의회가 찰스 1세의 승인을 얻은 국민의 인권에 관한 선언이

다. 권리장전이 명예 혁명의 결과로 출현한 인권 선언의 성격을 띤 반면, 권리 청원은 청교도 혁명의 영향을 받은 인권 선언이다.

4 인신 보호법Habeas Corpus Acts은 신체의 자유를 보장하는 법이다. 라틴어 발음대로 헤비어스 코프스라고도 부른다. 1679년 영국이 인신 보호법을 만들어, 이유 없이 구금되었을 때 인신 보호 영장을 신청해 구금에서 풀려날 수 있게 되었다.

5 족벌주의族閥主義 nepotism는 친족이나 연고자를 주요 관직에 등용하거나 특전을 주는 제도로 친족 등용주의라고도 한다. 중세 로마 교황들이 자신의 사생아를 조카nepos라고 칭하면서 요직에 앉힌 데서 유래한다. 특히 르네상스 시대의 교황 알렉산데르 6세는 자기의 사생아 체사레 보르자를 중요한 자리에 앉혀 전횡을 일삼았다. 족벌주의는 극심한 권력 부패 현상을 상징하며, 모든 정치 체제가 타락할 경우 나타나는 현상이다. 민주주의도 족벌주의에서 자유로울 수 없다. 족벌주의의 폐해를 막으려고 생겨난 제도가, 적합한 자격과 능력을 가진 사람을 요직에 등용하는 실적주의나 능력주의다.

6 예카테리나 2세Yekaterina II(1729~1796)는 로마노프 왕조의 8번째 군주로 본래 프로이센 슈테틴 출신의 독일인이었다. 러시아의 표트르 3세와 결혼하여 무능한 남편을 대신하여 섭정을 한 끝에, 1762년 표트르 3세를 축출하고 황제가 되었다. 여제가 된 예카테리나는 표트르 대제의 업적을 계승함으로써 러시아를 유럽의 정치 무대와 문화 생활에 완전히 편입시켰다. 러시아 제국의 행정과 법률 제도를 개선했으며 크림 반도와 폴란드의 상당한 구역을 병합함으로써 영토를 넓혔다. 러시아인들은 예카테리나 2세가 왕위를 찬탈하고 품행이 바르지 않았는데도 민족적 자긍심을 높인 인물로 찬미한다. 반면에 유럽인들은 그녀를 가혹하고 파렴치한 지배자이자 여러 면에서 후진적 러시아의 화신으로 여겼다.

7 미국의 민주주의는 토크빌Alexis de Tocqueville(1805~1859)이 1835년부터 1840년에 펴낸 『미국의 민주주의*De la démocratie en Amérique*』에 상당히 정확하게 서술되어 있으며, 해박한 지식과 비판적 사고력으로 현대 민주주의의 장점과 단점, 발전 방향을 탁월하게 제시했다. 토크빌은 미국의 민주주의를 높이 평가했는데, 정치 지도자가 오랜 기간 국민의 이익에 반하는 통치를 할 수 없다는 점을 들었다. 이는 미국 국민이 자신의 이익을 챙기고 권리

의식을 가졌고, 법을 중시하고 공공 의식이 강하기 때문이라고 진단했다. 무엇보다 미국 민주주의의 위험은 흔히 말하듯이 무정부 상태의 혼란이 아니라 국민의 다수가 정치와 여론을 지배함으로써 세련되게 사고하는 소수를 억압하는 횡포라고 간파했다. 토크빌의 말대로 민주주의가 우매한 다수의 대중이 세련된 소수를 억압하는 횡포를 저지를 위험은 언제나 도사리고 있다. 그러나 오늘날 성숙한 민주주의 사회에서 다수는 더는 우매하지 않으며, 스스로 깨어난 다수가 지지하는 올바른 여론 형성은 진정한 민주주의를 이끌어가는 힘이다.

상상력

위협이 도사린 상황 속에서 살아가는 것이 얼마나 해로운지 분명하게 이해하기 전에, 우선 우리가 상상력[1]이라는 낱말을 아주 다른 두 정신력을 가리키기 위해 사용해서 생긴 혼란을 말끔히 정리할 필요가 있다. 하나는 존재하지 않는 사물이나 사태를 상상하는 능력인데, 낭만적 상상력romantic imagination이라고 부른다. 다른 하나는 사물이나 사태를 실제로 감각하지 않고도 존재한다고 상상하는 능력인데, 현실적 상상력realistic imagination이라고 부르겠다.

결혼과 전쟁을 사례로 들어 말해보자. 한 남자가 집에서는 가정을 잘 돌보는 천사 같은 사람으로 사는 축복을 계속 받고, 번쩍이는 군도를 날쌔게 휘두르고, 우렛소리가 나는 총기를 소유하고, 승리를 거둔 기병대 소속으로 전쟁터에 나가 적들을 추적하는 환영을 떠올린다. 바로 낭만적 상상력이 발휘된 결과다. 낭만적 상상력이 초래하는 해악은 헤아릴 수 없이 많다. 불가능한 것을 바보처럼 이기적으로 기대하는 것부터 시작해, 앙심을 품은 실망과 비뚤어진 불만, 냉소, 희망 없어 보이는 세상을 더 낫게 만들려는 어떤 시도든 인간을 혐오하며 저항하는 것으로 끝난다.

지혜로운 사람은 상상력이 자신을 달래주고 연애 이야기와 동화, 바보들의 낙원 이야기로 지루한 시간을 때우는 수단에 지나지 않음을 잘 안다. 그대는 자신이 무엇을 하고 있는지, 공상이 끝나는 곳에서 사실이 시작된다는 것을 정확히 알 때, 변호할 만하고 쾌활한 즐거움을 만끽할 수 있을 터다. 상상력은 아직 경험하지 못한 현실을 예견하고 예비하며, 진지한 이상향이 가능하고 바람직한지 시험하는 수단이기도 하다.

지혜로운 사람은 자신의 아내가 천사이기를 기대하지 않는다. 전쟁이 아직 인류에게 잠재한, 사람을 죽이려고 달려드는 불한당의 언행을 일깨운다는 사실, 모든 승리가 결국 패배를 의미한다는 사실도 간과하지 않는다. 피로와 굶주림, 공포심을 조장하는 폭력과 질병이 바로 허황된 이야기를 꾸며내는 낭만적 몽상가들에게 무공을 부추기는 소재라는 사실도 놓치지 않는다. 군인들은 대부분 아이들이 학교에 가듯 전쟁터로 가는데, 출정하는 것을 두려워하지 않는 까닭이다. 그들은 자신들이 두려워한다고 말하는 것조차 두려워한다. 두렵다고 말하는 군인은 군법에 따라 사형에 처해질 수 있는 탓이다.

사람들이 현실적 상상력을 아주 조금 발휘할 때, 야심가는 낭만적 상상력에 희생된 수많은 사람들을 지배할 막강한 힘을 얻는다. 낭만적 몽상가는 허구에 지나지 않는 영광을 상상하며 자신을 달래고, 상상에 지나지 않는 위험을 실제인 양 착각하며 공포에 사로잡힌다. 그는 상상에 불과한 위험이 어떤 것인지 그려볼 생각조차 하지 않고, 아직 알려지지 않은 것은 무엇이든 항상 위험하다고 생각한다.

그대가 현실주의자에게 "너는 이것을 해야 해."라거나 "너는 저것을 해서는 안 돼."라고 말한다고 하자. 현실주의자는 즉각 그것을 하면, 혹은 그것을 하지 않으면 무슨 일이 일어나느냐고 묻는다. 현실주의자는 낭만과 상관 없이 설득력 있는 대답을 듣지 못할 때, 현실적 이유를 스스로 찾을 수 없으면 바로 자신이 좋을 대로 한다. 간단히 말해 그대는 현실주의자를 위협할 수는 있지만, 그에게 허세는 통하지 않는다.

하지만 그대는 낭만적인 사람에게 얼마든지 허세를 부릴 수 있다. 낭만적인 사람은 현실적 고려 사항을 파악하는 능력이 너무 약하다. 그대는 낭만주의자를 대신하여 견실한 고려 사항이 무엇인지 알려줄 때조차 허세가 필요함을 깨닫는다. 승리를 바로 눈앞에 둔 것 같았던 나폴레옹의 군사 작전은 낭만적인 사람이 허세를 부림으로써 무엇을 얻는지 보여준다.

나폴레옹이 진급시킨 원수들은 러시아를 상대로 군사 작전을 벌일 때 기적에 가까운 허세를 부렸다. 특히 네[2]는 얼마 남지 않은 병사들을 이끌고 말도 안 될 만큼 수적으로 열세였는데도, 순전히 허세로 여러 차례 속여서 러시아 군대가 공포에 떨며 꼼짝 못하게 만들었다. 그때 네보다 훨씬 현실주의자였던 나폴레옹은 아마도 항복했을 터다. 여기에 바로 나폴레옹이 네를 지배한 교묘한 술책이 숨어 있다. 때때로 용사 중의 용사는 현자 중의 현자가 결코 시도조차 하지 않을 성공을 거둘 것이다.

웰링턴은 나폴레옹보다 완벽한 현실주의자였다. 전투에서 실제로 패할 때까지 웰링턴에게 패배를 인정하라고 설득하는 일은 불가능했다. 웰링턴은 허세에 속아 넘어갈 사람이 아니었다. 웰링턴이 현실주의자로서 속물근성을 조금 드러내며 경멸했을 때, 나폴레옹이 격식을 중시하며 관념적으로 되받아치지 않고 웰링턴의 진의가 무엇인지 이해했다면, 워털루 전투[3]를 네와 드루에[4]에게 맡기지 않았을 터다. 워털루 전투에서 네와 드루에는 자신들이 언제 패할지 몰랐지만, 웰링턴은 자신이 언제 패할지 정확히 알았다. 허세에 속아 넘어가지 않는 사람이 어떻게든 승리했을 것이다.

아마도 나폴레옹은 전술에 집착하는 군인으로 최고의 기

량을 발휘하고 군대의 사기를 북돋우며, 세로로 줄지어 공격하는 종대 전술 탓에 패했을 터다. 반면에 웰링턴은 기발한 전술을 구사했던 군인으로 끔찍스러운 종대 전술에 더욱 끔찍한 종대 전술로 맞서지 않고, 소수의 용감한 병사들로 질서정연한 종대의 약한 곳을 노렸다. 더군다나 소수의 용감한 병사들은 영웅들이 아니라 인간쓰레기나 다름없는 자들이었다. 타협을 모르는 현실주의자는 결코 주저하지 않고 실행한다.

---

1 상상력想像力 imagination은 특수한 현상과 보편적 예술 이념을 결합시켜 자연계에 존재하지 않는 새로운 것을 그려내는 정신 능력이다. 제작의 모든 과정에 개입하여 잡다한 감각, 감정, 욕망, 의미를 융합하여 생기를 불어넣고 새롭게 이해하는 능력이기도 한다. 근대 심리 철학에서 상상력은 감각과 오성을 매개함으로써 현실적 인식을 가능케 하며, 현실에 대한 감각으로 얻은 자료와 사유의 결과로 형성된 개념을 연결시켜 의식하는 기능을 담당했다. 19세기 낭만주의 예술가들은 상상력을 통해 자연 전체와 신까지 그려낼 수 있다고 주장했다. 우리는 영감이나 직관처럼 상상력으로 우리의 경험을 새롭게 짜고, 다양한 경험을 종합적으로 구성하여 현실에 존재하지 않는 것을 새로 만들어내 즐기며 자유롭게 기쁨을 느낀다.

2 네Michel Ney(1769~1815)는 프랑스 혁명 전쟁에 두루 참가하여 공을 세웠으나 진급은 거부했다고 전한다. 나폴레옹은 스스로 프랑스 제국의 세습 황제가 된 다음 날인 1804년 5월 19일 옛 군대 계급인 '원수직'을 부활시켜 네를 비롯한 장군 열네 사람을 원수로 진급시켰다. 네는 1806년 예나에서 프로이센군을, 1807년 아일라우와 프리틀란트에서 러시아군을 격파할 때 공을 세웠다. 1812년 러시아 군사 작전에 참여했고, 모스크바 후퇴 때 후위 부대를 지휘한 네는 러시아 포병대의 포화와 수많은 카자크 부대의 공

격에 노출되었다. 이때 네는 부하들에게 기적으로 보일 만큼 비상한 용기와 지략, 뛰어난 대처 능력을 보여 주었다. 나폴레옹은 네의 부대가 몇 주일이나 보이지 않자 전멸했다고 여겼으나, 추위에 움츠러든 주력 부대에 합류하기 위해 나타난 네를 가리켜 '용사 중의 용사'라고 찬사를 아끼지 않았다. 1814년 나폴레옹이 실각한 다음 구체제로 돌아간 부르봉 왕가에 충성을 맹세했으나, 1815년 나폴레옹이 파리로 돌아오자 다시 나폴레옹에 충성하며 근위대를 지휘했다. 워털루 전투에 참가하기도 했으나 다시 들어선 왕정 때 반역죄로 총살당했다. 네는 정치적 야심이 없는 군인 중의 군인으로 평가받는다.

3 워털루 전투Battle of Waterloo는 1815년 6월 18일, 벨기에 남동부 워털루에서 나폴레옹이 이끄는 프랑스군과 웰링턴이 이끄는 영국, 네덜란드, 프로이센 연합군이 맞붙은 싸움이다. 이 싸움에서 연합군이 프랑스군을 격파했고, 패배한 나폴레옹은 황제의 자리에서 다시 물러나 세인트헬레나 섬에 유배되어 생을 마감한다.

4 드루에Jean-Baptiste Drouet, Comte D'Erlon(1765~1844)는 루이 16세와 나폴레옹 시절의 군대를 거쳐 루이 필리프 재위 시절에 초대 알제리 총독, 원수를 지내며 군인으로 복무했다. 1815년 백일천하 동안 나폴레옹 진영에 합류하여 프랑스 귀족 작위를 받았다. 6월 16일 워털루 전투 때 카트르브라에 있던 네와 리니에서 싸우던 나폴레옹의 지원 요청에 응하지 못한 채 하루를 허비한 결과로 나폴레옹이 이끈 프랑스 군대는 워털루 전투에서 영국에게 패했다.

불량배가
장악한 정부

전쟁터에서 일어난 생생한 사건은 우리의 일상 생활 속에서도 날마다 반복되고 있다. 러시아인들이 네의 허세에 속아 넘어가듯, 우리는 건장한 얼간이들과 고집불통 불량배들이 부리는 허세에 속아 넘어간다. 그리고 걸리버[1]가 난쟁이들에게 붙잡혀 실에 칭칭 감겼듯이, 웰링턴 같은 현실주의자들은 노예 민주주의[2]에 얽매여 자유롭지 않다. 우리는 어린 시절부터 반복적으로 훈련받은 복종 절차에 따라 살아가는 군중이다. 그대가 우리에게 간단히 복종 절차에서 벗어나라고 요구하면, 우리는 수줍게 "저런, 나는 현실적으로 벗어날 수가 없습니다."라고 말하거나 "음, 나는 벗어나고 싶지 않습니다."라고 말하고, 아마도 현실에 순응하는 습관에 도사린 작은 해악조차 지적하지 않을 것이다.

우리는 현실에 존재하는 위험에 대한 합리적 두려움과 공포가 아니라 순수하게 추상적인 두려움과 공포, 전형적 비겁함, 바로 '신에 대한 두려움'의 희생자들이다. 우리들 가운데 현실에 순응하도록 주입된 마비 상태에서 벗어나 상대적으로 자유로운 정신력을 가진 소수가 여기저기 흩어져 살고 있다. 복종 절차에서 조금이라도 벗어난 사람들은 때때로 모자라 보이고, 때로는 염치 없이 이기적으로 행동하고, 때로는 돈 문제에서 현실주의자들이지만 다른 문제에 대해서는 상상력이 부족하고, 심지어 월등한 능력자들이기 때문에 자유롭다. 그들은 그림자를 두려워하지도 않고 악몽에 시달리지도 않기 때문에 언제나 자유롭다.

더욱이 복종 절차에서 벗어난 소수는 마법처럼 권력과 부를 거머쥔 사람으로 떠오르고, 우리의 상업이나 무역으로 우연히 얻은 뜻밖의 횡재로 거대한 부를 축적한 백만장자들과 함께 지배 계급을 형성한다. 이제 어떻게 다스릴지 모르는 자들이 지배 계급을 형성하는 것보다 큰 재앙은 없다. 행운과 교활함, 어리석음이 대충 빚어낸 무리가 다스릴 방법을 알 것이라고 어떻게 기대할 수 있겠는가? 그저 행운으로 지배 계급이 된 사람들과 세습으로 지배 계급이 된 사람들은 자격 조건을 갖추어서 지배 계급에 오른 것이 아니다.

나머지 문제에 대해서 말하면, 지배 계급을 형성한 사람들의 본질적 자격 조건처럼 보이는 현실주의[3]는 종종 낭만적 상상력뿐 아니라 현실적이고 구축하는 방향으로 움직이고 이상향을 그려내는 상상력이 발휘되지 않을 때 존재하는데, 낭만적 상상력이 없는 것은 장점이지만 현실적 상상력이 없는 것은 큰 결점이다. 그러므로 상상력이 빚어내는 착각에서 벗어나 자유로워져도 성격이 고결해지는 것은 아니다. 그것이 우리에게 주입된 복종심이 우리 자신들보다 더 나쁜 처지에 놓인 사람들을 노예로 만드는 이유다. 복종심이 더는 주입되어서는 안 되는 것이 아주 중요한 이유기도 하다.

우리는 지금 상태 그대로 학교에서 의무 교육을 받게 되면, 복종심을 주입받게 될 것이다. 그런데 우리가 아동기 생활에 맞는 능동적 시간을 성인기 생활에 맞는 능동적 시간과 별개로 짜고, 그리하여 어른들이 일할 때 들볶이거나 불안을 느끼지 않고, 시달리거나 부담을 느끼지 않고, 방해받지도 않게 만들어 줄 아동 협회를 합리적으로 인정하지 않으면, 우리는 이런저런 핑계로 학교를 지금 상태 그대로 두게 될 터다. 또한 의무 교육을 실시하는 학교가 없어지고, 아이들이 길들어 학교에 가야 한다는 믿음에 사로잡혀 학교에 갇히고 체벌과 지나친 과제에 시달리지 않더라도, 어른들은 지금처럼 일을 해서 아이들을 보살펴야 할 것이다.

의무 교육을 실시하는 학교가 사라지지 않는 한, 악이란 악은 다 생겨나고 사회가 나아질 희망도 전부 사라질 터다. 그러면 우리는 자유로운 남자들과 자유로운 여자들로 성장할 잠재력이 있는 국민을, 채찍으로 때리지 않으면 본성까지 잃어버리고 마는 온갖 버릇없는 짓을 하며 날뛰는 두 발 달린 스패니얼 개[4] 같은 국민으로 바꾸어 놓고 말 것이다. 자유는 국민들이 살기 위해 들이마셔야 할 공기처럼 귀중한 것이다. 부모들과 교사들, 지배자들은 당장 조용하고 끝내 처참해질 삶을 위해 자유를 없애느라 일생을 바친다.

---

1 걸리버Gulliver는 아일랜드에서 출생한 영국의 작가 스위프트Jonathan Swift(1667~1745)의 풍자 소설 『걸리버 여행기』의 주인공이다. 『걸리버 여행기』는 4부로 구성되어 있다. 제1부는 난쟁이들의 나라 릴리펏Lilliput을 여행한 이야기고, 제2부는 거인들의 나라 브롭딩낵Brobdingnag을 여행한 이야기고, 제3부는 하늘을 나는 섬나라 라퓨타Laputa를 여행한 이야기고, 제4부는 말들의 나라 휘늠Houyhnhnm을 여행한 이야기다. 스위프트는 민중의 삶에 무관심한 채 토리당Tory과 휘그당Whig으로 분리되어 권력 투쟁을 벌이던 영국 정치계와 허황된 이론이 난무하던 과학계를 신랄하게 풍자했다.

2 노예 민주주의slave-democracy는 국민 주권주의를 제대로 실천하지 못하는, 그러니까 미성숙한 민주주의를 가리킨다. 대다수 국민이 계몽되어 정치인들이나 공무원들이 국민을 위해 정치를 하고 행정을 처리하는지 감시할 수 있어야 주인 민주주의master-democracy가 가능할 터다. 현대 사회는 민주주의를 헌법으로 천명하고 있지만, 각 나라 국민들의 수준에 따라 민주주의의 수준은 천차만별이다.

3 현실주의realism는 철학적으로 완전한 본질을 가정한 이상주의idealism와 대비되는 견해로 우리가 공통으로 경험하는 세계가 현실이자 실재라고 주장하는 입장이다. 이상계는 우리가 현실을 이해하기 위해 이성으로 고안한

개념 장치고, 상상계도 현실을 이해하고 즐기려고 상상력을 발휘해 만들어 낸 것이다. 쇼는 상상력을 낭만적 상상력과 현실적 상상력으로 구별하는데, 그가 말하는 현실은 우리가 공통으로 경험하는 세계, 생명력으로 끊임없이 바뀌며 진화하는 과정들을 총칭한다. 우리는 모두 그러한 진화 과정의 일부로 살아간다.

4 스패니얼은 이름에도 나타나 있듯 스페인이 원산지이지만, 오늘날 다양한 스패니얼 품종은 대부분 영국에서 개량되었다. 코커스패니얼은 작지만 다부지게 생겼다. 머리는 둥글고 귀는 얇으며, 털은 곱슬곱슬하거나 곧고, 단색이거나 얼룩덜룩한데 검은색, 적갈색, 황갈색, 검은색과 흰색이 섞여 다양하다. 쇼는 아이들을 무례한 노예처럼 만드는 당대 영국의 의무교육과 학교를 비판하기 위해 스패니얼 품종 개를 예로 들었다. 우리나라에서도 무례하고 버릇없이 행동하는 사람을 개에 비유하곤 한다.

| 찾아보기 |

ㅇ